中韩文化概述

ZHONGHAN WENHUA GAISHU

李鹤飞◎主编

中国商务出版社
CHINA COMMERCE AND TRADE PRESS

图书在版编目（CIP）数据

中韩文化概述 / 李鹤飞主编. — 北京 ：中国商务出版社，2018. 11

ISBN 978-7-5103-2678-3

Ⅰ. ①中… Ⅱ. ①李… Ⅲ. ①文化研究-韩国②比较文化—研究—中国、韩国 Ⅳ. ①G131. 262②G122

中国版本图书馆 CIP 数据核字（2018）第 258766 号

中韩文化概述
ZHONGHAN WENHUA GAISHU
主　编　李鹤飞
副主编　李宏坤　阎升光

出　　版：中国商务出版社
地　　址：北京市东城区安外东后巷 28 号　**邮　　编：**100710
责任部门：商务事业部（010-64243016）
责任编辑：刘姝辰
总 发 行：中国商务出版社发行部（010-64208388　64515150）
网购零售：中国商务出版社考培部（010-64286917）
网　　址：http://www.cctpress.com
网　　店：https://shop162373850.taobao.com/
邮　　箱：cctpswb@163.com
印　　刷：三河市华东印刷有限公司
开　　本：710 毫米×1000 毫米　1/16
印　　张：21　**字　　数：**308 千字
版　　次：2019 年 4 月第 1 版　**印　　次：**2019 年 4 月第 1 次印刷
书　　号：ISBN 978-7-5103-2678-3
定　　价：66. 00 元

编 委 会

主　编　李鹤飞

副主编　李宏坤　阎升光

编　委　刘晨光　刘　楠　高　平　李　赫

前　言

随着“韩流”文化在东南亚的广泛传播，越来越多的中国青年对韩国及韩国文化产生了浓厚的兴趣，各种韩国音乐社团、娱乐节目、影视作品充斥着广大青年的精神世界，韩国的化妆品、服饰、美容等行业也日益遍布中国市场，挤进人们的日常生活，赴韩旅游成为大众的选择之一，韩国的时尚潮流也引领着中国部分年青人的流行风尚。韩国逐渐成为与广大民众关系密切的国家之一。

中韩两国一衣带水，两国文化脱胎于相同的母体，在大中华文化的浸染下形成了许多类似的文化成果，甚至在社会传统、思维方式等方面也遵循着某些特定的规律和脉络，具有极大的互通性。但是，基于两国不同的历史积淀和民族特性，中韩文化在细节上还存在着许多差异，因此在中韩两国政府及民间文化交流日渐增多的现实条件下，清醒地明辨这些差异、寻求差异根源、彼此取长补短，对于增进两国及两国民众间的了解具有积极且重要的作用。

广大青年学生最善于接受新鲜事物，他们具有强烈的求知欲和探索精神，他们也是接受“韩流”文化、传播韩式生活方式的主力群体。但是，目前部分青年学生的关注点大多集中于韩国的流行音乐、影视剧和娱乐文化上，他们热切地关注明星、舞团和演出等文化现象，但对韩国本身缺乏理性整体的认识，对韩国文化的特征缺乏基础的探知，对孕育韩国文化的土壤缺乏基本的了解，进而造成文化上的短视和误解，在哈韩的过程中显示出一定的盲目性和局限性。加之，本人在赴韩留学的过程中，通过深入韩国人的日常生活，消除了许多文化上的误解，也改变了许多刻板认识，愈发深切地感受到，应该更加客观地介绍韩国，特别是中韩在文化上的特色和异同。高等学校承载着人才培养、科学研究、社会服务、文化传承的四大职能，理应对在校的青年学生进行文化培养，使之初步掌握基础文化常识，并具备一定的文化分辨力和鉴别力。

为系统展示韩国社会，细致勾画中韩文化全景图，促使广大青年学生正确认识韩国，正确把握中韩文化异同，并引导他们去探知产生异同的社会和历史缘由，准确区分文化精华与糟粕，增强民族自信感和责任感，结合青年学生需要，组织编写了这本《中韩文化概述》。本教材精心选取了韩国历史、韩国社会、韩国生活、韩国文化等多个视角，通过丰富生动的图片及实例资源，向广大学生展示了一个更加真实、多元的韩国，具有较高的趣味性和可读性，适用于高等学校开设选修课的需求，也可作为广大青年了解韩国的普及读物。

全书由主编和副主编共同商定大纲、编写目录，由主编逐章对教材进行了统筹修订，最终定稿而成。全书共五部分，第一部分韩国历史，包括韩国古代史、近代史和建国以后历史，由李宏坤、李鹤飞负责编写，主要梳理了韩国的整个历史脉络，重点介绍其在发展过程中与中国的关系，以及不同历史阶段的主要特征和重大历史事件。第二部分韩国社会，包括韩国的政治制度、经济制度、教育制度和国防制度，由阎升光、高平负责编写，重点介绍韩国的社会秩序和社会结构，以及经济和军事实力等内容。第三部分韩国生活，包括韩国服饰、韩国饮食、韩国旅游等系列内容，由刘晨光、李宏坤负责编写，重点介绍与韩国人日常生活休戚相关的服饰、美食等，从细节上展示更精致的韩国。第四部分韩国文化，包括韩国的传统文化、流行文化及韩国的文化输出政策等，由刘楠、李鹤飞负责编写，重点介绍韩国文化的具体样式、成功案例及流行原因。第五部分中韩文化比较，包括中、韩两国文化传统两部分，由李鹤飞负责编写，重点是透过两国历史发展脉络及民族特性，分析两国文化异同。

希望这部凝聚着多位编者心血的教材读本能够受到广大青年学生的认可和喜欢，能够带领学生走进更加真实、立体的韩国，能够激发学生对大中华文化的兴趣，能够引领学生用更加科学、客观、文化的视角理性地看待韩国和韩国文化，同时以高度的使命感和责任感去继承和发扬中国文化，成为名副其实的文化人。

由于编写人员水平有限，书中难免有错漏不妥之处，诚请广大学生、青年读者、业界同行批评指正，以便于我们进一步修改完善。

目　　录

第一部分　韩国历史

第一章　古代史 …… 3
　第一节　开国神话和传说 …… 3
　第二节　三国时代 …… 12
　第三节　中世历史 …… 17
第二章　近代史 …… 27
　第一节　朝鲜王朝 …… 27
　第二节　日据时代 …… 31
第三章　大韩民国简史 …… 34
　第一节　大韩民国 …… 34
　第二节　中韩建国史比较 …… 41

第二部分　韩国社会

第一章　政治制度 …… 45
　第一节　政治制度变革 …… 45
　第二节　总统、国会、大法院 …… 48
　第三节　历任总统 …… 53
第二章　经济制度 …… 60
　第一节　经济概况 …… 60
　第二节　汉江奇迹 …… 69
　第三节　韩国财团 …… 76

第三章　教育制度 ······ 89
第一节　韩国教育制度 ······ 89
第二节　十大名校 ······ 98
第三节　终身教育 ······ 112
第四章　军事国防 ······ 123
第一节　全民兵役制度 ······ 123
第二节　国防政策 ······ 124

第三部分　韩国生活

第一章　韩国服饰 ······ 129
第一节　传统服饰 ······ 129
第二节　传统配饰 ······ 136
第三节　现代服饰 ······ 139
第二章　韩国饮食 ······ 143
第一节　韩国饮食概况 ······ 143
第二节　典型韩餐 ······ 149
第三节　韩国人的酒文化 ······ 156
第三章　韩国旅行 ······ 161
第一节　韩国交通 ······ 161
第二节　著名旅游地 ······ 170
第三节　韩国博物馆 ······ 182

第四部分　韩国文化

第一章　韩国传统文化 ······ 197
第一节　韩国传统文化遗产 ······ 197
第二节　传统文化的继承与发扬 ······ 208
第二章　韩国流行文化 ······ 210
第一节　韩流概况 ······ 210

第二节　流行音乐与娱乐文化……………………………………………… 219
第三节　韩国影视……………………………………………………………… 231
第三章　韩国文化输出政策………………………………………………… 253
第一节　韩国文化战略……………………………………………………… 253
第二节　韩国非物质文化遗产……………………………………………… 265
第三节　韩国文化申遗案例——泡菜文化………………………………… 270

第五部分　中韩文化比较

第一章　中国的文化传统…………………………………………………… 281
第一节　江河文明…………………………………………………………… 281
第二节　以文化为中心的民族主义………………………………………… 284
第三节　大一统传统………………………………………………………… 292
第四节　地域观念浓厚……………………………………………………… 296
第五节　宗教意识淡薄……………………………………………………… 297
第六节　重农抑商的经济传统……………………………………………… 302
第七节　中国的士大夫……………………………………………………… 305
第二章　韩国的文化传统…………………………………………………… 313
第一节　半岛文化…………………………………………………………… 313
第二节　韩民族优越主义…………………………………………………… 314
第三节　宗教观念深厚……………………………………………………… 317

第一部分

韩国历史

第一章　古　代　史

第一节　开国神话和传说

檀君神话

檀君（단군）是古朝鲜的开国者，是朝鲜族古老文化的象征。因此，它就像汉族神话里的炎黄一样，在朝鲜民族中作为偶像而受到崇拜。

檀君神话（朝鲜族）是朝鲜族最古老的族源图腾神话。最早见于《古记》（失传）和《魏书》等，后收于高丽中期高僧一然（1206—1289）编写的《三国遗事·纪异》中。13世纪以后出现的李承休《帝王韵记》《世宗实录·地理志》、权近《应制诗注》等文献及吉林省延边朝鲜族民间故事讲述家黄龟渊故事集中也有类似的记载。

《魏书》云：乃往二千载有檀君王俭，立都阿斯达（经云，无茶山，亦云白岳。在白州地，或云在开城东，今白岳宫是），开国号朝鲜，与高同时。

古记云：昔有桓因（谓帝释）庶子桓雄数意天下，贪求人世。父知子意，下视三危太伯，可以弘益人间，乃授天符印三个，遣往理之。雄率徒三千，降于太伯山顶（即太白，即妙香山），神檀树下，谓之神市，是谓桓雄天王也。将风伯、雨师、云师，而主谷、主命、主病、主刑、主善恶，凡主人间三百六十余事，在世理化。

时有一熊一虎，同穴而居。常祈于神雄，愿化为人。时，神遗灵艾一炷、蒜二十枚，曰："尔辈食之，不见日光百日，便得人形。"

> 熊、虎得而食之，忌三七日，熊得女身，虎不能忌而不得人身。熊女者无为婚，故每于檀树下，咒愿有孕。雄乃假化而婚之，孕生子，号曰檀君王俭。以唐高即位五十年庚寅，都平壤城。始称朝鲜，又移都于白岳山阿斯达，又名弓（一作方）忽山，又今弥达。御国一千五百年。周虎王即位乙卯，封箕子于朝鲜，檀君乃移于藏唐京，后还隐于阿斯达为山神，寿一千九百八岁。

故事的内容是这样的：古时，有天神桓因知道庶子桓雄想下凡，于是就选定了三危、太白二地，并给了桓雄三个“天符印”作为天上神仙的标识。桓雄率领三千之徒，降到太白山顶的一株神檀树下，建立“神市”，自称“桓雄大王”。他设置了“风伯”“雨师”“云师”等官职，主管农业、疾病、刑罚、善恶等三百六十件人间大事。其时，有一熊一虎同住于一个洞中。它们来到桓雄大王面前，请求大王把它们变成人。桓雄大王就给它们一炷艾和二十头蒜，叫它们吃下去，并且告诉它们：吃了之后躲藏起来，一百天之内不能见阳光。熊照办，于是只蹲了二十一天，就提前变成了一个女人；但虎没有照办，故未能变成人。熊变的女人没有配偶，就去祈求桓雄大王。桓雄大王就与熊女结婚，生下了王俭，即檀君。这个檀君，就是古朝鲜的开国君主。他在尧帝五十年郧公元前2333年即位，以平壤为都城，在位一千五百年。后隐居阿斯达为山神，活到一千九百零八岁。

檀君神话的文化分析

这一神话表明，朝鲜民族的历史是十分悠久的，它的族源神话产生于原始社会，以后在口头流传的过程中又增添了一些新的内容。神话反映了原始社会图腾崇拜思想和从氏族公社到部落的演变以及社会发展的状况。所谓“虎”“熊”相处于同一洞穴，有的学者认为是反映了以虎和熊为图腾的氏族或部落的关系。所谓桓雄大王为天帝之子，被看作是对其族长或酋长一类统治者的美化和神化。熊女与桓雄成婚而虎未能变成人，是指两个血缘相近的氏族在合并为一个部落的过程中所产生的地位变化，以熊为图腾的氏族取得了主导地位，而部落的酋长则来自这个氏族。所谓率徒三千降于太白山顶之说，可能是当时的氏族公社流动的一种反映，也可能是氏族公社之间征伐交战的一种表现。所谓风伯、雨师、云师、主刑等，反映了这个以农业为主的社会和国家的形成。这一神话充满了万物有灵观念，天、风、云、雨等自然现象与艾、蒜；虎、熊、檀等植物和动物均有神灵，可以与人对话，檀君死了可以变成山林，表现了初民的原始意识。

● 檀君神话中的道教思想

根据《檀君神话》的内容不难看出，其中蕴含着韩国人的原始信仰，并与中国道教神仙信仰有相同之处。

首先，檀君神话中已经初步具备了道教中的神仙谱系。它向人们展示了一个神凡不同的多神世界，最上界是桓因、桓雄天王，其中桓因是最高神，就像中国道教中的元始天尊或玉皇大帝；次界有风伯、云师、雨师等，他们的称谓及功能，又和中国道教中的天神如出一辙；再次界就是神众三千；最下界是熊、虎等地仙。

其次，檀君神话中体现了道教的基本修炼原则。中国的道教，讲究利用法器，檀君神话中天神桓雄下凡所带的“天符印”就是巫师的法器，是风伯、云师、雨师等神仙道士实施呼风唤雨、除灾治病、祛恶劝善等神功不可或缺的法宝，也是道教符篆派的道具。中国道教中有服食信仰的服饵派，檀君神话里熊女服食灵艾、大蒜可变化成人型，显示了与道教服食成仙的相同之处。化为人型的熊女“咒愿有孕”，天神桓雄又化为凡人与熊女结合，这种咒语请愿、神人互化等思想以及最后檀君退隐山林，都暗示了“道通为一”“任运自然”“功成身退”等修炼原则。

最后，檀君神话中数字“三”的运用体现了道教中三一信仰思想。中国道教向来尊奉《道德经》为立教之求，把“道生一，一生二，二生三，三生万物”看作万物生长的基本模式。檀君神话中多处提及“三”这个数字，如：桓因、桓雄、檀君三神在韩民族宗教信仰中就有王位一体的意思；还有三危太白以及三个“天符印”等，这种用“三”表示天地造化的神妙法则应该说与中国道教不谋而合。

● 檀君神话中的图腾崇拜

图腾崇拜是原始社会时期一种较为普遍的文化现象。在图腾神话中，人们认为自己的祖先来源于某种动物或植物，或与某种动物或植物发生过亲缘关系，于是这些动物或植物就成了这个民族最古老的组向。檀君神话作为古朝鲜最有影响的族源神话，反映了古朝鲜原始社会时期的图腾崇拜观念。

檀君神话中的“熊”与“虎”是古代朝鲜个宗族图腾崇拜的对象。当时，古朝鲜人还不能把自己同自然作出区别，以为周围的自然物同自己一样有思想、有感情、有灵魂，由于这种万物有灵的观念，他们把动物视为自己的祖先加以崇拜。古朝鲜人对熊的图腾崇拜在檀君神话中显而易见，神话中熊女形象的设置以及熊女与天神桓雄的结合，到最后熊女成为古朝鲜开国始祖的生母，都体现出古朝鲜人们对熊的特殊感情。檀君神话中的“虎”，朝鲜先民自古以来把“百兽之王”老虎看作神圣存在，尊之为“山神之灵”，他们认为，老虎既是猛兽，又是神兽，老虎在朝鲜古人心目中占有相当重要的位置。

●檀君神话中弘益人间的思想

弘益人间的根本思想是指博爱平等、先人后己、爱护和平、崇尚光明。弘益人间的思想几乎贯穿整个檀君神话。其中：天神桓因指导庶子桓雄向下凡，便选定了三危、太白两地，并给了桓雄三个“天符印”作为天上神仙的标识。这种父子协力欲下凡人间有所作为的想法正是弘益人间思想的体现。桓雄降临太白山神檀树圣所，以弘益人间为理念修筑家园，他的儿子建立了古朝鲜，从中可以感觉到弘益人间思想中的强烈自豪感和自信心，以及一个民族的志向。

可以说檀君神话是弘益人间思想的原始载体，同时也弘扬了弘益人间的思想。纵观韩国历史，这种思想几乎贯穿其中，比如韩文的创建，韩国政府的某些政策，韩国经济危机时期全体国民的倾囊相助等。直至如今，韩国弘益人间的治国理念，在某种意义上说，也是檀君神话赋予其的一种永不屈服、博爱平等的韩民族精神。

●《檀君神话》中的女性形象

韩国传统女性具有独特的气质和性格特征，从她们身上可以感受到一颗温柔善良的心，一种感恩大度的心境，一份不懈努力的坚定，一份以家庭为重的责任。韩国女性的这种独特面貌在《檀君神话》中也表现得淋漓尽致，神话中的“熊女”形象正是韩国传统女性形象的缩影。《檀君神话》中，熊不甘做动物，便请求桓雄把自己变成人，表现了有思想、有志向的女性形象。熊为了变成人身，牢记桓雄点化，食艾和蒜后深居洞穴数日，而不像老虎那样不堪忍受困境而中途放弃，体现了韩国传统女性勤劳淳朴、隐忍坚强的形象。熊变成人之后，祈求受孕，后产下古朝鲜开国明君檀君，从中可以看出韩国传统女性温柔贤淑、仁爱明理、以家庭为中心的性格特征。

关于檀君朝鲜，有人认为檀君朝鲜代表着新石器时代的文化和历史，是崇拜熊的古亚细亚族（Paleo-Asiatics）创造的文化。朝鲜学者最初认为檀君朝鲜的中心地在辽东地区，而1993年他们声称发掘了檀君陵之后，又认为檀君朝鲜的中心地在现在平壤附近。在韩国，自20世纪80年代以来就檀君朝鲜的疆域问题也多有争论。

中国学者中，不少人认为所谓古朝鲜只包括箕子朝鲜和卫满朝鲜，而不包括檀君朝鲜。檀君朝鲜只是一个神话，而不是历史。而且最近的研究成果认为古朝鲜是中国人建立的政权，古朝鲜是中国的侯国或外臣，古朝鲜故地后来长期归中国管辖，所以古朝鲜历史与现在韩国的历史无关。

箕子传说与箕子朝鲜
（B. C. 1122—B. C. 149）

古朝鲜的第二阶段为箕子朝鲜。箕子朝鲜，根据《史记》《尚书大传》《汉书》等史书的说法，是在公元前12世纪到前2世纪期间由箕子在朝鲜半岛北部与当地原住民一起所创立的政权。商代最后一个国王纣的叔父箕子在周武王伐纣后，带着商代的礼仪和制度到了朝鲜半岛北部，被那里的人民推举为国君，并得到周朝的承认，史称“箕子朝鲜”。

箕子所统治古朝鲜在中国商周古史、中国东北史上占据重要位置。箕子以一个哲学家、政治家、殷商思想文化的代表、中国古代知识分子的代表出现在中国历史、中国思想文化史上。其卫满推翻了箕子朝鲜的哀王，并取得箕子朝鲜的首都王俭城，新政权被称为卫满朝鲜。

箕子是中国商朝末年遗臣，名胥余，因封国在箕地，所以称箕子。箕子与比干、微子并称为商纣王时期的“三贤”，也就是孔子在《论语·微子》中称赞的“三仁”。商纣王是中国历史上著名的暴君，他残暴无道，而且不听任何劝谏。于是微子离他而去；比干坚持劝谏，却被剖心而死；箕子则装疯卖傻以求自保，结果还是被囚禁了起来。

周武王灭商后，释放了箕子。至于箕子是如何移居朝鲜半岛的，根据汉初儒生伏生所传《尚书大传》的说法，箕子是因为不愿意周朝来释放他，而自己前往朝鲜的。周武王得知消息后，便将朝鲜封给了他。箕子在接受周朝分封后，曾经朝见过周武王。武王向箕子请教人伦规范，箕子便作《洪范》，向武王讲述定国安民的道理。司马迁《史记·宋微子世家》的记载与《尚书大传》大致相同，只是先后次序略有不同，它认为是周武王先向箕子请教，箕子告以《洪范》，然后武王才封他于朝鲜，以表示不以他为自己的臣子的。班固《汉书·地理志》则认为，箕子来到古朝鲜的时间是在商朝末年，而不是武王灭商以后。当时箕子也许是看到商朝大势已去，便率领一部分商民迁居朝鲜。后来周武王封箕子于朝鲜，只是承认一种既成事实罢了。以上古代汉文资料的记载，虽然存在一定的出入，但都不否定箕子入朝鲜这一事实。朝鲜的早期历史文献，如《三国史记》《三国遗事》等，也都赞同这种说法，并肯定箕子王朝是朝鲜半岛历史上第一个王朝。

箕子受封建立朝鲜箕氏王朝后，促进了朝鲜半岛的文明开化。据《汉书·地理志》记载，箕子入朝鲜后，带去了先进的殷商文化。他以礼义教化人民，又教给耕织技术。受殷商文明的影响，朝鲜半岛社会有了迅速的进步，产生了自己最早的成文法——《乐浪朝鲜民犯禁八条》：相杀以当时偿杀；相伤以谷偿；相盗者男没入为其家奴，女子为婢，欲自赎者，人五十万。

从在朝鲜平壤城南发现的箕田，也可看出殷商农业文明对于古朝鲜的影响。据朝鲜朝学者韩百谦的《箕田考》记载，箕田方正有规则，与中国商朝甲骨文中的"田"字相吻合；每田分4个区，每区有田70亩，与中国"殷人七十而助"的文献记载相一致。箕田的出现，决不是一个偶然现象，应该说是受商朝耕作制度影响的结果。

在箕氏王朝时期，与中国之间的经济联系更加紧密。在这方面虽然没有留下具体文字资料，但从考古发现来看，在朝鲜半岛北部各地，出土了大量中国战国时期燕国的货币——明刀钱，多者一次竟达千余枚。这充分说明了燕国与古朝鲜经济往来的密切程度。

卫氏朝鲜

西汉初年有一个名叫卫满的燕人，率领1000多名部属，来到了朝鲜半岛。后来正是他灭亡了已经衰落的箕氏王朝，建立了"卫氏朝鲜"。卫氏朝鲜前后存在近90年，于公元前108年被汉武帝所灭。

卫氏王朝建立后，控制了朝鲜半岛的北部地区，与西汉燕地相邻。此时正值西汉惠帝时期，天下初定，辽东太守经汉廷批准，主动与朝鲜国王卫满相约：卫满为汉朝藩属外臣，为汉朝保卫塞外，不使汉朝边境受到侵

犯；塞外各族首领朝见汉朝天子，以及各国与汉朝通商，不许从中阻扰。作为回报，汉朝答应给予卫满以兵力和物资上的支援。

有了西汉藩属外臣的身份和汉廷的军事、经济的支持，卫满便开始不断地侵凌和征服临近小邦，真番、临屯都主动前来归顺，卫氏政权的势力因此迅速膨胀，领地扩大到方圆几千里。

元封二年（前 109 年），汉武帝为加强与卫氏朝鲜的藩属关系，派涉何为使节前往朝鲜，劝谕右渠王改变对汉朝的不友好政策，结果无效。涉何对出使没有结果非常气恼，在回国途中，将护送他出境的朝鲜裨王长杀死，并将情况飞报汉武帝。汉武帝不但没有责怪涉何，还任命他做辽东郡东部都尉。右渠王对涉何怀恨在心，发兵突袭辽东，杀死涉何。这便是著名的“涉何事件”，它成了汉武帝发动对朝鲜战争的导火线。

就在这年秋天，汉武帝发兵 5 万，由楼船将军杨仆率领一支，从齐地渡过渤海；由左将军荀彘率领一支，从陆路出辽东，水陆两路联合攻打右渠王。杨仆的水军先到达朝鲜列口（今大同江入海口附近），未等荀彘的陆军到达，就单独率领水军进攻王俭城，结果战败。荀彘的陆军遭遇朝鲜西部大军，久战也没有取胜。两路大军出师不利，消息传到朝廷后，汉武帝再派卫山为使臣，前去晓谕右渠王。右渠王受汉朝两路大军压迫，表示愿意降服，派太子到汉廷谢恩，并献上大量军粮和马匹。然而，当太子带领 1 万士兵前往汉朝时，使臣卫山和左将军荀彘怀疑太子有阴谋，要求他的军队不能携带武器；太子则怀疑使臣和左将军要谋害他，便率军返回王俭城。此事激起汉廷的愤怒，命令在朝鲜的两路大军加紧进攻王俭城。由于王俭城长期被汉军包围，在抵抗汉军的问题上，卫朝内部发生了意见分歧。公元前 108 年夏，朝鲜右渠王被主和的臣属杀害，王俭城终于被攻陷，卫氏朝鲜灭亡。

汉武帝灭了卫氏朝鲜后，在其管辖地先后设置了乐浪、临屯、玄菟和真番四郡，历史上称其为“汉四郡”。四郡之下设有很多县，郡县长官由汉朝中央派遣汉人担任。很显然，“汉四郡”的设置，说明汉武帝已经将朝鲜半岛北部地区纳入了汉帝国的统治范围。

马韩、辰韩、弁韩

马韩、辰韩、弁韩是公元前 2 世纪末至公元 4 世纪初左右朝鲜半岛南部三个部落联盟，统称“三韩”。其中马韩最强大，被三韩拥立为“辰王”，定都目支国，统领三韩之地。当时朝鲜半岛北部为汉四郡（卫满朝鲜被汉朝所灭，设立乐浪郡、玄菟郡、真番郡及临屯郡，史称汉四郡）。

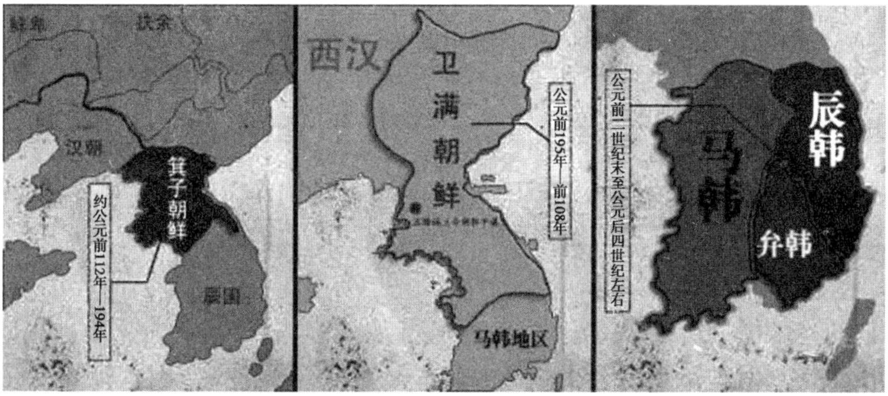

三韩所在的具体位置存在争议。不同时期，三韩的边界也不断的变化。朝鲜民族古代官方史料《三国史记》记载马韩位于朝鲜半岛西南部，后被百济占领。根据《后汉书》记载，辰韩位于新罗的位置。弁韩位于朝鲜半岛西南部，后被百济占领。马韩是三韩中最大的一个，由 54 个城邦构成，大致位于全罗道、忠清道和京畿道，后来百济吞并马韩。辰韩主要位于洛东江以东，由 12 个城邦组成。其中的一个城邦后来吸收了其他城邦发展成新罗。弁韩由 12 个城邦组成，发展成伽倻后被新罗吸收。弁韩位于洛东江以南和以西。

现在的朝鲜民族的成员均称自己为“三韩子孙”，这一点和华人自称“炎黄子孙”的缘由相似。

第二节　三国时代

朝鲜三国时代（삼국시대）是指在公元前 57 年到公元 668 年之间占据辽东和朝鲜半岛的三个国家高句丽（注：不同于高丽）、百济、新罗。7 世纪新罗统一了朝鲜半岛大同江以南地区，开启了统一新罗时代。朝鲜半岛三国时代与中国三国时代的不同，它不是由一个国家分裂而形成而是三国不同发展而形成的，最后也未统一到同一个国家。

高句丽

高句（gōu）丽（lí）（公元前 37 年—公元 668 年）简称“句丽”“句骊”，现又叫“高氏高丽”，是公元前 1 世纪至公元 7 世纪在我国东北地区和朝鲜半岛存在的一个民族政权，与百济、新罗合称朝鲜三国时代。高句丽在公元 5 世纪到 7 世纪的中国东北地区和朝鲜半岛历史上扮演了重要的角色。

● 建国（公元前 37 年—公元 52 年）

据《三国史记》和《三国遗事》记载，公元前 37 年，扶余王子朱蒙因与其他王子不和，逃离扶余国到卒本扶余，建立高句丽。一些学者认为高句丽早在公元前 2 世纪就已成立。“高句丽”作为一个公元前 113 年的地理名词就出现在《汉书》中。

公元 53 年，高句丽太祖王，将高句丽分散的 5 个部落设为 5 个省，实行集权化统制。313 年，高句丽美川王吞并原汉四郡的最后一郡，乐浪郡。高句丽从东北地区进入并控制了朝鲜半岛北部大部地区，开始与形成现代韩国的主体古代韩国国家百济与新罗处于激烈的军事对峙之中。朝鲜人称这一段历史时期为朝鲜历史上的“三国时代”。但是，这“三国”最初只是互相没有民族认同感的几个大型部落国家，与中国三国时期的三国都是从统一的汉朝分裂出来，人民也具有同一民族感的情形完全不同。

高句丽小兽林王继位后，开始加强高句丽国内的稳定和统一。新的法律出台。372 年立从中原引入的佛教为国教，并依照中原制度建立国家教育机构“太学”。小兽林王还对高句丽军队进行了改革。

5 世纪末时朝鲜三国时代的版图从高句丽好太王继位起，高句丽开始进入鼎盛时期。根据好太王的儿子长寿王为他所立的好太王碑记载，好太王在一次与扶余的战役中就攻克了扶余 64 个城池、1400 个村庄。后来好太王兼并了北部的扶余国和靺鞨部落；在军事上对百济形成了绝对优势地位；并在新罗与百济、伽倻和倭的战争中迫使新罗屈服。

413 年，高句丽长寿王登基。由于百济和新罗的对抗，427 年，长寿王迁都到平壤以加强对百济和新罗的控制。长寿王延续了其父好太王的扩张政策。5 世纪末，长寿王又吞并了一些扶余、靺鞨和契丹部落；与北魏交锋；并保持了对新罗的控制。

高句丽在 6 世纪达到鼎盛后，开始逐渐地衰落。高句丽安藏王被刺杀后，其兄安原王继位。在安原王时期，王室间的纷争加剧。6 世纪 50 年代，高句丽北部受到游牧民族的袭击。但高句丽内部的幕僚争夺依然继续。551 年，百济和新罗为摆脱被高句丽奴役的地位而开始联合攻打高句丽。

高句丽丢失朝鲜半岛中部具有重要战略意义的肥沃的汉江流域。新罗与中国的直接沟通与联盟最终在 7 世纪给高句丽带来灾难性的后果。

灭亡

公元 666 年，高句丽内乱，泉盖苏文死后，世子男生代为莫离支，但为二弟男建所逼，降于唐。668 年高句丽第 27 代国王宝藏王高藏被唐朝俘虏，自此，高句丽国家不再存在于世。

高句丽文化

高句丽人崇拜起源于中原的神物三足乌，把其当作最高权利的象征，高于朝鲜龙和朝鲜凤。这与中原人有所不同。高句丽人对三足乌的这种崇拜在高句丽古墓壁画中有体现。高句丽古墓壁画有着丰富的内容，其中的四神崇拜、伏羲与女娲图、神农图、道家羽衣仙人图等均体现了中原对高句丽文化的全面影响。同时高句丽的射猎、战争壁画也体现了其作为一个边疆民族所具有的尚武好战特点，应该指出的是，这些图画在构图等方面与中原魏晋以来的古墓壁画并无重大区别。高句丽壁画是反映高句丽在文化上属于中华文明体系的铁证。

高句丽人民以农业、渔猎为生，但农作物产量不多，使人民习惯节食。每年10月举行秋收祭典“东盟”，祭祀国祖神、隧穴神，其间人民饮酒歌舞庆祝。高句丽社会崇尚厚葬，以石为棺，加以金银等贵重陪葬物，外层多次封坟，砌成石冢。婚俗方面，高句丽行一夫一妻制，并允许男女以己意自由婚配，即所谓“有婚嫁，取男女相悦，即为之”。成婚后男方入住由女家准备的“婿屋”，待儿女长大，男方才可携妻儿返回男家。另外，社会对弟娶寡嫂、寡妇再嫁等事是容许的。炎帝曾三次出现在吉林省集安市的高句丽五号墓四号和五号壁画上，证明了高句丽也是炎黄后代。

百　济

百济（英文音译：baekje，前18年—660年）又称南扶余，是古代扶余人南下在朝鲜半岛西南部原马韩地区建立起来的国家。都城先在慰礼城，后相继迁都广州、熊津、泗沘城。公元 660 年，百济被新罗和唐朝的联军灭亡。

公元 10 年开始，百济就已统治下层的马韩部落。根据高句丽建国神话的记载，建立百济的是一部分高句丽头人（召西奴，沸流，温祚）与他们的百姓（扶余人）。高句丽人到达朝鲜半岛南部后构成上层，而原住民马韩则是国家中的下层。《三国史记》中百济君王五次说自己源出朱蒙，王室以扶余为姓，且一度改国号为南扶余，高句丽王钊南侵后，百济与高句丽决裂，不再和好。

百济是高句丽创始者朱蒙的第三个儿子温祚王，于公元前 18 年在慰礼城创建的。

居于慰礼城的百济由于被马韩包围，所以经常受到马韩的侵扰。温祚王在公元 10 年前后吞并了马韩。古尔王（234 年—286 年）的统治时期巩固了国家的制度。近肖古王（346 年—375 年）通过与高句丽的战争向北扩展了疆土，在战争中，杀死了高句丽王（即故国原王），同时向南消灭了残存的马韩部落。这个时期百济积极地吸收了中国文化和技术，达到全盛期。

公元 7 世纪中叶，随着新罗在朝鲜半岛中南部的影响力的增长，百济逐渐失去其影响力。最终，公元 660 年，唐高宗派苏定方联合新罗渡海发动了对百济的攻击，百济首都泗沘最终被攻陷。

百济是三国之中，最乏陈可数、最不引人注目的一个国家，它受制于高句丽，但是对日、对华交流频繁，是古代韩国最大的文化出口国。百济人把掌握特殊技术的人称为“博士”，把很多技术传到了日本，人本圣德太子的老师就是百济的王仁博士。

新 罗

新罗（英文音译：Silla，公元前 57 年—935 年），朝鲜半岛国家之一，从传说时代起，立国达 992 年。公元 503 年开始定国号为“新罗”。新罗最初由辰韩朴氏家族的朴赫居世居西干创建。新罗据有西海岸的仁川湾，便于直航中国。从 4 世纪末起，先后与前秦、南齐、梁、北齐、陈、隋、唐通交，大力吸收中国文化。660 年和 668 年，新罗联合唐朝先后灭亡百济和高句丽。670 年—676 年唐朝新罗战争后，新罗统一了朝鲜半岛大同江以南地区，称为统一新罗。9 世纪末期，统一新罗分裂成“后三国”。935 年，“后三国”被高丽统一。

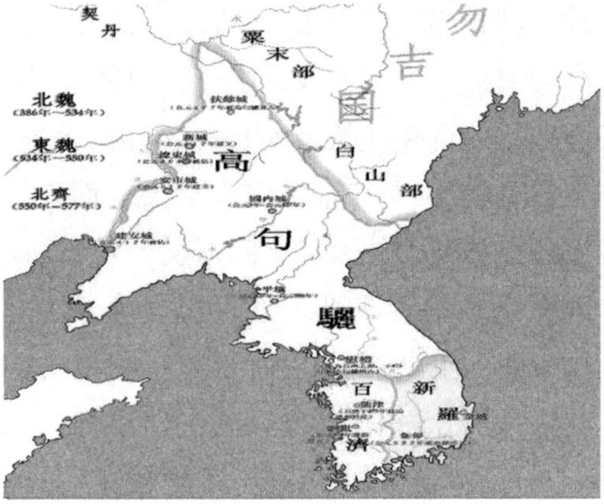

历史学者传统上将新罗的历史分成三部分：早期（公元前 57 年—公元 654 年）、中期（公元 654—789 年）和晚期（公元 780—935 年）。

建国

据《三国史记》记载，新罗公元前 57 年由朴赫居世居西干在金城（今韩国庆州）创建。新罗最初是辰韩的 12 个部落之中最强大的部落，共有 6 个村庄和 6 个家族，被称为斯卢六部。据说，赫居世居西干是从天上飞来的白马生下的蛋中出生的。赫居世居西干 13 岁的时候，新罗六个家族推举他为国王。赫居世居西干也被认为是朝鲜半岛常见的朴姓的祖先。到至今的考古发现表明，在这一时期，可能有新罗政权的存在。

初期发展

建国初期，新罗先后被朴氏、石氏（又叫昔氏）和金氏三大家族统治。到 2 世纪，新罗发展成朝鲜半岛西南的一个国家，对其周边的辰韩部落的影响也不断扩大。3 世纪，新罗成为辰韩最强大的城邦国家。总共有 4000 多户，在辰韩各部中只有它在独立于马韩统治。

公元 250 年，在新罗西边百济取替了马韩形成了一个中央集权的国家。在新罗西南伽倻取代了弁韩。公元 50 年，在中国东北和朝鲜半岛北部，高句丽已初具规模，并在 313 年南下朝鲜半岛中部后成为很有威胁性的地区霸王。新罗与高句丽结盟对抗日本国、百济，新罗也曾经与日本国联姻。

● 扩张和中央集权化

公元 356 年，金氏家族的奈勿尼师今继位后，开始世袭君主结束了新罗三大家族轮流掌权的局面。377 年，新罗与中原王朝和中国东北的少数民族政权高句丽建交。

4 世纪后期，由于新罗西有百济、南有日本的包围，新罗最初与高句丽结盟。不过当高句丽迁都到平壤并开始南扩后，427 年新罗被迫和百济结盟。

法兴王在位时期（514-540 年），新罗已发展成为一个羽毛丰满的国家，以佛教为国教并有自己的年号。在伽倻与新罗的战争中，新罗吸收了伽倻。

真兴王在位时期（540—576 年），新罗建立起了强大的军队。新罗帮百济将高句丽从汉江流域赶走后，553 年又将这一战略要地从百济手里夺走结束了与百济 120 年盟友关系。真兴王在位期间还建立了花郎道。

真德女王去世后，骨品制度的终止标志着新罗早期历史的结束和中期历史的开始。

第三节　中世历史

统一新罗时代
（A. D. 676—A. D. 935）

7 世纪，新罗开始与唐朝结盟。660 年，武烈王联合唐朝灭亡百济。663 年，唐朝在新罗设立了鸡林州都督府，以新罗王为“鸡林州都督”，世代承袭。668 年，文武王联合唐朝灭亡高句丽。

670 年—676 年唐朝新罗战争后，新罗占领百济故地和原高句丽大同江以南部分领土。新罗统一朝鲜半岛大同江以南地区，定都庆州，效仿唐朝的国家制度进行统治。

统一的新罗时代其历史主要特点是君主权威的壮大。新罗对朝鲜半岛的统一使新罗君主财富增加，威望提高。在统一朝鲜半岛中部、南部期间，成功地镇压了几起贵族反叛，清除了对其中央集权最具威胁的贵族势力。统一后的新罗开始进行官僚制度的改革，之后新罗进入鼎盛时期，农业、商业、手工业、艺术、教育、宗教等都得到蓬勃发展，同中国、日本等国家的贸易、文化往来十分密切。

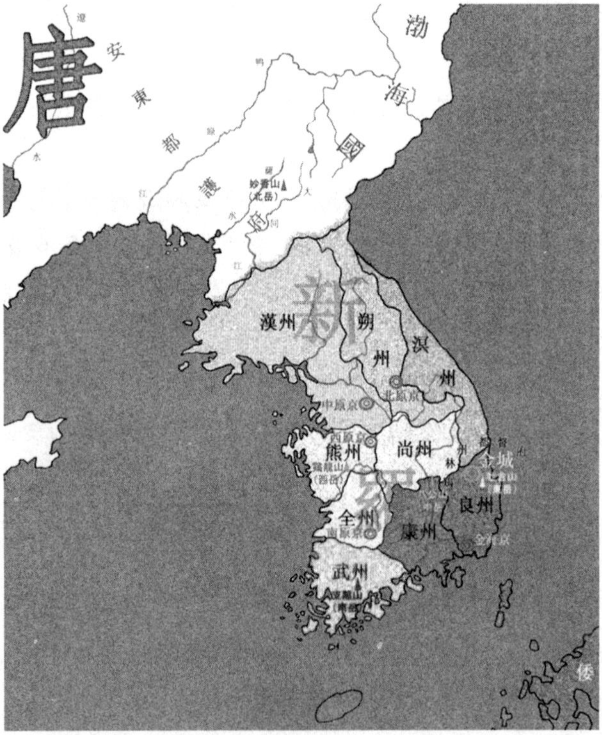

780 年惠恭王死后，因王位继承问题发生暴乱事件，新罗由此走向衰落。地方割据势力强大，农民暴动频繁出现。900 年新罗王族建立后百济，901 年建立后高句丽，朝鲜半岛进入后三国时代。后高句丽武将王建夺取后高句丽政权，建立高丽王朝，于 935 年灭亡新罗，重新统一朝鲜半岛。

新罗时代的佛教本土化

朝鲜三国时期，人们的精神生活在很大程度上还是沉浸在宗教信仰的热情里，从中国传入的儒、佛、道三教，正好迎合这样的需求，给朝鲜三国社会带去了一片生机。佛教传入朝鲜的过程，是一个异质的思想文化从外部向新的内部传播，并不断纵深推进和扩展的过程。

佛教传入新罗是在 6 世纪初，初期因其与朝鲜传统的思想文化相抵触，可能扰乱当时的政治体制和思想秩序，因而受到了新罗贵族势力的反对。后来，新罗的佛教传播者将佛教与新罗人的求福风俗相结合，把佛的灵验与无数的信仰融合在一起，使广大民众确信了佛法无量，逐步深入人心，获得了社会支持，最后甚至发展成了可以左右文化、思想领域的一股巨大力量。

佛教在新罗的本土化过程，是始于世俗贵族的，最典型的就是佛教在社会中广泛传播“世俗五戒”，即事君以忠、事亲以孝、交友以信、临战无退、杀生有择。随着佛教信众的增多，积极准备统一事业的新罗，日益发现其雄厚的群众基础，认为将其作为驯化国人、凝聚民心的思想武器是最好不过的，所以大力提倡佛教，并将其引向了护国宗教的方向上。同时，新罗的贵族也日益笃信佛教，他们认为佛教能够解救出灾难中的人，能够保佑新罗王朝日益强盛，并打败一切困难和强大的敌人。所以他们建寺修塔、化缘祈祷，对佛教竭尽一切诚意和物力，使得佛教不仅在教义思想和修持方法上适应了其“本土”环境，还在寺院的管理形态、俗讲、仪式、节日行事等制度方面也实现了“本土化”。

韩国五大名寺

佛国寺　佛国寺保存了廊院式平面格对、空间形态。佛国寺的石造古迹都是用花岗岩建造，其形态、建筑方法均为当时土木建筑技术之精髓，华丽宏伟，表现一种平衡和谐之美，是韩国石造艺术的宝库。佛国寺被誉为韩国最精美的佛寺，是迄今香火始终不断的为数不多的寺刹之一。1995 年 12 月与石窟庵作为一个遗址被列入联合国世界遗产名录。

通度寺　作为韩国三大佛寺之一的通度寺因为有佛祖真身舍利而被称为佛宝佛寺。仔细看通度寺的文化遗产的话，可以发现被指定为国宝 290 号的大雄殿。外边还有宝物 334 号银入丝铜制香炉，宝物 471 号奉钵塔，宝物展示馆内还有屏风、经书、佛具以及高丽大藏经（海印寺影印本）等寺宝。

松广寺 松广寺是木造文化财宝比较多的一间佛寺，寺内有 80 多栋建筑，有供奉着 16 位国师牌位的国师殿等 3 件国宝，下舍堂、药师殿、灵山殿等 13 件宝物，天然纪念物双香树等国家文化财宝 17 件，指定国师舍利塔等指定文化财 10 件，一共保存着 27 件文化财宝。

梵鱼寺 作为韩国四大名寺——金井山梵鱼寺也是众多佛教徒前往的圣地，韩国佛教三十一本山之一的梵鱼寺所处的金井山位于韩国南部，庆尚南道釜山特别市东莱西北。主峰姑堂峰海拔 802 米。金井山山顶有韩国

215 号史迹韩国最大的山城金井山城，梵鱼寺则位于山的东北部。寺内有建于 9 世纪左右的三层石塔和由四根柱子支撑的一柱门，还有 7 座殿阁、楼阁，3 扇门、11 座庵堂等。因为这里优美的风景、新鲜的空气，也同时常年吸引着来此登山健身的韩国人。

奉恩寺　奉恩寺是一座千年古寺，寺内“宝物”众多。名列“宝物”第 321 号的“高丽青瓷缕银香炉”现在虽然被东国大学校博物馆收藏，但此前曾是奉恩寺的宝物。秋史金正喜（朝鲜时代著名书法家，“秋史”是金正喜的号）亲笔题写的板殿牌匾也是奉恩寺的宝物。据说牌匾是金正喜去世前三天题写的，笔迹清秀，挥洒自如，不拘一格。此外，寺内还收藏了《华严经疏》等著名的木刻版本佛经。奉恩寺板殿在 1939 年大火灾中是唯一没有被焚毁而幸存下来的建筑，历史悠久。奉恩寺震寺之宝、韩国最大的“弥勒大佛”高达 23 米。大佛始建于 1986 年，前后历时 10 年。“弥勒大佛”矗立的广场是信徒们祷告的场所，除此之外，也会举办许多文化活动。

新罗花郎

花郎也称花郎徒、郎家、风流徒、国仙徒、风月徒，新罗花郎徒组织是新罗在确立以王权为中心的中央集权体制过程中，为了培养治理国家方面所需要的人才而建立的贵族青少年组织，创立于新罗真兴王三十七年，其目的是组织年轻人们一起进行武艺锻炼，灌输封建道义和宣传爱国主义精神，培养出很多忠君爱国、英勇顽强的武士。据史料《大中遗事》记载：“（王）择贵人子弟之美者，传粉装饰之，名曰花郎，国人皆尊事之也”，这便是“花郎”的由来。

成为花郎一般需要满足三个条件。首先，需要长得帅。其实相貌崇拜古已有之，这一点本无可厚非。其次，需要是贵族子弟。一方面，在当时的情况下，相较于庶民，贵族少年们大多识文断字，知识水平和文化素养较高，教育起来相对来说比较容易；另一方面，由于新罗时代的门阀贵族经常插手朝政，统治者想要给其灌输王权思想，就必须“从娃娃抓起”。最后，需要对君主绝对忠诚。这同时也是花郎制度建立的根本原因，花郎制度规定的戒律中，第一条就是“事君以忠”。

这种在贵族子弟中选拔少年进行培养的方式，从一定程度上来说是适用于当时新罗内部的一种“润滑剂”。它既避免了王权旁落的可能性，同时也缓和了君主与贵族之间的关系。花郎团体内部充满着各种福利。贵族少年们成为花郎后，可以组团游览各地，寻访各地的大家聆听讲学，在增长知识、开阔眼界的同时，又由讲学者向其灌输忠君思想；而整个过程中的旅费、学费都是由国家负责的。花郎们长大后，在国家治理以及对抗外敌上，逐渐成为整个新罗的中坚力量。在史料中，花郎们被赞美为“贤佐忠臣，从此而秀。良将勇卒，由是而生”，足见其影响力。例如新罗时期最有名的大将金庾信，十五岁时便成为了花郎组织的将领，具有优秀的军事才能和高超的剑术技巧。

随着新罗的不断强大，王权高度集中，贵族已无把持朝政的能力，旨在灌输忠君思想的花郎制度也就失去了存在的必要，兼之花郎培养需要耗费大量的财力物力，而花郎们也愈加喜欢打着游历学习的旗号花天酒地，因此到神文王时期，这一制度便被下令废除了。

高丽时代

“安史之乱”以后唐朝日益衰败，新罗的统治同样陷入了危机之中。朝廷内争权夺利愈演愈烈，838 年 12 月爆发“弓福之乱”，流亡的祐征借弓福

（即韩国历史上赫赫有名的张保皋）之力于清海镇起兵直逼王都金州（今庆州），翌年闰正月杀闵哀王自立，是为神武王。在中央的争权夺利愈演愈烈之际，地方人民的反抗此起彼伏。

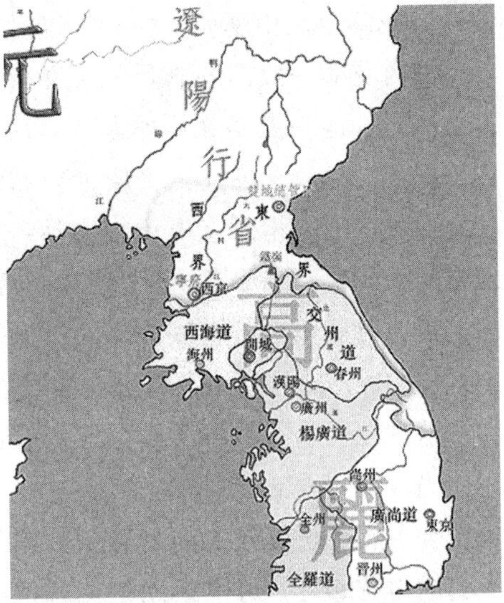

弓裔称王建国后，王建从其父投弓裔，献松岳郡（京畿道开城），弓裔即以王建为松岳城主。918年，王建推翻弓裔，自立为王，并定都于开京（今北朝鲜开城），改国号为高丽。935年，高丽终于降伏新罗。936年，王建巧妙利用其内乱灭后百济，统一朝鲜半岛。之后王建致力于巩固国家的内部统一，抑制新罗时代地方豪强的势力，结束了国内的混乱局面，确立了府、州、郡、县的行政区划体系。对外，王建接收了部分被辽朝灭亡的渤海国遗民，与中国五代时期的诸王朝都保持了良好的关系。943年，王建去世，享年67岁。他开创了长达400多年的统一的王氏高丽，在历史上得到了很高的评价。至公元1392年，王氏高丽的大臣李成桂废王自立，并在1393年以“朝鲜”、“和宁”等国号奏请明朝，明赐李成桂为“朝鲜王”，王氏高丽遂改号“朝鲜”，学界一般称之为“李氏朝鲜”或简称“李朝”。

● 高丽时代的佛教

王建临终之际曾立十条要训，其中第一条为“我国家大业，必资诸佛护卫之力，是故创立禅教寺院，差遣住持焚修，使之各治其业”。此后，高丽历代国王无一不尊奉佛教，大力加以扶持。

宋朝版本的《大藏经》传入高丽后，促进了高丽佛教文化的发展。在高丽显王时，开始雕印《高丽大藏经》，至宋仁宗赵祯天圣七年（1029年）完成，其内容主要根据宋朝《开宝藏》复刻。

光宗时高丽更建立了一系列的崇佛制度，从名僧中选拔国师、王师，聘为王宫顾问；在太学中增设僧科，对僧侣进行考试，授以法阶。高丽王朝为了使佛教兴旺，向北宋请佛经，派僧侣入宋求法，欢迎宋僧来高丽传法，并雕刻了大量佛经。从公元 1236 年起，用 16 年时间雕刻而成的高丽 8 万大藏经流传至今，成为当之无愧的世界瑰宝之一。

高丽文化

高丽青瓷是朝鲜半岛历史上，制作最为精美的瓷器之一。高丽青瓷香炉、酒器、花瓶等做工精致、典雅，为青瓷中的精品。

韩国宣称世界上最早的金属活字印刷术是 1230 年由高丽人崔允仪创造的。朝鲜官方宣称有关金属活字使用的最早记录，是《东国李相国集》所记录的 1234—1241 年间用金属活字印发的 1123—1146 年间所著的《详定古今礼文》28 部。1377 年在今韩国清州印制的高丽佛经《白云和尚抄录佛祖直指心体要节》是比德国的谷登堡 42 行圣经（The 42—line Bible，1452—1455）提前 78 年发行的现存世界上最古老的金属活字本。

高丽光宗在高丽建立科举制度。高丽成宗建立了高丽最高教育机关韩国国子监。1398 年成立成均馆，教授儒家思想、高丽法律、数学及书法等科目。到末期在元代接受朱子学。

蒙古入侵

1231 年蒙古军进攻高丽，高丽王室从松都（今开城）迁往江华岛，其后蒙军数征高丽，进行掳掠，但仍对江华岛没有办法。蒙古入侵高丽期间，高丽大藏经被蒙军破坏。高丽高宗下令重新修复大藏经，以期待佛祖能够保佑高丽的平安。

高丽内部对蒙古的入侵存在两派。文派反对与蒙古交战，而以崔氏家族为首的武派则坚持继续抗蒙。1258 年崔氏政权首领被文派杀害后，蒙古与高丽达成和平协议，同意保留高丽的国家主权和传统文化，高丽首都则迁回开城。但是高丽国王必须是蒙古公主的儿子，并且必须在大都以蒙古人的方式长大，高丽从此成为元朝藩属国。

忠烈王之后，高丽国王世代相袭娶元朝公主为妻。随着高丽王室与元朝的政治联姻，元朝公主及随从人员长期定居在高丽，蒙古文化逐渐传播到高丽。同时，元朝要求高丽世子入质元朝，高丽国王亲朝到蒙古。在高丽世子及世家子弟入质元朝，高丽国王与元朝公主多次入朝的背景下，高丽与元朝的人员往来更加密切。尤其，忠烈王、忠宣王父子多次以世子身份和国王身份到元朝，常年留居元朝，对两国文化交流产生了一定的影响。

第二章　近　代　史

第一节　朝鲜王朝

朝鲜王朝（1392 年—1910 年），又称李氏朝鲜，简称李朝，是朝鲜半岛历史上最后一个统一王朝。1392 年，李成桂建国，定都于汉阳。朝鲜王朝的国土大体上相当于今天朝鲜和韩国的总和，北方以鸭绿江和图们江同中国为界。朝鲜王朝的首都初在高丽王朝的故都开京（今开城；又称松都），1395 年定都于汉城。1398 年，第一次王子之乱后再度迁都开京；1400 年，第二次王子之乱后最终定都汉城（今首尔）。李朝历经 27 代君主共五百余年。1896 年，高宗李熙称帝改国号为大韩帝国，1910 年日本侵吞朝鲜半岛，李朝灭亡。

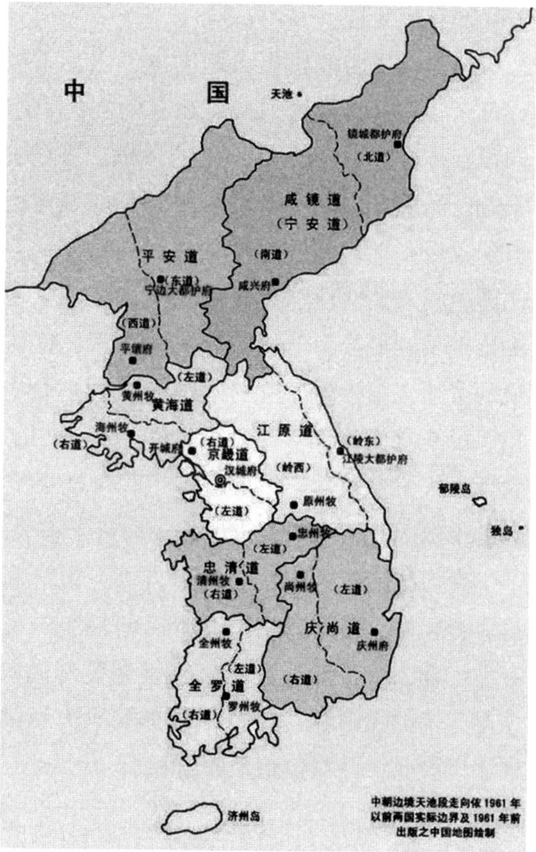

自从李成桂开创了朝鲜王朝之后，与明朝政府保持

着十分亲密的藩属关系，并且在前期一系列比较开明的政策之下，社会呈现出勃勃生机。尽管也发生过多次内乱与党争，大部分情况下政治状态尚算稳定。所以朝鲜王朝的前期被公认为朝鲜王朝的发展期，尤其是世宗大王的统治时期被认为是朝鲜王朝的黄金时期。可惜的是，在世宗、世祖、成宗等几位贤君之后，后世朝鲜的国君大多昏怠而缺乏治国之术，且伴随着的便是党争的愈演愈烈与民生的困苦。这为后期朝鲜的吏治与社会生活产生了极坏的影响。

朝鲜王朝的政治结构采用中央集权制。李成桂建国之后，即命儒臣郑道传等讲究历代之典，按“仪章法制”，拟定东、西（文、武）两班官制。地方行政分八道，朝鲜八道辖境自明永乐十五年（1417 年）以后基本稳定，仅局部有所变迁。

朝鲜采用儒教思想治理国家，忠、孝被认为是最大的美德。在官方的许可下，一些引退的士大夫和有学问的大学者在家乡建立了书院，并在全国得到推广。书院享受免税的待遇，并有自己的田产。但是到王朝末期，书院已经成了儒生发泄对政权不满的地方，因此很多书院被下令关闭。17 世纪以后，李朝社会逐渐衰落，教育陷入停滞，官方教育的主要内容——儒学中的朱熹性理学派脱离了实际生活，陷于空谈。到英祖、正祖朝，朝鲜出现了柳得恭、李德懋等实学大家，摆脱了已经变成僵死教条的朱子学说的束缚，主张向当时的中国学习利物厚生的学问，出现了最初的民族意识、民本意识、改革意识和人道主义思想。除了提出理论之外，实学派在农业、医学、数学、筑城学、工程学、天文学、地理学等方面，也通过当时的中国吸收西洋的先进思想，取得了很大的成就。

在与政治有关的宗教政策方面，由于高丽末年时朱元璋曾批评高丽因为尊释轻儒，会导致亡国，所以朝鲜立国后除了世祖和燕山君等几位国王在位时外，历代国王通常采取崇儒废佛的政策，在国内拆毁佛教寺院。即使是崇佛的燕山君，他在朝时亦受到大臣的废佛压力。废佛时，寺院的土地予以没收，并对僧侣征收重税。

世宗大王

明永乐十六年（1418年）8月，世宗在其父太宗退位前两个月登基。明永乐十七年（1419年）5月，世宗在太宗的建议和指导下己亥东征清除对马岛的倭寇。9月，对马岛大名被活捉带回朝鲜宫中。明正统八年（1443年），《癸亥条约》签订。对马岛大名被授权每年与朝鲜进行50船的贸易，向朝鲜朝廷进贡并负责防止倭寇对朝鲜海港的侵扰。

在北部边疆，世宗建立了“四郡六镇”用于防卫北方游牧民族的侵扰。明宣德八年（1433年），世宗派金宗瑞出兵攻打明朝建州女真诸部巩固朝鲜北方疆域。在世宗统治期间，朝鲜的科技、文化等方面都得到了很大的发展。世宗最为人纪念的贡献是创造韩文，具有讽刺意义的是，当世宗去世后，训民正音并没有得到极大的推广，上到官员的公文，下到老百姓间的契约依旧用的是中文。由于世宗的功绩，世宗被尊称为“世宗大王”。

壬辰倭乱

历史上朝鲜经常遭到倭寇的侵扰。朝鲜建立海军的目的就是抗击倭寇保护海上贸易。朝鲜海军使用神机箭，一种火箭推进式弓箭火车来驱赶倭寇。

壬辰倭乱时期，当时掌握日本政权的丰臣秀吉蓄谋以朝鲜为踏板攻打中国明朝。明万历二十年（1592年）和明万历二十五年（1597年），丰臣秀吉带领装备有葡萄牙火枪鸟铳的军队入侵朝鲜。朝鲜宫廷中的党派纷争、对日本军事能力的低估以及外交调解的失利使得朝鲜迎战准备不足。装备有西方武器的日本军队，随后开城、平壤相继失陷。仅两个月零两天，朝鲜“浃旬之间，三都失守，八方瓦解”。几个月内就占领南部朝鲜半岛。

不过李舜臣领导的朝鲜海军在海上有效地摧毁日本军舰，掐断了后方供给。朝鲜民间的游击组织对入侵的日本军队抵御也遏制了倭寇的攻势。日本对朝鲜的大举入侵，大大地震动了明朝。明万历二十一年（1593 年），明朝派出大规模军队与邓子龙将领到朝鲜，与朝鲜一道共同击退了入侵的日本军。战争期间，朝鲜发明了反击日本的龟船。虽然朝鲜与明朝击败了日本，但损失惨重。事后朝鲜与日本断交，直到明万历三十七年（1609 年）才恢复外交关系。

倭乱为朝鲜王朝的历史写下沉重的一页，战争严重破坏了朝鲜社会，战后耕地缩减到战前一道的水平（四五十万结），人口锐减到战前的六分之一。战后，户口锐减，因而人民负担大幅度加大，为加固国防的而征收“三手米”（炮手、射手、杀手），以及增加其他维持国家所需的各种捐税。门户党争即使在倭乱中也不曾停止（结果李舜臣遭罢免），战后更加愈演愈烈，士大夫除此之外别无建树。社会结构开始出现变化，拥有战功的平民开始步入两班行列，两班失势初现端倪。同时，王室第一次被异族欺凌，威信空前低落，社会各种裂痕在倭乱后一并显露，朝鲜王朝 500 年国祚实际上从此时开始衰亡。

后金入侵

壬辰倭乱使朝鲜国力锐减。此时建州女真首领努尔哈赤正在中国东北统一女真族。明万历四十六年（1618 年），努尔哈赤公布对明的《七大恨》后，开始攻打明。努尔哈赤和明都想联合朝鲜，使光海君处在进退两难之地。光海君打算中立。但由于明帮朝鲜击退了倭寇，朝鲜的大臣们大多数都支持帮助明打女真。明万历四十七年（1619 年），朝鲜就曾在萨尔浒之战中派兵支援明。明天启三年（1623 年），仁祖反正，光海君被废。仁祖即位后，开始执行更公开的助明打女真的策略。不过明天启四年（1624 年），李适造反使得朝鲜军中大乱。李适造反被平定后，仁祖仍需在汉阳部署重兵以维护首都稳定，从而导致防卫北部边疆的军力不足。

明天启七年（1627年），努尔哈赤的侄子阿敏带领3万女真部队入侵朝鲜，史称“丁卯胡乱”。双方最后议和订立“兄弟国的盟约”。朝鲜停止使用明朝天启年号并遣王子李觉赴后金为人质。后金、朝鲜互不侵犯对方的领土。丁卯胡乱之后，后金和朝鲜的兄弟关系并不和睦。后金军一退，朝鲜马上向明朝“疏奏被兵情节”。由于受到儒家思想的影响下，朝鲜大臣认为明朝助朝鲜击退倭寇，朝鲜理当与明朝交好抗击后金。因此朝鲜拒绝废除年号，并依旧保持关系。这最终导致清崇德元年（1636年）皇太极攻打朝鲜，迫使朝鲜成为清朝的藩属国，史称“丙子胡乱”。

仁祖之后的朝鲜孝宗，曾试图联合中国南方反清势力讨伐清朝，但无果。朝鲜开始闭关锁国，与外界仅进行少量交往，而出于对前宗主国明朝的缅怀，朝鲜将明代最后一任皇帝“崇祯”的年号延续了265年（公元1893年）。

第二节 日据时代

日据时代指的是1910年8月29日至1945年8月15日间，朝鲜沦为日本殖民地，接受日本统治的时期。

1910年大韩帝国与大日本帝国签订《日韩合并条约》，大韩帝国王室移居日本本土，朝鲜半岛正式并入大日本帝国成为日本领土。朝鲜总督府设为京城府（今韩国首尔）。日本政府对朝鲜实行殖民主义统治，限制朝鲜民族资本主义发展，掠夺朝鲜的资源，日语被定为国语并限制朝鲜语的教学，对学生实行奴化教育，提出“日韩同祖”之说并试图以此同化朝鲜人。

1919年高宗去世，3月1日在为高宗举行国葬时，韩国民众借机在各地游行，韩国独立运动者在京城塔洞公园发表了独立宣言，要求韩国独立，是为“三一运动”。游行被日本政府暴力镇压，被逮捕的人数超过了全朝鲜监狱所能容纳的最大人数：根据韩国方面的报告，46948人被逮捕，7509人被杀，15961人受伤；根据日本方面的报告，8437人被捕，553人死亡，1409人受伤。韩国独立运动者于1919年3月21日在符拉迪沃斯托克、4月11日在上海、4月21日在京城成立了临时政府，反抗日本殖民统治。后来三个组织合而为一，11 月 4 日召开第一次会议，象征一个有功能的临时政府的开始。

二战时期日本大量掠夺朝鲜劳动力、大量强征慰安妇，为侵略战争服务，并向学生灌输军国主义思想，招收很多朝鲜籍日本兵。与此同时，日本政府在朝鲜半岛大力兴建基础设施，人口得到增长，识字率不断上升，废除了朝鲜社会的等级制度，废除了朝鲜露乳服饰。在 1924 年成立了京城帝国大学（首尔大学的前身），为战后朝鲜和韩国的经济发展奠定基础。在客观上促进了朝鲜半岛的现代化。

日本在朝鲜殖民统治的特点

● 第一阶段　残酷的“武断政治”

日本在朝鲜的“武断政治”是武官总督制，即完全依靠军警力量推行统治政策，建立起以“治安”为中心、以经济掠夺为目的的统治体制。

总督集权的体制和强大的警宪势力　日本吞并朝鲜后，统监府转变为总督府，正式开始了全面的殖民统治。根据《朝鲜总督府官制》，朝鲜总督直属天皇，是全面行使行政权、立法权、军队使用权的绝对权威者。日本吞并朝鲜初期，遭到了朝鲜人民的强烈反对，所以朝鲜总督不断加强军事统治，除在城市增加日本宪兵配置外，在农村也设置了宪兵分队、宪兵派出所。

掠夺土地和资源，排斥朝鲜民族工业　日本统治朝鲜后，在朝鲜的土地经营、投资和土地占有面积分别增加了 10 倍、5 倍和 4 倍。庞大的土地落入朝鲜总督府和日本人手里，朝鲜人民成为主要掠夺对象。日本殖民当局不允许朝鲜建立自己的民族工业，从 1911 年到 1917 年，注册资本中日本资本的比率从 26.4% 上升到 75.2%，而朝鲜人的资本则从 26.4% 下降为 15%。

愚民同化政策　1911 年 8 月日本殖民当局公布了《朝鲜教育令》明确规定禁止朝鲜人民学习和使用自己的语言，学校里不准开设朝鲜历史和地理课程；日本当局还加强了对新闻出版的控制和检查力度，控制报纸和书籍的出版。

第二阶段　阴毒的“文断政治”

“三一”运动之后，日本开始重新定位自己的殖民统治政策，提出了“文化政治”，统治手段由“武断政治”向“文断政治”转化。

总督和警察制度换汤不换药　日本政府修改了《朝鲜总督官制》，造成了文官可以被任命为总督的假象，但是直到日本战败投降，所有的朝鲜总督都是从陆海军大将中任命的。在警察制度上，日本废除了宪兵警察制度，采用普通警察制度，但警察署的数量和警察人数不减反增。

大力培养亲日派　日本拉拢朝鲜的亲日势力上到朝廷官员下到农民全方位进行。他们不仅给亲日派提供便利和援助，而且通过劳资争议、租佃争议分化朝鲜人，趁机拉拢富裕阶层。在日本人的迷惑下，许多右派民族主义者丧失了民族大义，走上了亲日的道路。

设置参政权和“地方自治”日本总督府答应给朝鲜人民参政权和自治权，却没有设立一回，而是只设立了地方行政咨询机构，完全起不到约束总督府的作用。

第三阶段　登峰造极的战时法西斯统治体制

20 世纪 30 年代开始，随着日本发动了侵华战争，朝鲜作为日本的战争基地，也受到了战时法西斯统治的蹂躏。

军警力量的再一次强化　为了加强日本对朝鲜人民的控制，以更好地掠夺朝鲜的人力物力为战争服务，日本大力增加了驻朝兵力。整个二战期间，大约有 23 万日军配置在朝鲜半岛，警察兵力也从 20000 多名上升到 35000 多名。

彻底的思想控制和民族灭绝政策　1938 年 3 月日本再次修订《朝鲜教育令》，规定了朝鲜教育的三大纲领：进一步加深朝鲜人皇国臣民化的“国体明征”；完全抹杀朝鲜人民族性的“内鲜一体”；强制忍受侵略战争苦难的“忍苦锻炼”。在朝鲜，日本人命令朝鲜人称日语为“国语”，朝鲜语只是母语，要求朝鲜人改用日本式的姓和名，强调“日鲜同祖论”。

疯狂掠夺人力和资本　通过《志愿兵令》强迫朝鲜青年“志愿”加入日本军队；通过募集、征用、报国队、挺身队等手段强制掠夺劳动力。为战争需要朝鲜的工业结构完全转化为军需工业体制。

第三章　大韩民国简史

第一节　大韩民国

三　八　线

第二次世界大战期间，美国时任总统罗斯福和苏联部长会议主席斯大林在德黑兰会议上同意将日本殖民地——朝鲜半岛在“适当的时候”实现独立。在 1945 年 2 月 4 日—2 月 11 日期间，美苏英三国首脑罗斯福、丘吉尔和斯大林在苏联克里米亚半岛的雅尔塔签定秘密协议，会议决定应该由美国、苏联、中国（国民党政府）和英国实行国际托管。

1945 年 8 月 9 日，在日本战败投降的前夕，美国提出以北纬 38 度线为界，即三八线，美国和苏联分别占领朝鲜半岛南部和北部的提议，并得到了苏联的认可。由此演变后来朝鲜半岛分裂南北阵营的导火线。

三八线以北面积占朝鲜半岛总面积的 57%，人口占总人口的 40%，南部面积占总面积的 43%，人口占 60%。朝鲜半岛北部为工业区，南部则是主要的粮食产区。美国一开始在南部地区任用日本殖民时期的行政人员，激起了朝鲜人的不满，之后美国驻军开始使用不了解当地情况的美国人替代日本人，也受到朝鲜人的反对。

1945 年 12 月 29 日，美国军政厅公布了 12 月 27 日由美、英、苏三国外长会议签署的关于对朝鲜半岛进行托管和建立临时朝鲜半岛民主政府的《莫斯科协定》。

南北建国

三八线划定后，无论是南方的还是北方的朝鲜民众，都掀起了民族主义运动（包括“反托管”运动在内），主张成立全半岛统一的朝鲜人自己的政权。美苏两国出于冷战需要也同时放胆对自己势力范围内的反对派进行了清理。

1948 年 5 月 10 日，在美国军警的严密戒备和监督下，南朝鲜（即后来的韩国）举行了单独选举。据 10 日夜各投票点关闭后的统计，南朝鲜 800 万选民中，大约 85%以上的人参加了选举。选举的结果是李承晚以略优的优势当上大韩民国首任总统。1948 年 8 月和 9 月，朝鲜南北地区先后成立大韩民国（Republic of Korea）政府和朝鲜民主主义人民共和国。

10 月，苏联把三八线以北的行政权移交朝鲜人民，到 12 月苏军全部撤离。半年以后，美军也宣布从南部撤军，但留下了文官和“军事顾问团”。朝鲜半岛国土和民族分裂，三八线两侧的交通、电讯和人员物资的交流被切断。当时朝鲜半岛总人口为 3000 万，三八线以南人口约 2100 万，三八线以北为 900 万人口，北南双方各占面积为朝鲜半岛总面积的 56%和 44%。1950 年 6 月，南北双方在三八线附近发生军事冲突，历时 3 年的朝鲜战争由此爆发。

1953 年 7 月，在三八线的基础上调整南北军事分界线，划定临时军事分界线两侧各两公里内为非军事区，习惯上仍称其为三八线。

标识系统

国旗

韩国的国旗是太极旗。1882 年，朝鲜使臣朴泳孝和金玉均即将出使日本，临行前向清朝政府请求将中国的黄龙旗作为国旗使用，清朝回复称藩属国不能用五爪龙旗只能用四爪龙旗。其时奉李鸿章之命出使朝鲜的中国使节马建忠（中国近代大语言学家，当时和其兄复旦大学创始人马相伯一

起出使朝鲜）建议朝鲜政府采用中国传统的太极八卦旗作为国旗使用，这个建议得到了朝鲜政府的采纳，所以，最早的朝鲜国旗是一面不折不扣的白底黑色图案的太极八卦旗。后来，一名英国驻朝鲜的使节用西方美学的角度为这面太极八卦旗做了修改，去掉了八卦中的四卦，把剩下的四卦斜向对称拉伸，使整个国旗图案呈长方形，把阴阳鱼图案改为红蓝两色，这样才有了我们今天看到的太极旗。

❖**拓展阅读**

太极旗的内涵

八卦是中国文化的基本哲学概念，八卦的概括就是“为人处世、逢凶化吉”八个字，是古代的阴阳学说，由太昊伏羲氏画出，渗透到东亚文化的各个领域。八卦为：乾、坤、震、巽、坎、离、艮、兑，其中乾震坎艮为阳卦，坤巽离兑为阴卦。韩国太极旗中抽掉了震、巽、艮、兑四卦，剩下乾、坤、坎、离四卦。关于各卦的含义《周易·说卦传》给出了解释：

乾：代表天、春、东、仁；

坤：代表地、夏、西、义；

坎：代表水、秋、南、礼；

离：代表火、冬、北、智。

天地水火是自然，春夏秋冬是时间，东西南北是空间，仁义礼智是人伦。整个图案就意味着一切都在一个无限的范围内永恒运动、均衡协调，象征着东方的思想、哲理和神秘，也象征了民族的融合与国家的发展。

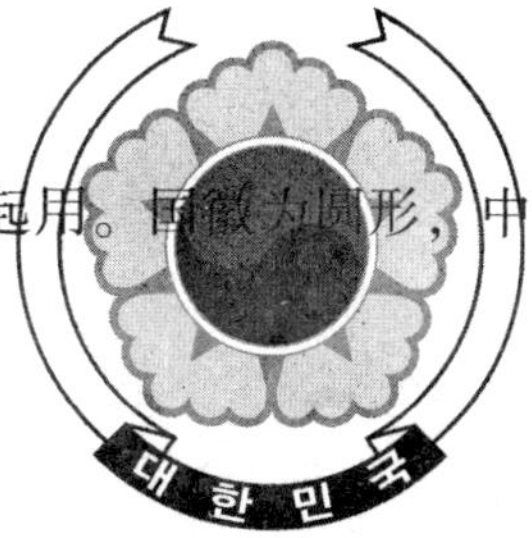

国徽

大韩民国国徽最后修订于1948年，1950年正式起用。国徽为圆形，中央为一朵盛开着的五瓣木槿花。木槿花的底色白色象征着和平与纯洁，黄色象征着繁荣与昌盛。花朵的中央被一幅红蓝阴阳图代替，它不仅是韩国以及汉字文化圈的一个传统象征，更在此代表着国家行政与大自然规律的和谐。一条白色饰带环绕着无穷花，绶带上写着“大韩民国”（韩语：대한민국）四字。此特点与朝鲜的国徽设计相同。

国歌

韩国的国歌是《爱国歌》。在1948年韩国成立之前，爱国歌的旋律一直是以苏格兰民歌《友谊地久天长》基调的，1935年，安益泰重新创造了国歌曲，被当时在上海的大韩民国临时政府采纳。1948年韩国成立，遂宣布国歌为《爱国歌》。国歌有四段，但普遍唱第一段和副歌。

国花

1990年韩国政府将木槿花定为韩国的国花。木槿花也叫无穷花，花朵美丽，花期较长，是一种生命力很强的花，象征着大韩民国历经磨难而矢志弥坚的民族性格。7－10月无穷花绽放。

国鸟

韩国国鸟是喜鹊。喜鹊在韩国15世纪的文献中是“价值”的标志。在韩国喜鹊是好运和福气的象征，经常出现在文学作品、美术作品和民歌作品中，人们普遍认为，喜鹊清晨在家附近叫个不停就说明家里会有客人来，或者有喜事要发生。

● **货币**

韩国货币有硬币和纸币两种，共有三个版本：第一版于 1975 年 8 月 14 日发行，并于 1993 年 5 月 12 日停止发行。第二版于 1983 年 6 月 11 日发行，至今仍在发行中，第二版与第一版的不同在于，第一版的原版是日本制造的，而第二版的原版则是韩国造币公司自己制作的，并且使用了防伪技术。第三版于 2007 年 1 月 22 日发行，目前市面上流通的大部分是这版货币。

❖**拓展阅读**

韩币上的人物故事

1000 元纸币上的人物是：退溪李滉

李滉生于 1501 年，卒于 1570 年，他是朝鲜李朝唯心主义的哲学家，也是朝鲜朱子学的主要代表人物。初名瑞鸿，字景浩、季浩，号退溪、陶翁、退陶、清凉山人、真宝人，谥号文纯。李滉 2 岁的时候父亲去世，他由母亲一人养大，是家里最小的孩子。一般小儿子都受宠爱，可是李滉的妈妈对他非常严厉，而且因为丧父，家庭生活贫苦，所以他其实是一个被忽视的人。但是李滉偏偏自由成长得很健康，人生很多时候就是无心栽柳柳成荫的。他12岁开始学习《论语》，20岁开始学习《易经》和宋明理学，22岁进入成均馆学习。成均馆相当于中国古代的国子监、太学。高丽王朝的成均馆位于朝鲜的开城内，而朝鲜王朝的成均馆位于韩国首尔。李滉26岁考中科举，履任数职，后却辞官回乡。33岁重返成均馆后做官，直到70岁去世为止，共担任过140多个官职。因为厌倦朝鲜中宗时期的党争，曾经79次提出辞官申请。李滉希望通过认真观察事物和生活去寻找人生的真谛。他以此为根据进一步发展了理学。他以"理气互发说"为思想核心，建立了岭南学派，又设立了陶山书院。壬辰倭乱时，退溪思想传入日本，成为日本近代哲学的主题思想。当今，中国、美国、欧洲以及世界其他地方都有"退溪学国际学术会议"，研究退溪思想，已经成为解决21世纪各种问题的重要方案。

5000纸币上的人物：栗谷李珥

李珥（1536—1584），朝鲜李朝哲学家、政治家、教育家。字叔献，号栗谷、石潭、愚斋。他出身贵族，母亲姓申，号师任堂，是个精通经书、诗文、书画的女文人。李珥8岁能做汉文诗，13岁考中进士初试，震惊了江原道的教育界。据传他还曾经在9次科举考试中均中头名，被称为"九度状元公"。李珥在母亲去世后曾经去金刚山学习禅学，经过一年的苦心钻研，却对禅学采取了否定的态度。

李珥1568年出使明朝，在这个过程中，他编著了《精言妙选》，其中蕴含着他对中国礼仪文化的倾慕衷情，他对明朝军防腐败的担忧。

李珥创立了朝鲜朱子学的新学派即"主气论"，他认为世界是由"气"和"理"构成的。在认识论上，他提出认得认识依赖于感官。李珥在政治上代表中小地主阶层利益。5000元正面是李珥，背面是他母亲，申师任堂的一副名画，草虫图。

10000 元：世宗大王

10000 元上的图案是世宗大王，全称“英文睿武仁圣明孝大王”，姓李名祹，字元正，是李氏朝鲜第 4 代国王。他创办了韩文，并于 1446 年颁布《训民正音》，在全国推广。世宗去世后，明朝赐其谥号“庄宪”（庄：严敬临民；宪：行善可纪），背面是浑天仪和光学天体望远镜。

50000 元：申师任堂

5 万元上的人物是申师任堂，她是 16 世纪朝鲜时代的女书画家，是韩国历史上有名的贤妻良母。2009 年 6 月 23 日，韩国银行发行 5 万面额的新韩元，印上了她的肖像。为什么要在 5 万韩元的纸币上印上她的肖像呢？原因有两个，一是申师任堂是韩国女德的典范，二是她是非常杰出的艺术家。申师任堂 19 岁结婚，因为娘家没有儿子，所以她请求丈夫李元秀与她在娘家同住，后生下 4 男 3 女，把全部的精力都用在对子女的教育上。但是她并没有盲目顺从儒家典型的女性形象，在养育子女的过程中，她不断的追求自我发展，开拓人生，一个不放弃自我成长得母亲才能带好孩子。在艺术上，申师任堂的画作主要以葡萄、梅花、兰草、昆虫、山水等写实画为主，她的画甚至传到王宫，作为瓷器花纹的底本。她开创了彩色画，为朝鲜绘画的发展做出了一定的贡献。她不仅是书画家，还是诗人，在文学史上也留下了足迹。代表作有《怀念父母》《翻越大关岭》等，文学风格细腻而毫不做作。韩国人对申师任堂的评价是优秀而平衡。

五万元申师任堂的背景就是她的画作《墨葡萄图》，背面印有朝鲜王朝中期画家鱼梦龙的《月梅图》和李桢的《风竹图》。

语言

古代朝鲜几乎所有的历史、典章、文艺、科技书籍都使用汉字记载。新罗神文王时代的薛聪发明了古代的朝鲜文字“吏读”，这是汉字以新罗语音标表记，汉文以新罗语判读的方法。公元 1443 年，朝鲜国王世宗李祹命集贤殿学士创立了由 11 个元音和 14 个辅音组成的朝鲜表音文字，这种钦定文字于 1446 年颁布之时，称为“训民正音”。然而，儒家学者大为反对，认为朝文字母会妨碍儒学研究，统治阶级仍然只限使用汉字。妇女、儿童使用拼音字，用拼音字书写的文章叫“谚文”，受人歧视。官方书面语言仍然是中文。朝韩半岛独立以后，韩朝政府基于民族性的考量先后开始废除朝鲜语文中的汉字，主张单用韩文书写纪录朝鲜语（即纯文）。北朝鲜自 1946 年即开始限制汉字的使用，到 1949 年彻底废除了汉字；韩国于 1948 年规定不得于政府公文中使用汉字，到 1968 年则进一步明令禁止在公文中使用汉字。而新闻报纸在报道某些特定文字或姓氏时，还是会夹杂汉字用来作为辨认之用，而韩国民众的姓名，除韩文外则都有汉字，身份证更有汉字姓名。现在韩国社会不管是书面还是交流完全使用韩语了。2005 年 2 月 9 日，韩国政府宣布：所有公务文件和交通标志等领域，全面恢复使用已经消失多年的中国汉字和汉字标志，以适应世界化的时代潮流。

第二节　中韩建国史比较

中华人民共和国和大韩民国都成立于二战后，都是在世界利益格局重新分配的新形势下建立的，又同是从长期的日本殖民主义统治中摆脱出来，国家发展面临着一穷二白的面貌，经济和社会各方面在战争中都受到了重创。对中国和韩国的建国历史进行比较，有其历史基础和现实价值。

中国建国历史

中华人民共和国的成立，可以说实现了国民心中新中国的梦。中华人民共和国是人民政权国家，新中国的成立使得中华民族在被列强欺凌了一百多年之后，终于获得解放，使中国和中国人民从一百多年动乱所造成的恐惧、饥饿和死亡的桎梏中解放出来，使得中华民族再次站上历史舞台，去恢复曾经 5000 年的辉煌历史，闪耀在世界民族之林。

在新中国成立的艰难过程中，中国人民没有依靠其他任何势力和国家，而是靠英勇、智慧的中国人民自己建立了伟大的中华人民共和国，这一过程既突出了人民在历史中的决定作用，强化了人民的主人翁意识，也避免了其他国家特别是美苏等强国势力的渗入，确保了国家的独立性。其次，中华人民共和国在成立之前，中华大地经历了历时3年的国内战争，国共两党在战争中，就建国的核心理念、中坚力量进行了争夺，形成了截然不同的治国方略，因此新中国成立后，在政治上基本没有派别纷争，治国理政的理念和措施基本得以明确和推进。

第二部分

韩国社会

第一章 政治制度

第一节 政治制度变革

总统共和制

共和制，就是国家的最高权力掌握在由选举产生并有一定任期的国家机关或公职人员手中的政权组织形式。它是与君主政体相对而存在的。

资本主义的民主共和制根据立法机关与行政机关关系的不同，可以分为议会制共和制和总统制共和制。在议会制共和制的国家中，议会拥有立法、组织和监督政府等权利，作为国家元首的总统只拥有虚位，没有实权。议会制民主共和制代表国家如意大利、德国、奥地利、印度等。总统制民主共和制国家中，总统既是国家元首又是政府首脑，总揽行政权力，统率海陆空，行政机关和立法机关相互独立，由当选的总统组织政府。美国、墨西哥、巴西、韩国都实行总统共和制。

韩国目前的政体是总统共和制，行政、立法、司法三权分立，行政权力属于以总统为首的政府，立法权力属于一院制的国会，司法权力属于由法官组成的法院。

韩国的政治体制变革

韩国当前的民主体制来源于20世纪80年代以前的军政府体制，从军政府体制转化为民主体制，韩国的民主进程只有短短的20年时间，民主思想的土壤尚未培育完全。1948年大韩民国政府成立时，对外标榜是民主政体，但事实上截至卢泰愚之前，可以说韩国是披着民主外衣的独裁政体，特别是李承晚和朴正熙时期，为了延长任期，作为国家基本大法的宪法被改来改去，就像儿戏一样。虽然标榜的是三权分立，但是以总统为代表的行政权力始终凌驾于立法、司法权力智商，根本看不到民主体制下立法、司法和行政三权相互牵制、相互制衡的一点点迹象。

卢泰愚上台前夕，韩国再次修改了宪法，这次修宪虽然过程非常曲折，但仍以三权分立下的民主制度为基本的政治体制。此后经过卢泰愚、金泳三时期，曾被破坏得体无完肤的韩国民主制度逐渐得到治愈，但行政权力任然凌驾于立法、司法权力之上的问题始终没有得到彻底解决。在这种非完善的民主制度下，可以说总统和执政党掌握了几乎所有的资源，无论是国会、大法院、宪法裁判所（相当于宪法法院）还是在野党，根本无法起到牵制总统或行政权力的作用。在行政权占绝对优势的情况下，总统就是权力的化身，总统的每一次发言、每一个指示都会被当作法律来执行。

韩国自1948年独立以来，经历过5次大规模的宪法修订，一般来说，我们会根据每次宪法的改变，而为每一阶段的韩国命名。

韩国五次修宪

1948年，韩国按照《魏玛宪法》起草了第一部宪法。是称第一共和国。

《魏玛宪法》是德国魏玛共和国时期的宪法，它宣告了德国帝制的结束，对德国历史的发展产生了较大的影响，规定了较多的民主权力，是现代时期的第一部资产阶级宪法，对其后许多国家的宪法产生了影响。但是也因其所规定的总统权力过大，尤其是强制执行权与独裁权，在历史上产生了很大的消极影响。

1960年、1962年、1972年、1980年和1987年5次的修订几乎修改了全部条文。

1960年李承晚在竞选中作弊，导致下台，同年对宪法进行了面向民主的修订，以便建立政府内阁、两院立法和选举委员会；同时规定了最高法院大法官以及道知事要通过选举产生并保护公民基本权力。此次修宪后，韩国进入第二共和国时期。

1961 年朴正熙发动 5 · 16 军事政变后，1960 年修订的宪法被作废。1962 年，公布了新宪法。该宪法与美国宪法很相像，进行名义上的违宪审查，这次修宪将韩国带入第三共和国时期。

1972 年，朴正熙通过“维新宪法”建立第四共和国。“维新宪法”给与韩国总统无限任期和足够的控制权。

1979 年朴正熙被杀后，在全斗焕的领导下于 1980 年再次改宪。总统的权限被调整，总统的选举也改为非直接选举，并建立了一院制立法机关和内阁系统。韩国开始第五共和国时期。

1987 年 6 月，韩国爆发大规模六月民主运动。1987 年 10 月 27 日韩国国会通过了第六共和国宪法。1988 年 2 月 25 日卢泰愚上任后，宪法生效，韩国进入第六共和国时期持续至今。

韩国的政党政治

韩国目前法律上采取多党制，实际上维持着两党体制，即执政党和在野党。目前主要的执政党是自由韩国党，在野党是共同民主党。其余还有国民之党、正义党等。

● 自由韩国党

自由韩国党，是目前韩国的执政党，受朴槿惠弹劾案影响，2017 年 2 月 13 日由原“新世界党”更名为“自由韩国党”。2012 年 2 月，朴槿惠出任党首时该党派由原“大国家党”更名为“新世界党”，此前“大国家党”名称使用长达 14 年。

自由韩国党的主要政策：建立面向未来的先进政治；建立充满活力的大市场，小政府的先进经济；建立公正且透明的市场秩序（市场机制）；建立能让诚实正直的人更好生活的国家；建立中产阶级、劳动力充足的国家；建立社会福利资讯的科技强国；建立福利体制完备的国家；建立性别平等的社会；适应国际分工和地域特性的地方化安全、舒适的国家；建立品格高尚的文化大国；建立以教育立国的人材大国；建立可持续的环境友好社会和可以一起生活的共同体；建立起重视家庭价值的社会；追求务实外交；建立稳固的安全体系；致力于朝鲜半岛的统一，并准备统一后的国家战略。

● **共同民主党**

共同民主党前身“新政治民主联合”是韩国最大在野党，以及韩国国会第二大党，2015 年 12 月 28 日，该党召开最高委员会会议和党务委员会会议，决定将现有党名改为“共同民主党”。韩国第 20 届国会议员选举结果：执政的新国家党未能获得 300 个议席中半数以上席位，在野的共同民主党则一跃成为国会第一大党。这是 16 年来韩国国会首次出现“朝小野大”的局面。

2016 年 8 月 28 日，共同民主党在首尔举行第二届议员大会选出新任党首，出身于大邱的秋美爱以超过 50%的压倒性优势成功当选。秋美爱的当选意味着“国会”中四大党派现有两个党派的代表均为女性——共同民主党新任党代表秋美爱和正义党常任代表沈相奵。

● **韩国政党政治的问题点**

韩国政党活动比较倾向于“英雄性的人物为中心”，过于依靠一人领袖，缺乏党内民主。韩国政党内经常发生激烈的冲突，似乎不允许相对党的存在，缺乏理性的牵制意识。韩国政党的区域化趋势较为严重，政治家利用区域感情，而破坏了责任政治。韩国政党提名候选人时，党的利益为最重要的条件，忽视民众的舆论，引起市民的不信任。媒体所形成的舆论力量致使了无政党的政治领袖的出现。

第二节　总统、国会、大法院

总　统

● **总统选举**

韩国宪法规定，总统是国家元首，在政府系统和外交关系中象征和代表整个国家。总统是最高行政长官，同时也是全国武装力量总司令。当出现总统伤残或死亡的情况时，国务总理将临时代理总统之职。总统任期为5年，不得连任。由全国范围内的平等、直接和无记名投票选举产生。

韩国于1948年成立的第1届总统选举，是由国会以间接选举的形式选出。之后的第2届至第4届总统选举，都是由全民直选选出。但李承晚落台之后，选期无休，要一直等到新宪法通过，才进行第4届总统补选。这次补选是由参、众两院以间选选出。朴正熙政变夺权后的第5届总统选举，国民又可以直接投票选举总统。但到了第8届总统选举，又变成了由统一主体国民会议间选选出。直到全斗焕执政的第11届选举，改由国民议会间选；但第12届又改由选举人党间选。之后要到第13届总统选举，才改回全民直选总统。

总统职权

总统是内外政策的制定者，可向国会提出立法议案等；同时，总统也是国家最高行政长官，负责各项法律法规的实施。总统通过由15~30人组成并由其主持的国务会议行使行政职能。总统无权解散国会，但国会可用启动弹劾程序的方式对总统进行制约，使其最终对国家宪法负责。

在现行政体下，总统担当以下六项主要职能。

第一，总统是国家元首，在政府系统和外交关系中象征和代表整个国家。

总统接见外国使节，颁发嘉奖令和授勋并实施大赦。总统有义务维护民族独立、领土完整、国家的连续性和维护宪法。此外，总统的另外一项特殊使命是为韩国的和平统一而奋斗。

第二，总统是最高行政长官，有责任推行由立法机关通过的各项法律，并通过发布命令和训令来使法律得以实施。总统全权领导国务会议、各类咨询机构和行政部门。总统有权任命大韩民国的官员，包括总理和行政部门的长官。

第三，总统是全国武装力量总司令，拥有广泛的制定军事政策的权力，包括宣战权。

第四，总统是主要的政策和法律的制定者，可以向国会提出立法议案，亲自或以书面形式向立法人员说明自己的观点。总统无权解散国会，但国会可以利用弹劾程序限制总统，使其最终对宪法负责。

第五，总统在紧急状态下享有广泛权力。在发生国内骚乱、外部威胁、自然灾害或严重的金融或经济危机的情况下，总统可以采取紧急金融和经济行动或发布具有法律同等效力的命令。总统仅在时间紧迫不能举行国民大会的情况下才可以实施这些权力，仅在维护国家安全或公共秩序绝对必要的情况下可以采取行动或发布命令。总统之后必须报告国民大会并取得国民大会的合作。如果总统未能这样做，采取的措施将视为无效。

第六，根据战时法律规定，总统还被赋予了宣布进入战争状态、武装叛乱或国家紧急状态的权利。在紧急状态下实施的权力必须事后得到国民大会的批准。

● **弹劾机制**

要弹劾总统，先要有国会议员提出弹劾动议，并必须要有过半数的国会议员赞成。投票必须于动议提出后的 24 小时之后至 72 小时以前，以不记名方式投票。若投票时间超过则作无效论。若投票结果显示，有超过三分之二的国会议员投赞成票，弹劾议案就通过。一旦弹劾议案通过，总统的职能会被暂时冻结，并由总理代理总统职务。之后弹劾议案会交由宪法法庭审理。若宪法法庭通过，则总统就必须下台。

国　会

韩国于 1948 年 3 月 17 日颁布《国会议员选举法》，1948 年 5 月 10 日在美国主导的“联合国监督”下，由公民直接选举产生制宪国会议员，从此开启了韩国国会（Korean National Assembly）历史。韩国国会开始时采用一院制。1952 年修宪时改为两院制。1962 年修宪时恢复一院制。此后，韩国国会组织运营体系总体保持稳定。国会议员选举采取选区制和比例代表制结合的方法，每届任期为 4 年。

● **韩国国会的地位**

韩国实行三权鼎立、依法治国的政治体制，国会是国家最高立法机构。

与国家元首、政府的关系　总统是国家元首和全国武装力量总司令，在政府系统和对外关系中代表整个国家。总统由全国范围内平等、直接和无记名投票选举产生，中央选举管理委员会根据有效投票得票多数者当选，并通报国会议长。如最高得票者为2人及以上时，国会根据中央选举管理委员会的通报，由过半数在籍国会议员进行投票，得票多者当选总统。总统无权解散国会，但国会可以利用弹劾程序对总统进行制约，使其最终对宪法负责。总统是内外政策的制定者，可向国会提出立法议案等。总统也是国家最高行政长官，负责各项法律法规的实施。总统通过由15至30人组成并由其主持的国务会议行使行政职能。国务总理经国会同意由总统任命，负责辅助总统并根据总统命令统辖行政各部。国务委员经国务总理提名由总统任命。行政各部部长由总统从国务总理提名的国务委员中任命。国务委员及部长候选人在正式任命前须出席国会人事听证会。

与最高司法机关的关系 司法权属于由法官组成的法院。法院分三级，即大法院、高等法院、地方法院。大法院是最高法庭，审理下级法院和军事法庭作出裁决的上诉案件。大法院院长经国会同意由总统任命。大法官经大法院院长提名、国会同意后由总统任命。

与宪法监督机构的关系 宪法裁判所即宪法法院是宪法体制的重要组成部分，宪法授权宪法裁判所解释宪法、审查各种法规是否符合宪法，对弹劾案和解散政党作出裁决，以及对权限纠纷和有关宪法方面的申诉进行判决。宪法裁判所由9名法官组成，其中3名由总统任命，3名由国会选出，3名由大法院院长指定。宪法裁判所所长经国会同意，由总统从宪法裁判所法官中任命。

● 韩国国会的职权

立法权 韩国国会行使的立法权包括提出和审议宪法修正案与制定法律法规。国会议员和政府都有权提出立法议案，国会有权讨论议员或政府提出的所有法案并作出决定。

财政权 国会作为国民意志和利益的代表机关，负有代表国民监督和控制政府财政行为的权利和义务。国会的财政权主要包括财政立法权、预算决算审批权，及对发行国债、签订预算外契约、有财政负担的条约缔结等政府行为的同意权等。

监督权 国会发挥着监督国政运营的功能，保证权力运作符合宪法。对国务总理、国务委员、部长、宪法裁判所法官、大法院法官、中央选举管理委员会委员、监查院长等拥有质询权。可监督和调查国政运营及国是中的特别事务，并拥有弹劾职能。如总统、国务总理、国务委员、部长、宪法裁判所法官、大法院法官、中央选举管理委员会委员、监察院院长等高级公务员或处于特殊职位的公务员被认为在行使职权方面违反了宪法和法律，国会有权提出弹劾动议。对于总统的弹劾，须在籍半数以上国会议员提议，三分之二议员表决赞成；对于其他人员的弹劾，须三分之一以上在籍国会议员提议，半数以上议员表决赞成，之后由国会法制司法委员会委员长将该决议案正本提交宪法裁判所，进入弹劾审判程序。

人事权 国会对主要公务员的任免享有较广泛的同意权，以直接或间接的形式影响公务员的人事任免。根据宪法规定，国会对国务总理、大法院院长及大法官、监察院院长等行使任命同意权。

国会自律权 国会有权在不与宪法和法律相抵触的情况下制定如下国会规则和程序，不受政府和其他机关干涉。一是召集会议、休会、闭会和决定会期；二是国会内部组织权、国会议员资格审查权、议员的惩戒权；三是国会议事规则和内部事项制定权；四是国会安全、维持会议程序等。

其他职能 国会有权批准关于相互援助及安全保障的条约、重要国际组织的条约、友好通商航海条约、限制主权的条约、给国家和国民带来重大财政负担的条约等，有权宣战、向外国派遣本国军队及邀请外国军队在本国驻扎。同时拥有总统发布的紧急命令和处分的承认权，总统一般赦免的同意权，及解除戒严的要求权等。

● 韩国国会的问题点

韩国国会中往往是执政党放弃牵制和监视行政部门的职权，成为政府的傀儡；反对党则常常进行非理性的批判，以致把议会作为乱斗场地，导致人民对政治的嫌恶。国会议事决定时，常常以党的利益为最先，从而忽视人民的舆论。韩国年轻人对政治不关心，投票率过低，但老年人的投票率较高，导致不能全面反映舆论导向。由于选举的关系，国会过多关心地方之事，往往与地方议会分不清楚。

大 法 院

大法院由首席大法官和13名大法官组成。13名大法官中有12名行使审判权，另一名是由首席大法官任命的法院管理部部长不参与审判。大法院的首席大法官是韩国司法机构的首领，由韩国总统任命并由韩国国会批准，任期6年，不得连任。依照《韩国宪法》，首席大法官有权推荐大法官提名和任命下级法院的法官。大法院的大法官由首席大法官推荐，由韩国总统任命并由韩国国会批准。大法官的任期为6年，可以连任。依照韩国法律，大法官年纪必须在40岁以上，有至少15年法律实践或大学副教授或以上的教学科研经验。大法官的退休年龄为65岁，首席大法官的退休年龄为70岁。除了大法官外，大法院还聘用一些助理法官，这些助理法官一般是地区法院的首席法官或高等法院的法官。助理法官负责协助大法官对案件的调研。一般每名大法官配有3位助理法官，另外还有20多位公用的助理法官。

第三节 韩国历任总统

李承晚（第1~3届总统）

李承晚（1875年3月6日—1965年7月19日），
原名李承龙，生于朝鲜黄海道平山郡。（任期1948-1960年）先后担任了三届（第1、2、3届）总统。

李承晚原名李承龙。1875年生于韩国黄海道平山郡。1948年大韩民国（南朝鲜）成立，随着温和派的主要领袖被暗杀，他新组成的政党在南朝鲜的选举中获胜。当选为首任总统。1952年、1956年和1960年连选连任，其中1960年闹出与死人竞选的笑话。

李承晚实行独裁统治，不容许人民反对他的政治纲领，清洗国民议会，宣布反对他的进步党为非法，并以叛国罪名处死进步党领袖。朝鲜战争中肆意处决“政治犯”，1960 年韩国学生举行“四·一九”民主大示威时伤亡甚众，因而群众纷纷要求李承晚下野。国民议会一致投票支持这一要求。1960 年 4 月 26 日，李承晚发表下野声明，从而结束持续 12 年之久的独裁统治，再度流亡美国夏威夷。1965 年 7 月病死于夏威夷。

尹潽善（第 4 届总统）

尹潽善（1897 年 8 月 26 日—1990 年 7 月 18 日），号海苇，生于忠清南道牙山，为大韩民国第 4 任总统。他是韩国独立后首任汉城市长，并因此踏入政界。他历任工商部长、大韩红十字会总裁、韩国民主党最高委员。1960 年 4·19 革命，李承晚失败并流亡海外之后，他被民主党内旧派推举为总统候选人，并于 8 月 13 日当选成为总统。1961 年朴正熙发动 5·16 军事政变，尹潽善被迫下野。

尹潽善下野后组建了“民政党”，并于 1963 年 7 月作为“民政党”总统候选人参加了第 5 届总统选举，失败后同年 11 月当选第 6 届国会议员。1966 年 3 月尹潽善创建了在野反对党“新民党”，作为“新民党”总统候选人参加了同年举行的第六届总统大选，结果落选。1971 年金大中当选为“新民党”总统候选人，尹潽善宣布退党，组建了新党“国民党”。1972 年“国民党”作为非法党派强行被解散。1979 年尹潽善当选为“新民党”常任总裁顾问。1990 年 7 月 18 日尹潽善去世，享年 94 岁。

朴正熙（第 5~9 届）

朴正熙（1917 年 9 月 30 日—1979 年 10 月 26 日），号中树。他亦曾经用过冈本实和高木正雄这两个日本名。他是韩国第 5 至第 9 任总统，由 1961 年上任至 1979 年，长达 18 年。朴正熙出生于韩国庆尚北道的龟尾（大邱广域市附近），1944 年于满洲军官学校毕业。朴正熙于 1961 年发动 5·16 军事政变，推翻了民选政府。迫于约翰·肯尼迪政府的压力，民选政府恢复，他于 1963 年赢得大选胜利。朴正熙被认为在韩国的经济发展中扮演了积极的角色。但是他的独裁倾向却并不受欢迎。1964 年，他主持韩日关系正常化，这一举动受到普遍反对，并造成了普遍的动荡。朴正熙于1979年10月26日被韩国中央情报局首长金载圭暗杀。

崔圭夏（第10届总统）

崔圭夏（1919年7月16日—2006年10月22号），号玄石，韩国江原道原州人，大韩民国第12任总理、第10任总统。崔圭夏曾在日本留学，并有日本姓氏梅原。他早年东京高等师范学校毕业后担任教师。之后他前往伪满洲国。大韩民国独立后，他曾出任农林部粮政课长、外交部通商局长、外务次官及外相。1971年就任外交担当特别补佐官、1975年接替金钟泌出任国务总理。1979年10月26日，朴正熙被暗杀，以总理身份代行总统权限，并于12月6日大选胜出后正式接任。他在正式当选后的早期实行宪制民主化改革，但有关计划在全斗焕发动的政变之后停止推行。1980年8月，全斗焕发动军事政变，并根据《戒严法》接掌总统权力，指派朴忠勋充当代总统，并筹备新一届总统选举，崔圭夏黯然下台。崔圭夏于2006年10月22日因病逝世，享年88岁。

全斗焕（第11~12届总统）

全斗焕（1931年1月18日—），韩国的军事独裁者，第11、12任总统。生于庆尚南道陕川。毕业韩国陆军士官学校。和卢泰愚是同学。1961年军事政变时，积极支持朴正熙少将。后政变推翻崔圭夏政府，并武力阵压光州民主化运动。1988年在民间多次压力下宣布不再竞选总统，让其得力助手卢泰愚将军出选总统。卢泰愚总统任期届满后，金泳三当选。他立即彻查由全斗焕时间开始的官商勾结活动。1995年11月16日，全斗焕和卢泰愚两位前总统相继因筹集和侵吞秘密政治资金而被逮捕。1996年8月26日，汉城地方法院以主动参与军事叛乱和内乱罪、谋杀上司未遂罪及受贿罪，判处全斗焕死刑，后来改判终身监禁。1997年12月得到候任总统特赦。

卢泰愚（第 13 届总统）

卢泰愚（1932 年 12 月 4 日—），韩国大邱出生，祖籍中国山东省，是韩国的将军及政治家，曾于 1988 年至 1993 年间任韩国总统。卢泰愚 1955 年毕业于陆军士官学校。1959 年在美国特殊战校进修心理战课程。1980 年 8 月任陆军保安司令。1981 年获上将军衔。1981 年后，历任政务长官、体育部长官、内务部长官等职。1987 年 8 月任民主正义党总裁，12 月当选为韩国总统，为 1988 年至 1993 年任期的韩国第 13 任总统。卢泰愚是韩国军事强人全斗焕所拣选的继任人。由于全斗焕违反民主普选的承诺，卢泰愚的任命在 1987 年引发了首尔及其他大城市的大规模支持民主游行，是 1980 年光州事变之后韩国最大规模的示威活动。为平息国民的不满，卢泰愚向国民承诺会举行民主选举，并要求政府部门做积极准备。卸任后，也因腐败入狱。

金泳三（第 14 届总统）

金泳三（1927 年 12 月 20 日—），韩国庆尚南道人，第 14 任韩国总统。1927 年 12 月 20 日生于庆尚南道巨济岛。1952 年毕业于汉城大学文理学院哲学系。1974 年在美国获名誉博士。1951 年任总理秘书。1954 年和 1960 年两次当选为国会民议院议员。1961 年任新民党青年部长。1963 年任民政党宣传部长。1985 年任民众党院内总务兼发言人。1967 年任新民党院内总务。1971 年任韩国问题研究所所长。1973 年任新民党副总裁、政务会议副议长。1974 年任新民党总裁。1976 年任新民党顾问。1979 年再次当选为新民党总裁。1987 年任民主党总裁，并被提名为总统候选人，后落选。曾历任第六、七、八、九、十和十三届国会议员。1990 年民正、民主、共和 3 党合并后，任民自党最高委员。1992 年 12 月当选为韩国第 14 届总统。上任后，采取了比较严厉的廉政措施。1998 年 2 月卸任。金泳三其子也因腐败入狱，声名狼籍。

金大中（第 15 届总统）

金大中（1925 年 12 月 3 日—2009 年 8 月 18 日）1943 年中学毕业后，在一个日本人公司中做职员。1945 年接管这一公司，成为富商。朝鲜战争期间被俘获并被判处枪决，后逃脱。1954 年进入政界，反对李承晚的政策。1961 年成为国会议员。国会在 1961 年政变时被朴正熙解散，他成为朴政策的批评者。1971 年竞选总统失败。1973 年在东京所住的旅馆中被韩国中央情报部绑架，并被强行押送到韩国监禁。后又被软禁。1976 年再次被捕，因要求恢复民主而被判刑 8 年。服刑 33 个月后获释。后又以煽动和阴谋为罪名被捕，并被军事法庭审讯和判处死刑。1980 年 1 月改为终身监禁。1982 年 12 月获准去美国就医。金大中在美期间，继续开展反对全斗焕集团和争取民主化的组织与宣传工作。1997 年 5 月，新政治国民会议推选金大中为韩国第 15 任总统候选人，并当选。然而，其政府一直纠缠于腐败的旋涡之中，其本人尽管未卷入，家人腐败行为却令他极其狼狈。

卢武铉（第 16 届总统）

卢武铉（1946 年 9 月 1 日—2009 年 5 月 23 日），韩国的第 16 任总统。卢武铉是庆尚南道金海市进永邑人，夫人为权良淑（권양숙，1947 年 1 月 14 日—），育有 1 子 1 女。他在 2002 年 12 月 19 日的选举中代表新千年民主党击败韩国国家党的李会昌，并于 2003 年 2 月 25 日就任总统。2004 年 3 月 12 日，国会通过弹劾议案，卢武铉被暂停职务，由总理高建担任代总统。之后国会改选，反对党大败。5 月 14 日宪法法庭推翻国会的弹劾议案，卢武铉获即时恢复职务。2007 年 2 月 28 日，卢武铉退出执政党开放我们党，以无党籍身份执政至任期结束。一直号称廉洁的卢武铉，妻儿和侄女婿也卷入受贿风波中，近来颇受冲击。2009 年 5 月 23 日，在家乡山区，卢武铉坠崖身亡。

李明博（第 17 届总统）

李明博（1941 年 12 月 19 日—），本贯庆州李氏，号一松，出生于日本大阪中河内郡。在日本殖民时期曾改日本名“月山明博”，幼年时家贫，曾于美军军营外贩卖寿司卷，1961 年进入高丽大学求学。在大学生涯期间，曾因参加抗议活动而被捕入狱。大学毕业后，李明博于韩国大企业现代集团工作，36 岁时，他成为现代集团的执行总裁。1992 年到 1998 年间曾担任三届国会议员。2002 年 7 月 1 日，他成为第 32 任首尔特别市市长，任期为 2002 年 7 月 1 日至 2006 年 6 月 30 日。市长任内重要政绩清溪川整治恢复工程，韩国首都由“汉城”改为“首尔”也是在其任内中执行。2008 年—2013 年 2 月第 17 届大韩民国总统。

朴槿惠（第 18 届总统）

朴槿惠（1952 年 2 月 2 日—），韩国前总统朴正熙的长女，韩国政治家，韩国第 18 任总统。朴槿惠于 1952 年生于大邱市，父亲是韩国第 5 至第 9 任总统朴正熙、母亲陆英修，有一个妹妹朴槿令和一个弟弟朴志晚。曾任新国家党党代表、国会议员。朴槿惠是韩国历史上首位女总统，也是东亚第一位民选的女总统，亦是韩国唯一父女皆任总统之例子。

2016 年 10 月 24 日开始，韩国 JTBC 电视台连续两天爆出没有政府职务的朴槿惠亲信崔顺实涉嫌干政的猛料，2016 年 12 月 9 日，韩国国会针对总统朴槿惠的弹劾动议案投票表决，299 人投票，同意 234 票，总统朴槿惠将被停止执行职务，由国务总理黄教安替代主政。2017 年 3 月 10 日上午，韩国宪法法院通过了对总统朴槿惠的弹劾案。朴槿惠将立即被免去总统职务，成为韩国历史上第一位被成功弹劾下台的总统。2017 年 3 月 31 日凌晨，韩国法院签发对前总统朴槿惠的逮捕令，朴槿惠随即被移送至首尔看守所。2017 年 4 月 17 日，韩国检察院以受贿罪与滥用职权罪提起公诉。

文在寅（第 19 届总统）

文在寅（1953 年 1 月 24 日—），男，1953 年出生于韩国庆尚南道巨济郡（现巨济市），毕业于庆熙大学法学专业。曾担任民主统合党常任顾问、第 19 届国会议员，现任第 19 届韩国总统。

文在寅出身贫寒，早年曾是特战队员，1978 年退伍后成为律师，后与卢武铉结为密友，担任卢武铉的幕僚长，有“卢武铉之影”之称。2012 年 4 月，民主统合党候选人文在寅在保守派重镇、第二大城市釜山获胜，当选代表沙上区的国会议员。2012 年 6 月 17 日，文在寅正式宣布参选总统，主张增加社会福利开支和多接触北朝鲜，颇受平民阶层和年轻人的欢迎，尽管最终以微弱劣势败选，但可谓虽败犹荣。2015 年 2 月 8 日，文在寅当选为最大在野党新政治民主联合党首；12 月 28 日，新政治民主联合更名为共同民主党，文在寅继续担任党首。2016 年 1 月 27 日，文在寅辞去共同民主党党首职务。2017 年 5 月 10 日，文在寅当选韩国总统并于当日宣誓就职。2017 年 7 月 24 日，韩国总统文在寅出席平昌冬奥会倒计时 200 天纪念活动，并被委任为平昌冬奥宣传大使。2018 年 3 月 26 日，韩国总统文在寅签署修宪案。2018 年 4 月 27 日上午 9 时 30 分，朝鲜最高领导人金正恩从板门店跨越军事分界线，与韩国总统文在寅握手，实现初次会面。

第二章　经济制度

第一节　经济概况

韩国是全球第 15 大经济体，拥有三星和现代等知名跨国企业，以及一个适合发展中国家借鉴的腾飞模式。20 世纪 60 年代后，韩国开始推行外向型的经济发展战略，用了 40 多年的时间，把人均国民收入从 60 多美元提高到了 2015 年的 2.8 万美元，成为令世人瞩目的新兴工业化国家。与新加坡、香港和台湾并称为“亚洲四小龙”，并创造了举世瞩目的“汉江奇迹”。

韩国经济发展史

韩国经济发展跨越了以下五个阶段：

● **起飞前的准备阶段**

从美军登上南部朝鲜成立军政府到朝鲜战争时期，韩国的经济混乱不堪。这一时期，韩国工农业生产急剧下降，经济全面崩溃。面对严峻的韩国经济形势，美国政府从全球战略需要出发，采用三项措施帮助韩国摆脱经济困境：

第一，提供“占领地区政府救济基金”，援助总额为 4.34 亿美元，大部分属于农产品及其他消费资料的无偿援助。

第二，接受和处理日本在韩国的企业和财产。美军进入南部朝鲜以后，没收了日本人的所有财产。这些财产占当时南部朝鲜总资产的 80%。1947 年，美国将相关企业和财产归属南部朝鲜处理。1949 年，李承晚当局通过了《归属财产处理法》，规定主要自然资源、森林、文物、公用土地、重要工矿企业和公用事业等归属国家所有，除此之外的一切企业、不动产、动产及股份或债权都按规定作价，卖给买办及其他“有功人员”，从而成就了一批资本家。

第三，实行对农民的减租政策，限制封建地主势力。

这三项措施在短期内遏制住了韩国经济继续下滑的趋势，并为韩国经济的恢复和发展打下了一定的基础。从 1953 年开始，韩国政府以美国的援助为主要支柱，开始实施经济复兴计划。其重点是，以发展消费品工业（轻工业）为主，实现面向国内市场的工业化，通过消费品工业带动生产资料工业（机器制造业和材料工业）的发展。与此同时，韩国政府还采取了刺激措施，利用美援引进大量机器设备，提高生产能力；扶植中小企业的发展，向中小型企业提供带框等方面的优惠措施；实行农地改革，使大批农民获得土地，50 年代后期在农村基本消除了寄生地主制度。内外多方面的合力，促使韩国经济开始走向稳定和恢复。

● 进口替代工业和“出口第一主义”阶段

1962 年，韩国开始执行第一个五年建设计划。政府提出“出口第一主义”的口号。这个计划的基本目标是：克服 50 年代南朝鲜畸形的消费性经济结构，大力发展替代进口产业的工业部门，为“经济自主”奠定基础。这个计划的主要任务是：第一，发展电力工业和煤炭工业，确保能源供应；第二，扩大农业生产，克服国民经济结构的不平衡；第三，扩充基础工业和社会的公共设施；第四，扩大就业，开发国土；第五，增加出口，改善国际收支，振兴科学技术。

韩国“一五计划”取得了预期的成功。“出口第一主义”取得了巨大的成效，出口增额增加 5 倍以上，出口商品结构由 50 年代的以农产品及其他食品为主转变为以工业品为主。进口商品结构由以消费资料为主转变为以机器设备和各种原料为主。

第二个五年建设计划首先提出了从 60 年代末到 80 年代初，韩国经济发展的长远目标，即：“确立经济体制，奠定现代化经济基础”。其主要标志是：第一，实现国际收支平衡；第二，投资以内资为主要来源；第三，达到“充分就业”。韩国的第二个五年建设计划，就是为了准备实现这一长期目标制定的。第二个五年计划的基本目标是“进一步促进产业结构的现代化和自立经济的确立”，包括的主要任务有：第一，力争实现粮食自给，发展森林绿化事业和水产业；第二，重点发展化学、钢铁和机械等基础工业；第三，继续实行“出口第一主义”政策，同时发展进口替代工业，为改善国际收支打好基础；第四，在扩大就业的同时，推进“家庭计划”，控制人口增长；第五，提高国民的收入水平；第六、振兴科学和经营技术，大力培养技术力量，提高科学技术水平和劳动生产率。

韩国“二五计划”同样取得了预期成果，五年间，经济发展速度大大超过“一五”时期，国民生产总值年平均增长率达到 10.5%，1971 年国民生产总值比 1965 年增加了 93.8%。

产业政策从出口工业刺激型转向重化工业刺激型阶段

1972 年后，西方发达国家进行了又一次产业结构调整，资本密集型产业的比较利益出现了向新兴工业化国家和地区转移的趋势，而劳动力密集型产品的出口，则受到工资比韩国低廉的东盟等发展中国家的竞争。韩国政府意识到必须抓住这一时机发展重化工业，并将其定义为该阶段的成长战略产业。在此政策刺激下，韩国通过了第三、第四两个五年计划，使其经济中重化工业的比例由 20 世纪 60 年代后期的 40%提高到 80 年代的 55.6%。

“三五计划”的中心任务是“开发渔业经济，迅速扩大出口，建设重化学工业”，基本目标是：第一，在稳定的基础上促进经济增长，实现“增长、稳定和均衡三调和”；第二，改善产业结构和国际收支，实现主要粮食自给，发展重化工业，确立“自立经济结构”；第三，开发汉江等四大河流，扩充地区内主要公路网络，对土地进行综合开发等。

韩国的“三五计划”虽然遭到 1973 年世界性石油危机的冲击，但依然执行得相当顺利，国民生产总值平均每年增长 11.2%，出口贸易年均增长 47.1%，经济结构进一步发生变化，工矿业由原来的 29.9%上升为 31.1%，钢铁、运输机械、家用电器、造船等部门的生产有了突出的增长。

“四五计划”的目标是：本着“增长、平衡、能率”的原则，确立“自立经济结构”，进行“社会开发”“技术革新”“能率向上”。所谓经济自立，内容包括：产业结构的现代化；国际收支平衡；粮食基本自给；地区内积累作为主要投资来源；实现充分就业。

“四五计划”头两年进行得比较顺利，但由于从1979年的第二次世界性能源危机的冲击，加上韩国经济内部潜伏着的各种矛盾激化，“四五计划”并未完成。但由于60年代和70年代的高速增长，到1979年韩国经济已经发生了深刻变化，韩国已经从50年代的小农经济国家变成了新兴工业化国家。

向先进工业化国家迈进阶段

由于韩国政府一味追求高速增长，一直推行“出口第一主义”，导致经济结构畸形发展，农村相对停滞，压缩内需工业，忽视中小企业，加上后期对重工业投资过多，一些重化工业设备能力过剩，造成国内经济比例失调，境内市场萎缩，对外以来加深，国际收支恶化，通货膨胀严重，收入分配悬殊，城乡对立严重等弊端。这些弊端成为70年代末和80年代初韩国政局动荡和经济陷入危机的内在根源。

为了摆脱经济困境，全斗焕1979年当政后被迫反省过去的产业政策，开始进行产业结构的调整。这次调整的内容是：在继续保持某些劳动密集型产业的优势的同时，加速劳动密集型和资本密集型产业向技术、知识密集型产业转变。对内，在继续推行“出口主导型”发展战略的同时，一反过去的“高速增长”，提出“稳定、效率、均衡”的方针，推行“低物价、低利率、低汇率”的“三低”改革，并采取紧缩财政金融，调整产业结构，改革某些经济体制和加速技术开发等政策，以争取实现经济的稳步增长。对外，求助于美国 、日本增加贷款，放宽进口限制，减少特别关税，加强经济协作等，同时对发展中国家进行频繁的外交和经济活动，以求扩大商品和劳务的出口。

经过1979年至1981年的经济调整，韩国从1982年起开始实行“五五计划”。“五五计划”一改以前的方针，改政府主导型经济为民间主导型经济，把政府积极干预改为放手由市场自动调节。计划的重点是改善国际收支；调整国民经济，使其结构合理化；扩大社会开发；等等。

1987年，韩国提出了第六个五年计划，继续把“调整产业结构，实现技术立国”作为基本目标之一。其总的指导思想是：适应国内外条件的变化，通过主动调整，消除产业政策和产业结构上的弊端 ，加速初级劳动密集型、资本密集型产业向技术、知识密集型产业转变，推进产业合理化，提高技术水平和生产效率，增强竞争能力。通过新的起飞，由“新兴工业化国家”向“先进工业化国家”迈进。

对于第六个五年计划，韩国的具体战略是：第一，对于传统的有坚实基础的纺织、水泥、石油、家用电器、汽车、造船等工业，通过技术升级实现产品精深加工而使之高级化、多样化，提高国产化率和附加值率，使它们继续发挥出口主力产业的作用。第二，把尚处于引进或吸收改良阶段的精密化学、精密机械、计算机、电子 、航空等产业，作为“成长有望产业”，在今后相当长的时期内作为主导产业加以重视和培育，使其成为20世纪末以前的最大出口产业。第三，把新能源、新材料、信息和生物工程等新兴技术产业作为“未来产业”。自 60 年代以来，通过实施几个五年计划，韩国的经济得到了迅速的发展，在不太长的时间里改变了贫穷落后的面貌。

● 亚洲金融危机与韩国的经济改革

1997 年爆发的东亚金融危机使韩国经济遭受沉重打击。自 1998 年后，韩国政府采取了一系列行之有效的消除危机和刺激经济的措施，有步骤地加强宏观调控和健全各种机制，以适应经济全球化趋势。主要措施有：第一，调整金融结构，全面深化金融改革。1997 年底，韩国出台了包括《银行法》在内的 13 个金融改革方案。成立了一个独立的金融监管体系——金融管理委员会（FSC)，统一负责银行业、股票市场、证券市场、保险业的改革、整顿和监督，彻底改变了以往政府直接干预金融业的做法。在改革中，韩国加大了对银行和非银行金融机构的整顿力度。进一步规范了金融秩序，明确禁止银行之间相互提供债务担保，并要求银行改进内部管理，使管理体制和方法与国际标准接轨。

第二，积极调整企业结构，促进企业良性发展。在企业结构调整方面，针对“财阀经济”的弊端，韩国政府突出了集团的主业经营，把企业“大而全”的经营模式转化为专业性的注重核心业务的经营模式。废除了各类阻碍中小企业发展的法律法规，采取了一系列促进中小企业发展的措施。

同时，韩国加大了对民营企业的整顿清理，加快了国有企业改革步伐。

第三，大力发展高新技术，不断实现产业升级。危机爆发与经济全球化的发展使韩国上下普遍认识到加快科技创新、发展高科技产业的重要性。从1998年开始，韩国集中发展计算机、半导体、生物技术、新材料、新能源、精细化工、航空航天等28个产业及服务业。1998年金大中上台后，明确把信息产业作为重振国家经济的根本，提出了“头脑强国”“头脑兴国”的口号。

第四，努力出口创汇，积极吸引外资。创汇还债是韩国走出危机的必由之路，危机后韩国仍坚持以出口为导向的发展战略。一方面由于韩国的大幅贬值，韩国产品国际竞争力得到提升；另一方面，韩国政府积极创造条件促进出口，选择了一系列国家为新兴出口市场，对这些国家市场进行市场调查后，签署相关贸易 、投资、保险、关税的协议，使韩国外贸出口大大增加，出口效益明显上升。韩国还十分注重调整出口商品结构，积极开拓中小企业产品和高科技产品市场。同时，韩国积极吸引外来投资，将其作为解决外汇短缺、调整产业结构和促进经济复苏的重要手段。韩国废止了所有与WTO不符的措施，先后修订和颁布了《企业收购法》《促进外国人投资综合方案》，制定了新的《鼓励外商投资法》，成立了韩国投资服务中心，大力简化投资手续，为外国投资者提供便捷的服务。

韩国经济发展的特点

● 牢牢把握机遇，积极参与国际分工

韩国经济的发展，一直瞄准世界经济发展变化的动态，牢牢把握机遇。具体地看，20世纪60年代中期，韩国利用与美、日的特殊关系和当时发达资本主义把加工业向海外转移（特别是日本淘汰了大量的劳动密集型产品的生产）的机会，与本国素质较好、工资低廉的劳动力优势结合起来，成功地加入了世界经济大循环，产生了良好的国际分工效应，使外向型经济得到快速发展。20世纪70年代，西方发达国家又一次进行产业结构调整，出现了资本密集型产业向新兴工业化国家和地区转移的趋势。韩国政府又抓住了这次机遇，于1973年提出“重化学工业宣言”，将重化工业确定

为1972—1979年的成长战略产业，并迅速将产业政策从轻纺出口工业刺激型转变为重化工业刺激型，拓展了更高层次的国际市场，使其产品输往发达国家。并通过与发达国家的竞争，占领发展中国家市场，使韩国与发达国家的垂直分工格局转变为垂直分工与水平分工并存的格局。这使韩国的工业结构发生了很大变化，迅速建立了造船、机械、电子仪器、汽车、化工等重型工业。韩国对这两次机遇的把握，夯实了韩国的经济基础，使韩国在短时间内由贫穷落后的农业国家成长为新兴的工业化国家。

韩国这两次机遇把握的成功，主要是引进的成果。20世纪80年代后，韩国又及时地抓住中国等发展中国家实行对外开放，经济体制转型的机会，盯住世界经济发展的前沿，整合国内资源，注重技术引进消化后的自主创新，把现代、大宇、三星等企业打造成知名的跨国公司，通过直接投资、跨国经营方式，使韩国经济真正融入经济全球化之中。如今，中国是韩国的第一大贸易伙伴，第一大投资目的地。三星手机的销售额仅次于诺基亚名列第二，三星CDMA手机全球市场占有率达26%等。

● 进行体制转型，形成“主导”体制模式

韩国经济体制的变迁是：自由放任的市场经济体制——→“政府主导”型的市场经济体制——→新自由主义经济模式为“主导”的市场经济体制。

自由放任的市场经济体制转变为以政府直接调节为主的市场经济体制。主要体现在：(1) 20世纪60年代至80年代，韩国在技术、资本引进方面，建立和完善了统一的审批制度，建立了专门机构为引进提供信息和咨询服务，政府承担技术情报的收集和研究等工作，目的是防止盲目引进、重复引进和引进交易成本过高的现象发生。如通过《外资引进法》，具体规定对外资的限制措施、允许和不允许投资的部门以及鼓励外资的保障、优惠措施，出口自由区的优惠措施等进行“主导”型管理。(2) 在农业经济方面，采取了诸如提高粮食收购价格，工业为农民提供更多的就业岗位，政府给予农民的补贴等。尤其是对“新乡村运动”的促进体制，基本上由中央政府的内务部全权管理，其他部委参与，组建了由内务部长出任委员长的新乡村运动中央协议会，使政府部门都参与了这场运动，保证了新乡村运动目标的实现。(3) 金融市场、外汇市场的管制等。

“政府主导”型的市场经济体制转变为以新自由主义经济模式为“主导”型的市场经济体制。20 世纪 80 年代后，韩国已进入新兴工业化国家行列，进入工业化中后期，其内在发展，需要参与经济全球化。而经济全球化也客观地要求政府减少对市场主体经济活动的干预，按照多边贸易体制的规则和国际其他经济规则实行市场经济体制。为此，韩国政府把政府担负的调节经济的职能尽可能交由市场机制来完成，建立自由竞争的经济秩序和产业结构。韩国政府的新自由主义制度始于 1993 年，主要包括：大大降低人为高估的汇率，使其回到“正确的轨道”；对进口和外国直接投资实行自由化以促进国内市场的竞争；取消指向性优惠贷款，促进资源的合理与公平分配；实行金融自由化，包括商业银行私有化、允许成立非银行金融机构（NBFI）和地方银行，降低金融活动的进入壁垒，更为重要的是实现资本账目自由化等。

韩国的“主导”体制，有效地促进了韩国经济持续、快速的发展。因为韩国是在落后的农业国、工业连自行车都不会造的背景下通过“引进”走工业化道路的。由现代市场经济理论与实践可知，这个时期没有政府的政策引导和投资的诱导，产业结构调整的主导，国内要素市场的保护，就无法摆脱自由放任的市场经济体制难以改变韩国经济困境的局面，就无法面对世界市场的竞争与挑战。可以说，没有第一次的“主导”，韩国不可能如此快成长为新兴工业化国家。继之，韩国的工业化、信息化发展，迫切需要国内和国外“两个市场”“两种资源”，需要融人经济全球化之中。可以说，第二次的“主导”，促使韩国经济真正融入全球经济之中，保证了现代市场经济体制在韩国有效的运行。

● 重视文化融合，形成独特民族文化

韩国经济发展过程中，始终重视和发扬文化的作用。主要体现在：

一是注重传统文化的传承。中韩学者们认为，儒家思想是韩国传统文化的精髓，影响最深。其一，儒家文化具有的尚贤、重教的优良传统，造就了丰富人力资源，从而构成了经济发展的原动力；其二，儒家文化在人际关系中重视和谐、诚信以及提倡个人道德修养的自律精神，有助于形成市场经济所必须的道德规范；其三，儒家文化中“修齐治平”“奉公灭私”

“经世济民”的入世主义功利观，在市场经济环境下，经过现代意识的改造，转化为孕育企业家阶层的精神；其四，儒家文化中提倡的自强不息和奋斗进取精神，促进了人们在经济建设中顽强竞争的观念，激励人们奋发图强，为企业、为团体建功立业的行为；其五，儒家文化中有廉政思想，如国家管理者“见小利则大事不成”“君子谋道不谋财”“为政者不能与民争利”等。

二是创新现代文化的内涵。韩国在传统文化的传承中丰富发展现代文化，最显著的表现就是学者们总结的“神气”文化。即“象征着到现在我们所看到的神灵化、发愤、演艺精神或洋溢的精气神、活跃性、迅速的敏捷性、临机应变能力强的性格、好战性、野性等原理”。韩国人在这个“神气”中显示出自由和力量。如1997年，东南亚金融危机压倒了众多国家和地区，而深受其害的韩国人没有被压倒，举国上下响应政府的“募金运动”，民众捐金献银，热火朝天，为国家经济早日复兴而奋斗的精神震撼世界。世人把其看成是“神气”的最好表现。

韩国传统文化与现代文化融合而形成的独特民族文化，越来越引起世界的关注，影响也越来越大，已形成了一股“韩流”。

● 创新意识至上，打造民族特色品牌

韩国在经济发展过程中的技术引进，重点不在于仿造，而在于吸收、消化、创新，有资料提及，韩国人连国外先进设备的螺丝都研究一番。从20世纪七八十年代起，韩国就建立和完善了以创新和自主开发为主的体制和机制。韩国人将科技创新比作国家找饭吃，建立适合科技创新的体制就是用于盛饭的碗。正是由于如此高的全民创新意识和创新体制、机制的相互作用，使韩国在高新技术领域崭露头角。如三星等半导体企业能在国际半导体市场三分天下有其一，现代重化工业公司等造船企业能站在造船技术世界之巅，并占据40%的市场份额，都源于自主创新。

韩国的自主创新有两大显著特点：其一，研发与生产紧密结合。其二，注重品牌效应。韩国人既看重前者，又看重后者。韩国“技术创新和品牌创新”与“高技术含量和高附加值”贯穿到迈进知识经济社会的全过程。

● **经济风险存在，具有不稳定性**

韩国经济在经历持续高增长之后，也存在着一些不稳定的因素。诸如，外贸依存度近十年来一直保持在60%以上，引入国外直接投资的长期资本少，短期资本流动量大。又推行新自由主义经济模式，这样的经济受外部因素的影响较大，不确定性增多，加大了政府的宏观调控难度，是经济发展中存在不稳定性的隐性因素。近年来国内消费衰退将挤压公司的利润，膨胀的不动产市场可能产生泡沫经济现象等，是经济发展中存在不稳定性的显性因素。2007 年 3 月 6 日，韩国三星经济研究所发表的《2007 年韩国经济风险要因探讨》中指出，韩国经济中存在五大风险因素，即美国经济有硬着陆的可能性而带来韩国出口竞争力的下降；世界金融市场的不稳定的影响；房价自身也有急剧下降的可能性；劳资关系和北韩核问题的威胁性等。

第二节　汉 江 奇 迹

汉江奇迹是 1953 年到 1996 年间首尔经济的迅速发展。因汉江贯穿了韩国首都首尔的中心，将首尔分为江南和江北，故以汉江为名。第二次汉江奇迹被认为是指在 20 世纪末的金融危机中结束后，娱乐产业韩流的崛起，三星、现代等大企业在世界上发展壮大，造船、信息产业、汽车等行业在世界上居于领先地位，韩国人均 GDP 达到 22700 美元，位列世界第 15 大经济体。

汉江奇迹也泛指朝鲜半岛停战后韩国经济的腾飞，从一个贫穷落后的农业国发展成为先进的发达国家。汉江奇迹不仅表现为韩国经济的成就，也包括了政治上实现民主化、国际地位和影响力的显著提升，“韩流”对亚洲和世界的影响等。

汉江奇迹产生的原因

● **以出口增长为动力的外向型经济发展战略，大大地促进了韩国经济的根本转变**

在这一战略基础上，韩国实行了很多发展计划。这使1962年至2002年韩国的国民总收入由23亿美元增加到4770亿美元，人均国民收入由87美元增加到10013美元。这些令人印象深刻的数字清楚表明韩国的经济计划所取得的重大成就。

● **危机意识，再加上韩国国民的奋斗精神，带来了韩国经济的惊人崛起**

特殊的地缘政治格局，旦夕巨变的紧张感，无法弥散的民族悲情，决定了韩国人身上强烈的危机意识。这种国民性格，韩国人称为“han”意识——“恨”。韩国人性格暴烈，态度决然，在事涉国家关系时的举国一心、同仇敌忾，也都源于此。著名的“企业家皇帝”、韩国过去最大的企业——现代集团的创始人郑周永曾说过一句话，恰当地表达了韩国人的急迫感：“韩国有什么？我们没有土地，没有资源，有的只是我们的国民和双手！”

● **韩国自20世纪60年代以来发展迅速，韩国的高储蓄率和高投资率，以及对教育的重视，也加快了这一发展。1996年，韩国成了经济合作发展组织（OECD）的第二十九位成员国。**

韩国政府在汉江奇迹中的作用

● **政策制定与实施的务实、前后一贯性和坚决程度**

朴正熙总统在1961年通过军事政变掌权后，就许诺要实现经济的迅速发展，保证国家安全。他相信，要实现这些目标，就必须对政府实行改革。他打算用一种把权力和权威集中于总统的政府形式替代已有的内阁制。朴总统还看到，需要一种组织来制定前后一贯的经济政策，并协调其实施。

为了满足这一需要，他批准了建立经济企划院的建议。成立于1961年的经济企划院具备了几个原属不同部门的政策职能：（1）计划职能，这最初是由处理战后美国援助的重建部负责；（2）有权准备政府的预算，这是从财务部转移出来的；（3）具有收集和评价国情普查及其他统计数字的职能，这是从内务部转移出来的。经济企划院也负责和管辖外国资本与技术的流入。经济企划院有三个主要职能：（1）计划和制定经济政策纲领；（2）协调由各部门实施的经济政策；（3）在连续的基础上评价由各部门实施的政策内容。

韩国的官僚机构及经济企划院领导的有机配合

韩国官僚的大部分由通才组成。这反映了一个儒家观念，即认为有较高学问的人一旦专心致意，就能处理几乎所有的问题。部分由于这种观念，韩国的官僚在走向下一个位置之前，很少在一个位置上待很长时间。另外，与别国的官僚一样，韩国的官僚还要注意一些紧急的和短期的问题。为了弥补这些缺陷，就建立了几个政策研究机构，在专门知识扣技能的基础上研究长期问题。研究机构之一是 1971 年成立的韩国开发院，其主要职能是帮助经济企划院制定中长期经济政策。该院主要由在国外受过教育、有博士学位的经济学家及其他社会科学家组成。韩国开发院的成功推动了其他行政部建立自己的研究机构。例如，教育部在 1972 年成立了韩国教育开发院，农林水产部在 1978 年成立了韩国农业经济研究院，建设部在 1978 年成立了韩国人力配置院。到 1992 年，韩国至少成立了 10 个类似的机构。

实业界与政府之间的相互促进

几个世纪以来，韩国并不是一个企业家精神比较发展的国家。由于儒教的影响，商人和实业家都处于社会层级制的低层。这种传统即使在日本占领期间也仍然存在。在“二战”后美军占领的 3 年间，特别是在大规模的土地改革完成后，这一传统开始有所变化。因为一家最多只能拥有 3 公顷土地，所以，许多传统上很受尊敬的地主被迫到一些新领域（如实业）寻求新的生活方式。不过，在韩国 20 世纪 60 年代经济起飞的前夜，实业家阶层的崛起无论如何都没有完成。当然，在朝鲜战争后的重建时期，一些实业家也努力变得富裕起来。但是，这些实业家都被怀疑是通过非法手段

(如贿赂)把钱赚到手的。考虑到大众对实业家继续存在的偏见，朴总统就在掌权不久以涉嫌用非法手段积累财富的理由，逮捕了大批韩国实业家，包括三星集团的现已故去的创始人。但是，韩国总统很快认识到，要成功地实现自己设想的发展目标，就要有一个庞大的实业家阶层来行使企业家职能。所以，他决定要建立这样的阶层。建立方式可谓多种多样。

首先，如上所述，他对那些确信有能力做政府期望之事的人提供许多财政刺激。其次，他用特别奖金和奖章奖赏成功的实业家。这种奖励也能够提高这类实业家在韩国民众中的威望。最后，政府密切参与实业。韩国政府对企业的扶持最初是与企业共担风险。由于国内储蓄不足以为投资提供资金，所以需要吸收国外资本。由于韩国企业没有强大到独立吸收国外贷款的程度，所以政府对还本付息都提供担保。随着时间的推移，政府与企业风险共担的做法也扩展到其他领域。政府与私人企业的合作关系还常常以非直接的形式进行。政府一旦需要控制某一产业中的私人企业的行为，常常通过工业协会进行。比较引人注目的是，韩国的工业协会很多是在政府推动下成立的，而不是出于私人企业的自发愿望。另一个引人注目的方面是，不管协会怎样建立，协会的行政人员几乎都是原政府官员。原政府官员当然是游说政府的说客，但也是政府对产业施加影响的便利渠道。

第二次汉江奇迹原因分析

● 加快大企业结构调整，提高效率增强企业活力

过去几十年里，韩国实行的是以大企业集团为主导的经济发展模式，用政策手段扶植了数十个超大型企业集团。这些企业集团曾在一定阶段对经济发展起过带头作用，但因长期受到较多政策扶持而出现了比较严重的问题。积累的矛盾在1997年的金融危机中集中爆发，从而彻底粉碎了“大马不死”即企业规模越大就越不会破产这个被韩国企业界奉为“神明”的模式。无情的事实使韩国政府认识到，关键的问题不是企业的大小，而是竞争能力的强弱和企业效率如何。因此，在金融危机发生后，政府就大力度地对企业进行了结构调整。首先，推出了“企业互换”政策，通过企业之间合并、分离、出售等产业置换，迅速淘汰集团下属的劣质企业，使这些

大企业集团把主要力量放在原先已确定的重点经营领域上来。其次，政府要求消除贷款的交叉式担保，促使企业变卖自己的优良资产，用变卖所得补充自有资本，降低资产负债率。再次，韩国对国有企业采取了民营化的方法进行调整。金融危机后，政府提出了“98民营化计划”，并被分阶段实施。最后，政府还在改善企业内部管理和提高经营透明度等方面做出了新的规范，如为与国际接轨使企业帐目如实反映经营情况，全面实行了国际标准的复式会计制度；为加强对企业的经营监督，强化董事会功能和股东监督功能，增加了公司外人员担任理事，扩大小股东权利等要求。

● 整顿金融秩序，改革官治金融理顺监管体制

韩国的金融业在政府主导型经济发展模式下受政府管制过多，突出表现在融资方式方面。政府通过政策性融资控制银行，用控制金融机构的办法掌握着资金分配的权力，同时还限制直接融资方式的发展。由此金融业成为改革滞后的部门，不仅银行自有资本比例过低，而且缺乏必要的金融风险防范机制，结果造成了金融机构的大量呆帐坏帐和巨额债务，并由此引发危机。

韩国对金融业的整顿始于1998年上半年，采取了清退破产、合并及向海外出售转让三项措施。同时政府还对大量借入国际资本市场的短期资金，在韩国发放长期高息贷款从而加剧国家外债结构不合理、规模过大的非银行金融机构——综金社进行了整顿，关闭了16家，要求余下的14家限期按标准整改，使其自有资金的比例达到巴塞尔协议的8%水平。

与此同时，韩国突出强调放弃政府对银行业务的直接干预，改为通过金融监管委员会加大对金融市场的监管力度。鉴于各种金融服务的界限日益模糊，分立的监管部门不利于统一、高效监管的情况，韩国将原来分立的四个监管部门（银行监督委员会、证券监督委员会、保险监督委员会、非银行监督局）于1998年4月1日改组合并为统一的金融监督委员会，由其负责制定、修改监管条例，规定金融机构的操作范围，解决有关金融机构的监督、检查与批准问题，解决证券和期货市场的监管问题等，并以五大原则（自由市场机制原则、保护消费者原则、承担责任原则、透明原则、与国际标准接轨原则）为依据，履行对金融市场监管的职能。

转变增长方式，扶持高科技产业及风险企业发展

爆发金融危机后，人们对本国的发展模式进行了反思，普遍认为韩国在新的历史条件下沿用外延扩张型和速度型发展模式是导致金融危机发生和深化的重要原因。这种发展模式使速度成了韩国以往几十年中经济发展的生命。无论是国家还是企业，在很大程度上都要靠投入大量的物资、人力和资金实现经济高速发展。这种粗放型增长方式在市场需求品种少、大批量的时候还行得通。但随着经济的发展，尤其是世界经济进入开放化和信息化时代，技术、信息、质量等的作用愈发重要，韩国仍热衷于走速度型外延增长道路，缺乏成功的产业升级相配合，由此导致了产品的技术竞争力赶不上发达国家和某些新兴工业国和地区，加之相当部分劳动密集型产品的价格竞争力又遇到发展中国家的挑战，因而在危机前夕贸易逆差迅速扩大，外汇储备急剧减少。这是酿成金融危机爆发和深化的基础原因。

经济危机的教训和国际社会对高科技领域的争夺，使韩国政府和企业猛醒。为了扶持高科技产业，促进经济恢复并积蓄发展后劲，提高韩国的国际竞争力，政府实施了“21世纪精英工程”，即从1999年至2005年7年间，每年投资2000亿韩元，以信息通信网络、计算机、人文科学等为重点兴建研究生院和大学14~17所，在汉城大学等高校内兴建具有世界一流水平的研究中心。同时政府重视知识经济、信息产业的开发，鼓励向“最高附加值产业”投资，向作为韩国今后经济发展“主力军”的风险企业投资。

为此，韩国政府不但确定了1万亿韩元风险企业基金的来源，还制定了一系列促进措施，如设立“韩国技术交易所”，促进技术转让和商品化；建立“国际技术代理人”制度，以吸引海外韩侨科技人才；在中学开设培养企业家精神的课程，在因特网上开设“网络风险企业大学”以培养人才。针对风险企业大多集中在汉城地区的情况，政府还特别注意将创办风险企业的热潮引向地方城市，在全国各主要城市建立20个风险投资区。韩国的大企业财阀们也在实践中认识到，现存的“烟囱产业”已快走到了极限，若不发展具有无限潜力的电子、信息通信等风险企业，就有可能在今后的竞争中失去立足之地。因此各财团已开始将大量资本由过去投向“重、厚、长”大型设备投资的模式转投至新兴科技产业之中。

● 大量引进外资，为经济增长注入新鲜血液。

韩国政府面对金融危机发生后资金潮水般外流，境内资金极度匮乏的困难局面，为从根本上防止外资流出和吸引外资重新注入，于 1998 年 5 月颁布了新《外国人投资促进法》，并采取了一系列吸引外资的优惠政策。这些政策和措施稳定了在金融危机中起伏不定的韩国金融市场，吸引了大批外国投资者，同时也使得国家的信用度回升。1998 年，韩国的外国投资增长率在亚洲国家中居于首位，增长了 27%，达 88.5 亿美元。1999 年外资流入额更是一路上扬、成倍增长，全年引进外资额高达 155 亿美元，为韩国经济复苏并步入增长注入了新的活力。尤其值得提出的是，韩国高科技风险企业的蓬勃发展得益于对外资开放及能够提供充足风险资金的资本市场。这个类似美国华尔街股市那斯达克市场的二板市场——高斯达克证券市场，为大量高科技企业的风险投资提供了财源保障。

● 长期的素质教育收到实效，强烈的民族精神对摆脱危机发挥了不可估量的作用

韩国能够在较短的时间内从危机中摆脱出来，同其长时间以来重视发展教育，提高人口素质，尤其注重民族自立精神的培养有着直接的关系。韩国教育的特征之一是在加强科技知识教育的同时加强“精神教育”，而且从幼儿园抓起，贯穿于小学、中学、大学全程教育始终。尤其当国家遇到困难时，全国上下各种舆论工具利用各种有效形式进行的大力度宣传，更造成了一种国民同心协力克服困难的环境。

正因为具有这种氛围和素质，韩国民众在国家资金极度困难之时，自觉捐款献金，低价出售珠宝首饰为政府筹集了 13 亿美元巨款；在韩国股市低迷，企业难以进行直接融资之时，股民踊跃入市，使众多渴求资金摆脱困境的企业通过股票和债券市场的融资度过了财务危机；在政府因财政困难而减少国办高等学校教职员工的 1/4 工资时，减薪者泰然处之；在韩国经济萎缩、产品外销受阻，遭受着“朝鲜战争以来最大的困难”之时，国民青睐国产品牌、动用储蓄资金（韩国 34%的储蓄率）在国内进行旅游消费等的一致行动，极大地促进了国内消费，使有效需求不足的状况得以扭转，支持经济走出低谷。正是上述在国家陷入危机后国民所表现出来的为世界所动容的高度爱国精神和超强的凝聚力，形成了创造“汉江奇迹”的精神支柱，为韩国经济能够经过一年多的努力率先全面复苏并步入快速增长，创下同样发生危机国家未能达到的记录奠定了基本条件。

第三节　韩国财团

韩国政府是仿效日本政府的产业模式推动经济发展的，在韩国四十多年的赶超历史中，经济发展模式经历了不同阶段的变化与转型，形成了以三星、现代、LG、SK、大宇五大财团为核心的发展模式，其中大宇集团在1997年亚洲金融危机中破产，只保留下目前四大财团。所谓财团，是指以同一家庭或家族出资成立的母公司（控股公司）为核心，下面再设置许多子公司，经营多种产业的企业集团。

四大财团

● 三星集团

韩国最大财团三星财团由李秉哲于1938年创立。创立之初，主要出口朝鲜南半岛的鱼干、蔬菜和水果；1950年，逐步扩展为制糖、制药、纺织等制造业，并确立为家族制企业；1963年，创办三星人寿、新世界百货公司、中央日报；1969年，成立三星电子；1974年，成立三星石油化学、三星重工业；1977年，成立三星建设、造船、半导体通信等公司，渐渐形成财团。现在的三星，已有近20种产品在世界市场占有率居全球企业之首。2012年，三星财团关系企业75家，海外当地法人446家，总资产1.01万亿元人民币，员工22.2万人。

● 现代汽车

现代汽车（现代·起亚汽车）是韩国第二大财团，也是全球第五大汽车制造商。现代财团由郑周永于1946年创办，一开始做的是汽车修理。此后陆续成立现代建设、现代重工业（造船业）。现代汽车成立于1967年，

1998年收购起亚汽车。2002年，现代财团一分为四，形成新的财团：现代财团（商船与朝鲜事业）、现代汽车（现代·起亚汽车）、现代重工业（造船业）、现代百货公司。2012年，现代汽车财团共有41家集团企业，总资产0.68万亿元人民币，员工总数7.5万人。

SK集团

SK由成立于1953年的一个小织物工厂发展而来，第一代董事长是崔钟建。1980年，在当时韩国政府主导的“国退民进”政策下，SK买下国营的大韩石油公社，成为SK财团的事业基础。1984年，SK财团又开始经营SK电信，并于2002年收购新世纪通信。如今，SK已成为韩国在能源化工、通信服务方面的最大企业集团。2012年，总资产0.64万亿元人民币，集团企业92家，员工总数5.2万人。

LG财团

LG财团于1931年由具仁会、具哲会兄弟创办，一开始从事的是纺织品批发与运输。其后又成立化妆用品制造公司、电子与电气设备制造公司。2005年，LG财团分裂为三个独立的新财团：LG财团（电子、化学、通信）、GS财团（能源、流通）、LS财团（电线、气体燃料）。截至2012年，LG集团企业81家，海外当地法人130家，员工总数21.3万人，总资产0.13万亿元人民币。

❖拓展阅读

三星集团

总部位于首尔的三星集团，是韩国最重要的财阀，除了超越苹果成为手机产业霸主之外，其在众多商业领域也闪耀着夺目的光芒，例如，承建世界最高的建筑物哈利法塔（迪拜塔）。

2012年，三星集团员工超过42万名，销售额2686亿美元，占同年韩国GDP的24%；《华盛顿邮报》的报道显示，其2012年出口额1567亿美元，占韩国总出口量的28.2%。Bloomberg的数据则显示，2012年末，三星电子的总资产为1629亿美元，市值达2273亿美元，占韩国股市总市值的18%。正因对韩国经济的影响举足轻重，才有“三星共和国”的说法。

三星的影子无处不在，其旗下子公司业务涉及各个领域，无论是电子、机械、化工、军事，又或是纺织、金融、服务等行业（表1）。三星的电视和智能手机都在市场上占据领先位置。从2006年开始，三星一直保持着世界最大电视机生产商的地位，并在2011年超过苹果，成为世界最大的智能手机生产商。

表1：三星集团旗下子公司

电子	机械化工	金融服务	生活服务	其他
三星电子	三星重工	三星生命保险	三星物产	三星人力开发院
三星SDI	三星Techwin	三星火灾海上保险	三星C&T	三星人寿大众福利基金会
三星电机	三星道达尔石化	三星信用卡	三星工程	三星狮子棒球队
三星康宁高精密材料	三星石油化学	三星证券	三星第一毛织	湖岩基金会
三星SDS	三星精细化学	三星资产管理	三星爱宝乐园	三星文化基金会
三星显示	三星BP化学	三星风险投资	新罗酒店	三星福利基金会
三星LED			杰尔思行	三星生命公益基金会
			三星S1公司	
			三星医疗中心	
			三星经济研究所	
			三星生物制剂公司	
			三星Bioepis	

资料来源：三星官方网站

这间家族企业由李秉喆在1938年创办，目前的会长是创始人的三子李健熙，其2013年以130亿美元的净资产排名福布斯全球富豪榜第69位，并长期占据韩国首富的位置。而由于第三代接班计划的实施，李健熙唯一的儿子李在镕作为三星的继承人，已悄然成为韩国第三大富豪。

在三星集团70多年的发展中，李氏家族与之风雨共济、共同成长。而无家族办公室（Family Office，FO）之名、行FO之实的三星集团秘书室，则对集团的集权管理和家族治理发挥了决定性作用。秘书室担任着李氏家族大管家的角色，帮助家族凝聚权力，集中管理分布在世界各地的子公司，并协调企业和家族之间的利益。

秘书室的历史源流

秘书室的概念来源于日军二战时的参谋组织。战后，原关东军司令部主任参谋和大本营陆海军参谋濑岛龙三出任伊藤忠商事会长，将这一组织带入伊藤忠，主要负责商业情报收集、组织参谋等工作，从而在日本商社中引发设立秘书室的潮流。深受日本影响的李秉，则将这一潮流带入了韩国。

李秉于1938年成立三星集团前身—三星商会，主要进行水果和干鱼的出口（表2）。

表2：三星集团发展史

年份	事件
1938	李秉喆在大邱市创办三星商会，成立贸易公司
1948	成立三星物产，制糖与纺织
20世纪50年代	拥有第一制糖、第一毛织等关键企业
1958	收购安国火灾与海上保险（后更名为三星火灾海上保险）
1963	成立三星人寿、新世界百货公司
1965	创办韩国《中央日报》
1969	成立三星电子
1974	成立三星石油化学、重工业
1977	成立三星建设、造船、半导体通讯
1987	李健熙就任为第二代三星董事长
1988	公司创办50周年，提出“二度创业”宣言
1990	三星电子不断开发新产品
1993	提出三星“新经营”宣言，断然实施大幅改革
1995	三星汽车实质破产
2000	三星汽车纳入雷诺汽车旗下
2007	李健熙提倡“三明治论”与“危机论”
2008	李健熙因非法资金案辞职
2010	李健熙复任董事长，并由长子李在镕担任三星电子总经理

资料来源：【日】金美德，《韩国四大财阀》，江裕真译，台湾大是文化出版社，2013年3月

二战后，韩国政府邀请濑岛龙三为其发展献策。濑岛龙三说明了商社的重要性，建议韩国借此拉动出口。韩国由此大力提倡“综合商社模式”，将一些贸易公司合并为大型综合商社，三星也于1951年成立三星 Moolsan（现为三星物产）——其被政府指定为“综合贸易商社1号”，成为韩国综合商社的先驱和样板。1959年，三星的秘书室也在濑岛龙三和李秉的引领下成立了。起初，秘书室是三星物产下的一个“课”（等同于中国的科级部门），只有20人，帮助会长处理日常事务（表3）。

表3：三星秘书室的组织结构与发展历程

阶段		三星物产秘书课（1959年）	秘书室（1972年）	秘书室（20世纪80年代）	结构调整本部（1999年）	战略企划室（2006年）
职员人数		20	100	250	150	<100
下属分组结构	财务	投资资金管理	财务组	财务组	财务组	战略支援组(财务)
	人事	人力资源管理		人事组	人事组	人事资源组
	秘书	★	秘书组	秘书组	●	●
	企划公关		企划组	企划组	企划公关组	企划广告组
				广告组		
	调查监察		调查组	调查组	监察组	战略支援组(经营诊断)
			监事组	经营管理组		
	运营		营销组	质量安全组		
				运营组		
				国际金融组		
				电算组		
	法务				法务组	●

●表明小组在该阶段为独立科室；★表明秘书室在该阶段无专门的独立小组，但仍承担该功效

秘书室功能一：企业管理与治理

在三星，秘书室是主导集团实际业务的核心机构，是集团的中枢管理部门，负责整个三星集团的情报收集与企划、金融资源分配、决策管理、人事安排和经营诊断。其在三星内部有着“一人之下、万人之上”的地位。由于保管着会长李健熙的印鉴，“室”代表着会长。

企业及经济情报收集与分析：这是李秉创建秘书室的首要目的，三星秘书室的情报收集能力甚至比韩国国家情报组织还要强大。资料显示，无论是私人聚会还是商务会议，散布于世界各地的三星职员无时无刻不在收集情报，通过集团内网 SINGLE 发布，综合汇总到秘书室，秘书室调查组下的 7 名员工对情报进行分析、处理后，或者发送到集团子公司，或者向室长或会长汇报。

秘书室中的监察组更是掌管着收集企业及经济情报、研究分析和企划的更大权力，高层次的情报通常来自监察组，比如对竞争对手经营战略的追踪。20 世纪 90 年代海湾战争爆发、金日成去世、俄罗斯进口收银机等情报，都由三星秘书室在第一时间得到。其情报收集能力让人不禁联想到 19 世纪的罗斯柴尔德家族。虽然无法如同罗斯柴尔德家族般以情报控制债券市场，但利用遍布世界的分支机构获取政治、经济情报，三星集团可以迅速进行决策和行动。

金融资源分配：三星集团的所有投资决策均要通过秘书室财务组。一般由会长提出战略方向，但具体资源分配、流向各部门和子公司的额度则由财务组决定。超过 1000 亿韩元（约合 5.6 亿元人民币）的投资必须得到财务组的批准，实际上，子公司总经理的自主支配投资额度只在 100 亿韩元以下。三星集团的第一毛织、新罗饭店、三星电器、三星重工和三星精密等公司均在秘书室的指挥下成立或收购。

财务组也对集团内部资金流进行调度。不难想象，三星集团的内部关联交易应该相当庞大，根据韩国 Chaebul 网站 2012 年统计，其旗下有 6 家子公司的内部关联交易比率达到 100%，21 家子公司超过 70%。这些交易的金额、对象，全由秘书室决定。

外部资金募集也由秘书室统一安排。1984 年三星半导体建设厂房时，这家在国际上尚无名气的公司无法取得投资者的信任，因此，秘书室国际金融组以三星集团的名义筹集到了 140 亿美元海外投资。面对亚洲金融危机时海外对冲基金的恶意收购，当时的秘书室财务组组组长金仁宙游说欧洲各个金融机构，举行贷款延期协商会，并和高盛集团进行投资协商，成功争取到足够的资金，保住了经营权。统一决策管理：1997 年金融危机后，韩国开始进行经济结构改革，三星集团成立结构调整委员会，研究投资发展方向。该委员会成员由各子公司会长和结构调整本部部长李鹤洙组成，每月开会一次。不过，由于结构调整本部掌握实权，其内部的组长会议才是作出决策的实际机构，从而在三星内部形成了“会长→结构调整本部→子公司总经理”的权力金字塔。在结构调整本部时代，各子公司里设有一名管理督导，本部内对应一名营运督导。管理督导通常由公司内部部门的一位负责人担任，管理督导直接向结构调整本部汇报，反馈情报、评估公司业绩、进行业务咨询（包括改善工作系统、提高效率、反腐败调查）和传达本部意见。结构调整本部财务组下的营运督导担任各子公司的负责人，监督和避免子公司之间业务的重复。

三星集团子公司的总经理决策都在“室”的指导下进行。“室”曾经指导停止中国区的保证金融资，全部用现金交易，子公司就得服从这一意见。“室”为子公司拟定称为“管理基准”的严格损益基准，子公司必须严格实施，同时，“室”对“管理基准”的判决有较大的自主评判空间，即使子公司的业绩良好，如果财务组对某项指标不满意，仍可以在“管理基准”上将其判为赤字。

法务与游说：秘书室的法务与游说小组目的只有一个，就是为家族和企业争取政策上的优势。

法务组本来负责集团的法务咨询，但根据秘书室原法务组长金勇澈的披露，其任务还包括对司法机构进行游说甚至行贿。2006 年，法务组被分离出结构调整本部，成为独立的法务室时，已拥有 110 名律师和 13 名前任检察官。

秘书室时刻注意着政治、媒体和检查单位的动向和人员变动。在韩国总统大选时，它密切关注各位候选人，收集民意调查报告，分配助选资金，并会利用多年经营的人脉进行游说。

人力资源分配：秘书室在人力资源上有着双重功能。对内，人事组掌控着集团内部所有子公司部长级（M2）的人事任免、薪资奖金，另外成立人事档案。据金勇澈透露，集团的人事评审由结构调整本部作出评价，子公司总经理反而没有人事方面的话语权。因此，每到人事任免时，各子公司总经理最大的问题，就是如何确保自家公司的干部名额。拥有集团管理权限的秘书室干部，因而时常受到接待。

对外，人事组广泛招聘社会精英，科长以上的岗位招聘均由秘书室和会长决定。三星的秘书室因此成为高层人才培养中心，被称为“人才士官学校”，汇聚韩国各界精英，组成三星集团的人际关系网络。结构调整本部通常由子公司中能力优越并进入公司 5 年以上的管理层组成。

秘书室功能二：家族治理与传承

相对其他典型的家族办公室，三星秘书室并不直接管理李氏家族的私人资产，这与三星集团和李氏家族之间纠缠不清、公私不分的资产状态有着直接的关系。由于并未实现家族资产和企业资产的完全分离，与欧美家族办公室清晰的定位不同，秘书室更致力于三星集团与李氏家族整体的发展。

虽然没有家族办公室的名义，但隶属集团内部的秘书室从成立之始就一直担负着家族办公室的职能，执行对家族资源的集中分配、继承计划、社会资本管理、金融资本管理等诸多职责。在管理企业的同时，秘书室针对李氏家族的服务巨细靡遗，从礼宾护卫到衣食住行、从税务筹划到财富传承无所不包。

礼宾护卫：“室”的秘书组对会长提供基本的秘书功能，包括礼宾和警卫。100 多人的随行秘书和警卫人员 24 小时负责会长李健熙的安全和日程安排，分 3 班轮流。会长出差时，秘书组大概要提前一个月拟定详细的日程和路线计划，检查出差路线和办公室。礼宾护卫小组还得负责李健熙酒店房间的家具摆设和环境设置，每次出差都将酒店房间按照李健熙家中格局进行重新摆设，室内气压要维持在海拔 600 米的条件，室温必须维持在 25~26℃。

通讯交通："室"的通讯小组随时待命，24 小时提供卫星监控录影画面，以备李健熙随时掌握各地情况。一个 3 人以上的通讯小组会时刻不离李健熙身边，他在家时就在地下室，在公司时就在会长办公室，入住酒店时就在隔壁房间。如果他需要联络某人，通讯小组能够随时找到联系方法并与之取得联系。

法务与游说：秘书室的法务与游说小组目的只有一个，就是为家族和企业争取政策上的优势。

法务组本来负责集团的法务咨询，但根据秘书室原法务组长金勇澈的披露，其任务还包括对司法机构进行游说甚至行贿。2006 年，法务组被分离出结构调整本部，成为独立的法务室时，已拥有 110 名律师和 13 名前任检察官。

秘书室时刻注意着政治、媒体和检查单位的动向和人员变动。在韩国总统大选时，它密切关注各位候选人，收集民意调查报告，分配助选资金，并会利用多年经营的人脉进行游说。

人力资源分配：秘书室在人力资源上有着双重功能。对内，人事组掌控着集团内部所有子公司部长级（M2）的人事任免、薪资奖金，另外成立人事档案。据金勇澈透露，集团的人事评审由结构调整本部作出评价，子公司总经理反而没有人事方面的话语权。因此，每到人事任免时，各子公司总经理最大的问题，就是如何确保自家公司的干部名额。拥有集团管理权限的秘书室干部，因而时常受到接待。

对外，人事组广泛招聘社会精英，科长以上的岗位招聘均由秘书室和会长决定。三星的秘书室因此成为高层人才培养中心，被称为"人才士官学校"，汇聚韩国各界精英，组成三星集团的人际关系网络。结构调整本部通常由子公司中能力优越并进入公司 5 年以上的管理层组成。

住宅/健康/艺术品管理：李健熙和他儿女们的住址都选在首尔的梨泰院、汉南洞附近的风水宝地，形成了实实在在的"李氏家族村"。经由"室"的投资运筹，三星经营的 Leeum 美术馆也建立在

"李氏家族村"内部。李健熙以需要保护美术馆内部昂贵的艺术品为名，在家族住宅区合法地配备了大量保卫人员。同时，Leeum 美术馆的地下开设了一间专为李氏家族和三星经营团队服务的牙科医院，家族成员足不出户就可以获得全方位的健康管理。

家族传承与税务筹划：从 1994 年开始，秘书室启动"经营权继承计划"，协助李健熙的长子李在接棒三星集团。秘书室的财务组和法务组的主要任务就是在传承的过程中，通过交叉持股的方法强化家族对企业的所有权。韩国对大额财产的继承者或受赠者收取高额遗产税和赠与税（表 4），因此，"经营权继承计划"中也对李健熙的财产赠与进行设计，避免交付高达 50%的财产赠与税。

"室"的治理运作

"室"对整个三星集团的治理通过正式和非正式会议完成。正式会议包括结构调整委员会、周三会议和组长会议。非正式会议有干部会议和次席会议，这仅仅是为了让部门之间更加融洽地交流和交换情报。

在正式会议中，结构调整委员会每月举行一次，由 5 名各个主要子公司的总经理组成。最初成员由三星电子原 CEO 尹钟龙、结构调整本部部长李鹤洙、三星物产总经理裴钟烈、三星生命保险总经理襄正忠、新罗饭店总经理许泰鹤组成。形式上是讨论集团发展方向，实际上是布置秘书室组长会议中的决议事项。

周三会议是三星各子公司总经理和秘书室内各组长组成的会议，每周三举行，并邀请一些外部知名人士参加。由于三星子公司的总经理并无实权，因此依然是"室"的裁决。

组长会议指的是结构调整部的内部组长会议，集团所有重大决策均出于此。组长会议还是汇报从子公司收集到的情报与未决事项的地方，人事纠纷会由人事组在组长会议上提出报告，违法账务问题由监查组提出，诉讼问题由法务组汇报，等等。组长会议的总结由李鹤洙亲自负责，直接向李健熙汇报，李健熙作出指示后重新在组长会议中讨论。

在三星集团内部，从上游订单采购，到投资决策，再到人事考评，“室”都事无巨细地一一审核。

内置式家族办公室的优势

优势一：集中决策、高效执行，提升金融资本。作为一间管辖庞大集团的核心中枢，秘书室确保三星各分子公司能以家族的长远视角做出有利于企业发展的战略决策，并通过这一内置式 FO 的高效运转确保执行的效率。

公众公司的投资和运营往往因股东的短期利益的最大化进行分红，职业经理人也因激励体制而追求短期的业绩增长。在这种情况下，企业面对危机时很难做出最佳决策。而三星秘书室是控股家族的“分身”，无论从集团的交叉股权结构还是经营结构来讲，三星集团的控制权和执行权都高度集中在会长李健熙的手里。会长以集团的整体利益设定战略，秘书室进行资源的分配，子公司的职业总经理执行。在 1997 年金融危机后李氏家族股权被稀释的情况下，李氏家族通过秘书室的强大权力治理企业，在业绩不佳的情况下力挽狂澜，果断进行投资。

处于李健熙和集团旗下各子公司之间的秘书室，实为三星集团的信息与决策枢纽。秘书室的存在对三星的决策速度起到了决定性的影响。三星的子公司遍及全球、布局分散，地理上的距离使得统一快速执行决策较为困难，在这种情况下，对子公司拥有金融资源和人事决定权的秘书室起到了统领全军的作用，三星的执行速度正是集团的整体竞争优势之一。

优势二：守护家族声誉，提升社会资本。“室”也因多次挺身而出，辅助家族渡过难关而获得李健熙的极高信任。在三星汽车事业失败时，“室”极力维护李健熙的形象，使其避免陷入经营失策的尴尬局面。同样，在亚洲金融危机后，李健熙在财务组的辅助下主导了三星的改革，在 20 万人的员工中裁员 6 万人，为集团节省了 1 万亿韩元（约 56 亿元人民币）的人事费用。

优势三：周密策划传承，提升人力资本和家族资本。在家族企业仍是家族主要资产的时候，企业的成功传承便是家族昌盛的根基。同时服务于家族与企业，三星秘书室在家族企业的传承上举足轻重。其首先要确定经营权的传承，对于股权结构如此复杂的三星集团，内置式 FO 无疑是实施传承计划的最佳机构：秘书室在政商两界长袖善舞，创造有利于李在继承三星的政策环境；秘书室通过对股权交易的操控，让李在以极低的成本获得了三星爱宝乐园的控制权，为接手整个三星集团做好基础。

内置式家族办公室的劣势

劣势一：高度集权，扼杀子公司主动性和创造力。掌握强权的三星秘书室也有诸多弊端。在企业治理上，权力的过度集中对三星集团的子公司施加了无形的压力。三星秘书室被指过度干涉子公司的运营，对投资几乎无支配权的子公司总经理，必须获得“室”的同意才能执行日常运营决策。

在没有第三方监察的状况下，经营管理缺乏透明性。过度集权的后果就是官僚主义盛行，削弱子公司的决策能力，不利于激发其主动性。子公司的任何投资，甚至仅仅几千韩元的支出也需要走一套完整流程，层层汇报直到秘书室的财务组。让三星集团引以为傲的秘书室同时又是妨碍三星发展的障碍。

劣势二：公私不分，加剧家族与企业的利益冲突。顾名思义，家族办公室应当以家族的利益为终极目标，可在三星，家族和企业的界限并不明确。在发生利益冲突时，“室”到底是忠于公司还是忠于李氏家族？

公私不分是三星内置式 FO 的最大隐患。秘书室扮演了集团战略决策和资源分配的核心角色，但它不对三星各公司的中小股东负责，而只听命于李健熙个人，从此也可看出其 FO 的本质属性。金勇澈时常听闻结构调整本部“捍卫会长和集团”等言语，三星的秘密资金也被“室”的二把手金仁宙称为“会长资金”，表明忠于会长的心态。

这种缺乏透明度的决策体系，使外人难以分辨秘书室是否以三星公司的利益为中心。事实上，身兼多职的秘书室在面临家族和企业之间的利益抉择时，更会偏向家族，从而可能不利于企业的长远发展。

劣势三：定位模糊，缺乏清晰的家族治理规划。囿于有限的资源和人力，三星秘书室将主要精力都配置于企业治理，从而在实施上疏忽了家族治理。秘书室的管理范围看似非常广泛，但是经常忙于企业紧迫且短期的事项，容易忽略对家族意义更为重大却并不紧迫的工作。因而，相比较欧美独立的FO，李氏家族的FO缺乏家族治理方面的整体构想与实施工作（详见本刊2014年1月号《皮特卡恩家族办公室：退出家族企业后的财富传承》）。三星秘书室在家族治理方面缺乏投入和设计，也是导致李秉时代三子之争、兄弟操戈的原因之一。

另外，内置式FO独立性的缺乏也限制了其公正客观和人才供给。毫无疑问，秘书室绝大多数成员是在企业工作多年的骨干，而不是公开招聘的业界资深人士，尽管更有忠诚可靠的保证，却可能带来“唯上”和“唯实”之间的冲突。从有利的一面看，内部提拔的员工会感念家族的知遇之恩；从不利的一面看，可能因为讨好家族而牺牲客观立场，皇帝新衣的故事会不断地上演。

第三章 教育制度

第一节 韩国教育制度

韩国人众所周知的特点之一就是他们对教育的热情，可以说是世界上无与伦比的。他们之所以如此侧重教育，主要是受古老的儒家思想影响：人只有通过受教育才能不断完善自己，只有受过教育的人才能领导国家和社会。因此韩国人对教育的重视也就被认为是理所当然的了。

基本教育制度

韩国是一个民主主义国家，其教育目的在于通过教育，竭尽全力为每一位公民均等提供受以人的尊严、自由、平等为内容的教育机会，使受教育者得到启发和发展。

韩国宪法规定：“所有的国民拥有作为人的尊严和价值，国家有义务最大限度地保障国民的基本人权。”“所有国民对其应保护的子女有进行初等教育和法定教育义务。”“义务教育是免费的。”“要保障教育的自主性和政治上的中立性。”宪法向人们清楚地展示了教育的国民平等原则，受教育机会均等原则及义务教育原则。

国民教育的目标和内容

韩国教育的目标是培养主导 21 世纪世界化、息化时代的自律的富有创造性的人才。韩国《教育法》规定韩国的教育理念为“弘益人间”。以这个教育理念为基础，韩国认为未来多元化社会所要求的人应是可以主导自己生活的、开放的、多层次发展的人。所追求的培养规格为：在全面发展的基础上，追求个性的人；以基本能力为基础，发挥创造性能力的人；以丰富的教养为基础，开拓前进道路的人；在对韩国文化理解的基础上，创造价值的人；以民主市民意识为基础，为共同体发展做出贡献的人。以上是韩国为实现教育思想和教育目的所规定的具体措施，强调对公民个人能力和素质的培养。

国民教育体制

韩国政府于 1951 年 3 月 20 日修改教育法后，正式采用“6 -3 -3 -4”的阶梯式的学制，即小学六年、初中三年、高中三年、大学四年（还有两年制的专科大学及职业大学）。

①学前教育。作为学前教育的幼儿园并不包含在韩国公共管理计划内。一般是家长把孩子们送到私立学校去学习国语，同时也开设英语课，其中有些学校几乎全英文授课。学前儿童教育的年龄主要在 3 岁到 5 岁，当孩子 6 岁时，就自动升入小学一年级。从幼儿园到高中，孩子能否入学并不取决于所学的知识、分数或者通过测试与否，而纯粹是基于学生的年龄。幼儿园教育的目的是：通过各种不同的愉快的活动和教学方法，给儿童创造适宜的环境，使儿童的身心协调发展。主要有 5 个生活领域：自然、社会、思维表达、语言和生活。

②初等教育。韩国的初等教育机构为年龄在 6 岁到 11 岁的儿童提供免费义务教育，这也是每一个家长及监护人的责任。换言之，初等教育作为义务教育向国民免费提供，要求每一位适龄儿童履行。初等教育为六年制，它是一个公共教育机构，无论是公立或者私立的，教育系统是一样的。小学的基础课程由 9 个主要科目：伦理学、国语、社会学、算术、科学、体育、音乐、美术和实用美术。此外，由于不同于韩语的语法结构，从小学三年级起就增设英语课为必修课。在韩国，我们通过校服来辨别学生们是公立学校还是私立学校的学生。私立小学在教学质量及设备上明显好于公立小学，但是他们的课程设置是一样的。当然，私立小学的学费也是相当昂贵的。

③中等教育。韩国的中等教育为：初中 3 年，高中 3 年。

初中：小学毕业后，年龄在 12 岁到 14 岁的少年允许进入初中学习 7 年级到 9 年级的课程（免费的义务教育）。自 1968 年废除初中入学考试以来，初级中学招生便改为按区域或抽签分配的制度，不给学生选择择校的余地；同时，也是为了消除重点中学与普通中学的差别，从而使所有的初级中学都能给学生提供同等质量的教育，减去入学考试的压力。初中课程由 11 门基本必修的科目，若干选修课以及课外活动组成。初中主要是教学生们学习的技巧，其中选修课有技术职业课，目的是供那些毕业后准备工作的学生学习。

高中：韩国的高级中学由普通高中和职业高中组成，学制为三年，学费自付，招生对象为初中毕业生及具有同等学历者。截止到 2000 年，有 62%的学生在普通高中上学和 38%的学生在理论与实践并重的职业高中上学。少数参加职业高中的学生主要集中在科学、艺术、外语和其他专业领域，这种现象目前仍较普遍。现如今，各种方式均被用来选拔学生入大学，其中包活“学生在校记录”也就是三年高中生活的记录、高中入学考试成绩、高中的学术成果和高考成绩等。高中教育的目的在于：促进每个学生的个性及能力，用来维护和加强祖国的发展；培养学生的知识和技能，以备社会之需；促进学生的自主性、情感的发展，以及用批判性的思维看待问题；并改善体力和促进心智健全。总之，韩国的高中教育过于死板，过分强调高考的重要性。学生、家长和老师只关心一个问题：学生取得好成绩就能进入好的大学。因此，对韩国人来说，用三年的高中生活来准备最后的高考是非常普遍的。绝大多数同学下课后报名上外语课或其他的私人补习班以获得比同班同学更多的优势；一些家人甚至在孩子上小学时就为其请了私人家教，尽管是非法的，却十分普遍。

④高等教育。韩国的高等院校包括四年制的学院和大学、六年制的医学院和牙科学院；两年制的职业专科学院、广播函授大学、电视大学；四年制的师范学院、二年或四年制的神学院、护士学校及其他类学院。除此之外，硕士和博士课程必须在二到三年内完成。所有高等院校包括公立和私立都必须接受教育部的监督。

职业专科学院：为高中毕业生提供二到三年的教育课程。到 2003 年，韩国有 158 所学院，在校学生人数为 913273 人：公立 16 所，其余 142 所均为私立的。随着工业化步伐的加快，以及对技术人员的需求导致了各类的专科院校的出现，他们主要把重点放在实践教育上，以培养技术人员为目标。专科院校的目的是培训掌握其理论及基本技能的技术人员。其种类有：工程学、农业学、水产养殖学、护理学、家政理财学、社会福利学、艺术、体育健身等。学生所选的科目决定其两年制或三年制的学习。其中护理部、临床病理学系、物理治疗、职业治疗部及该部的口腔卫生、放射科、渔业部和公共工程需要三年，其余是两年。伴随着经济的高速发展，各类专科院校为了满足社会对技术人员的需求，除了理论课程，更注重实用技能。因此，近年来，高中毕业生进入专科学院学习一些以实际技能为基础的课程，如计算机、漫画等的人数持续增长。

大学：学院及大学提供四到六年的课程，而后者包括医学院、牙科学院。到 2003 年，韩国有 169 所大学，143 所是私立大学，可见韩国高等教育大学 85%是私立的。大学一年为两个学期，学费是按学期支付的。私立大学明显比公立大学贵。按照规定，每个大学为学生提供奖学金，公立大学提供 30%，而私立高校仅给 10%。韩国所有的大学都要求学生每个学期修 24 个学分，总共为 140 学分。只有修完 130 到 140 学分的学生才能获得学士学位（医学院和牙科学院除外）。大学的课程分为：科目（相当于中国的公共课）和专业科目，换言之，必修课和选修课。

硕士及博士：在韩国，大学毕业后想继续深造获得更高的学位，如硕士或博士学位是比较容易的。他们采取宽松的入学政策，以确保较多的学生获得高质量的教育，同时严格审查那些想获得硕士或博士学位的学生的毕业论文质量。硕士和博士学位均采取二到三年制。

韩国教育对中国的启示

通过对韩国教育的考察，我们深刻认识到韩国政府及民众对教育的重视和寄予的厚望，从中有以下几点借鉴和启示：

● “教育立国” 观念深入人心

韩国自古以来就有尊师重教的传统，如今教育更是被视为实现自我和促进社会进步的手段。韩国的“教育热”现象使全世界都为之惊叹，“教育立国”的观念深入人心，民众对教育改革发展关注和参与度很高，这对韩国的教育事业起着强大的推动作用。这对我国今后教育事业的发展也有着重要的启示意义。

大力发展私立教育

韩国高等教育中私立高校为数众多，作用巨大。目前，韩国高等教育已经进入了高度普及化阶段。在这一过程中，私立高校发挥了巨大的作用。韩国私立高校在缓解公共教育经费紧张、促进教育的民主和机会均等、实现国家现代化方面都起到了重要作用。这对我们国家也起了很好的借鉴作用，如何利用民间的资源大力发展教育，扩大高等教育的普及率，是我们今后值得研究的一个重要课题。

经费筹措渠道多样化

韩国教育经费的筹措是多渠道的。教育经费来源除政府财政之外，还有以下几个重要的渠道。（1）韩国政府积极鼓励企业财团捐资办学，以解决教育经费不足问题。（2）韩国提倡学生家长积极参与教育。学生家长是筹措教育经费的一个非常重要的途径。（3）学校自筹经费也是一条重要的渠道。可以说，多渠道的、充足的教育经费投入为韩国迅速实现高等教育普及化并保证其高等教育质量提供了雄厚的物质基础。韩国经费筹措渠道的多样化对我们国家教育事业的发展起着很好的借鉴启迪作用，值得我们在今后教育事业的发展中借鉴和学习。

注重教育法律法规建设

韩国在高等教育法律法规方面的建设成就非常显著，对扶持教育事业的健康发展，顺利实现其高等教育的大众化和普及化功不可没。韩国政府对私立教育、职业教育和高等教育都颁布了诸多的专项法律法规，以确保教育职业发展的正规化、健康化和秩序化。我国许多针对教育的法律、法规条款还不够完善，存在很多漏洞。为了确保我们教育事业的健康发展，有必要加强对教育法律法规的研究和建设。

❖拓展阅读

韩国：教育强国代价大

高珮砻《青年参考》（2014年10月08日　22版）

刚刚结束的亚运会让世界媒体的目光聚焦在了韩国，事实上，韩国的教育体系也一直被广为称赞，在过去60年中帮助国家经济和社会迅速发展。直到今天，韩国学生的高水平表现仍是全世界许多国家羡慕的对象。

然而，随着大学毕业生失业率上升和学生的满意度下降，许多人开始质疑韩国的教育体系。正如英国《经济学人》杂志所说，韩国的教育制度既鼓舞人心，又令人生畏。

高等教育=个人成功？

16岁的朴惠敏每天早上6点半起床，8点准时到校，下午5点放学，回家吃饭后乘公交车去补习学校上课到晚上9点，自习两个小时后回家，凌晨两点睡觉。

生活在首尔江南区的朴惠敏并不孤独，这是韩国青少年典型的生活方式。

《纽约时报》称，韩国学生平均每天学习13个小时，普通高中生每晚只睡5.5小时，确保有足够的时间学习。正规课堂外，私人补习班通常会持续至午夜甚至凌晨1点。越来越多的寄宿学校，为一整天集中强化学习后筋疲力尽的学生免去了路途奔波之苦。

如今，已成“企业化规模”的补习班被《纽约时报》称为“韩国教育体系的支柱”，75%的学生就读于全国10万个补习班。2012年，韩国在私人教育方面花费179亿美元。占总体消费支出的12%。宾夕法尼亚大学的研究表明，韩国是家庭在教育上花费最多的国家，许多韩国家庭近一半的收入花在补习班和著名补习班附近的“学区房”上，因为它被视为成功的跳板。

在首尔，大批无法进入名牌大学的学生在高考后花一整年参加补习班，一些著名的高考补习班甚至根据成绩高低录取前14%的学生。不过，经过一年的刻苦攻读后，这里有70%的学生可以考入全国排名前三的大学。

“在韩国，教育从一开始就是头等大事，父母通常愿意不惜一切代价确保孩子取得好成绩，并进入韩国的顶尖大学。”自2009年开始在韩国教书的肖娜·布朗恩说。教龄更长的巴里·尤斯塔斯告诉《爱尔兰时报》，韩国人从学龄前就让孩子参加各种补习班，而且“要确保他们比隔壁孩子表现得更好”。

他们的终极目标是进入韩国的“SKY”高校——首尔国立大学、高丽大学和延世大学、或包括美国常春藤盟校在内的国外名牌大学。英国《每日电讯》报称，2012年，15.4万韩国人出国留学。据韩国媒体估计，5%的韩国家庭分居，丈夫在韩国工作，而妻子陪伴孩子在海外学习。

延世大学教授金惠淑告诉彭博社，进入顶尖大学意味着政府、银行、大企业等年轻人梦寐以求的高薪工作。

韩国教育的成功付出了沉重代价

在朴惠敏就读学校的一场考试中，6名学生试着解出英国普通中等教育证书（GCSE）数学测验中的几个题目。

所有人都在规定时间不到一半时就完成作答，4人全对，另外两人只错了1题。测验结束后，他们继续做题，只是为了好玩。

韩国学生在PISA的阅读、科学和数学测试中表现突出。2011年，韩国25~34岁的人口中，64%拥有大学学位，远高于OECD国家39%的平均水平。15~29岁未就业的韩国人中，11%正在准备专业考试。

这样的教育成果令其他国家的教育部长又羡又妒。美国总统奥巴马盛赞韩国父母教育孩子的热情，并哀叹美国学生的落后。

用狂热来形容韩国人对教育的热情并不为过。正如美国《时代》周刊所说，没有对教育的痴迷，韩国不可能成为今天的经济强国。自1962年以来，韩国从民众普遍文盲发展到识字率近98%，GDP也增长了4000倍，一跃成为世界第13大经济体，比欧盟平均水平更富有。

惊人的经济增长速度得益于巨大的教育投资。《爱尔兰时报》称，韩国是一个痴迷教育的国家，教育是韩国从经济废墟中崛起的决定性因素。

韩国6~16岁的孩子可免费接受教育，2010年，韩国政府为教育投入国内生产总值的7.6%，超过OECD国家6.3%的平均水平。

“韩国教育无法生产天才。”韩国《朝鲜日报》记者苏·金告诉英国《每日电讯》报，“我们没有诺贝尔奖得主，但我们有很多三星中层经理。”

然而，争强好胜的“虎妈”和为成绩不惜一切代价的教育模式，让韩国学生在国际考试中跻身最优秀的行列，但也给他们的生活蒙上了阴影，甚至让他们付出了健康的代价。

首尔富人区昂贵的补习学校中，一个女孩告诉《纽约时报》，如果母亲消失她会感到高兴，因为母亲只知道唠叨她的学习成绩。另一位高中女生则表示，她因学习压力过大脱发、失眠。

一些学校中，1/3的学生在老师讲课时睡觉，晚上再熬夜学习。礼品商店出售特殊的枕头，让趴在课桌上打盹的学生更舒适。

更令人不安的是，学生也倾向于将学习成绩视为自我价值的唯一源泉。2010年，自杀的13~19岁青年中，53%轻生的念头源于学习成绩不佳。

有时，朴惠敏会感到筋疲力尽，但“只要看到好成绩就能忘了这一切”。母亲黄伊娟也担心女儿，但他们“别无选择”。

“韩国几乎没有自然资源，我们甚至没有太多土地，我们唯一拥有的资源是人，所以想要成功必须真正脱颖而出。作为母亲，我对这种情况感到很不舒服，但这是她实现梦想的唯一途径。”黄伊娟告诉英国广播公司（BBC）。

“你们美国人看到了韩国教育体系的光明一面，”韩国教育科技部长李周浩告诉美国《时代》周刊，“但韩国人并不快乐。”

韩国政府试图冷却对教育的狂热

晚上10点，首尔江南区教育办公室的中层官员车永哲带着5名下属，开始了例行的巡逻——突击检查在夜间开课的补习班。

街道上挤满了接孩子的家长，车永哲不慌不忙地在街角的停车场点了一支烟，开始闲聊。对于打击这一持续多年的传统，他一点也不着急。“我们得给他们20分钟左右时间，免得他们找借口。”他告诉《时代》周刊。

多年来，韩国一直感叹他们的学习效率低下，政府也曾多次试图让教育体系人性化——简化入学考试、限制补习学费，甚至在20世纪80年代一度彻底取缔补习班。

《经济学人》杂志称，为抑制补习班，韩国教育部努力推广教育广播系统（EBS），让低收入家庭的孩子可以通过电视讲座或互联网学习。但每次尝试后，对补习班的投入都以更狂热的方式归来。

2008年，首尔政府立法规定，补习班必须在晚上10点停课。但无论补习学校还是学生、家长，都想尽一切办法抵制这一法规。

据美国《华尔街日报》报道，韩国学生平均每人每年在私人教育上投入2600美元。韩国教师年收入35382欧元，高于OECD国家平均水平。外籍教师不仅免费居住在舒适的大型外籍人士社区，还可以免费享受回国机票。开私立学校的金基勋一年赚了300万欧元，“我工作越努力，赚得越多”是他的口头禅。

“我建议我的学生放弃补习班，将精力放到学校里，但如果孩子晚上不补课，家长会紧张焦虑。”高中英语教师韩允熙说，“他们知道其他学生在补课，他们必须相互竞争。”

11点，车永哲接到密报，沿着狭窄的楼梯走进破旧的建筑二楼。刺眼的荧光灯挂在低矮的天花板上，约40名学生坐在小桌前，补习班内空气污浊。

负责人愤怒地辩称这只是供学生自习的图书室，车永哲则试图安抚慌乱的十几岁的孩子：“违反规定的是补习班，不是你们。你们可以回家了。”

目前，韩国政府正试图再次为民众对教育的狂热“降温”，停止以疯狂的速度建学校、招聘教师，废除中学入学考试，以更严厉的措施禁止补习班。

美国“商业内参”网站称，2013 年韩国私人教育支出减少了 3.5%；高中生上大学的比例从 2008 年的 84%下降到 2012 年的 72%；与此同时，大学生与高中生的薪酬差距也正在缩小。

“我们仍有很长的路要走，但我们正在反思。现在我们的目标是如何使人民更快乐。”李周浩如是说。

第二节　韩国十大名校

首尔大学
（Seoul National University，서울대학교）

首尔大学全称为国立首尔大学，简称首尔大，位于韩国首都首尔，原名为国立汉城大学。前任联合国秘书长潘基文及多位韩国总统均出身于首尔大学。

首尔大学是韩国的最高学府，世界著名大学、亚洲顶尖的研究型国立综合大学之一，是亚洲大学联盟、环太平洋大学联盟（Association of Pacific Rim Universities）、东亚四大学论坛（BESETOHA）和东亚研究型大学协会（The Association of East Asian Research Universities）的成员之一。

首尔大学在 2016—2017 年 QS 世界大学排名中排名全球大学第 35 位，亚洲大学第 10 位，韩国大学第一位。该校在 2016—2017 年泰晤士（Times）世界大学排名中位于全球第 72 位，在世界大学学术排名 2016（ARWU）中位于全球第 101—150 位。

首尔大学是韩国最早的国立综合大学，其前身是日本于 1924 年创立的京城帝国大学，是日本九所帝国大学的第六所，于 1946 年由大韩民国政府改名为首尔大学，是韩国 10 所国立旗帜大学中最早建立的一所，一直是韩国国立大学的典范。

60多年来，首尔大学得到了划时代的发展，已成为韩国国内最高水平的教育与研究机构，同时也是亚洲少数进入世界综合排名前100位的高等学府。首尔大学校建校以来，一直领导着韩国学术界的发展，在国际学术排名榜中，众多领域均高踞韩国大学之首，并培养出了一批社会各界的领导人物，享有“韩民族最高学府”之称。

首尔大学拥有冠岳、莲建等2个校区，冠岳主校区有11间学院、两间研究所以及27间研究机构等。首尔大学共设有16个单科学院及研究生院、3个专科研究所（专修研究生院）、93个研究中心及支援单位。

首尔大学校徽

首尔大学校门

成均馆大学
（Sungkyunkwan University）

成均馆大学，简称SKKU，坐落于韩国首都首尔，是韩国一流大学。根据2017QS世界排名成均馆位于第106名，位列韩国综合大学第四名。作为连接韩国古代王朝高丽时期的大学，统一新罗时期的国学、高丽时期的国子监、成均馆是韩国大学教育的发源地，也是最初的国家教育机关。成均馆大学是亚太国际贸易教育暨研究联盟（PACIBER）成员。作为韩国最具影响力的大学之一，成大在韩国社会发展的各个方面都做出了重要贡献。从韩国语的创立到儒家思想的传播，成大以其特有的方式诠释着韩国的现代社会哲学。

学校背靠韩国第一大大财团——三星集团，财政实力雄厚，科研资金极为丰富。本科根据 GPA 提供 10%、20%、35%奖学金，研究生提供 50%奖学金。

学校现有 21 个学部，1027 余名教授，22000 余名学生。600 年华丽的历史上，成均馆大学又在创建新的历史，从国内大学到世界大学，再转变成为未来型大学的成均馆大学，始终如一地保持和继承民族事业，是真正的民族大学。

成均馆大学的校训为：仁、义、礼、智。它充分反映了学校的儒家办学思想。这四项基本美德表达的是人的精神、行为、意识以及智慧等四种固有的内在元素。“仁”告诫人们要充满爱心；“义”告诫人们要分清是非善恶；“礼”告诫人们要懂得容忍与宽容；“智”告诫人们要善于观察与理解。儒家思想充分肯定了人内在的优点与善良的一面，但是同时又指出这些优秀品质需要被唤醒而且需要随时滋养。这四点包含着成均馆大学建校哲学的校训，已经成为了“公正求实”的高等教育目标的基础。

成均馆大学拥有着两座美丽的校园：人文与社会科学校园以及自然科学校园。

人文社会学院：位于首尔市中心钟路区明伦洞的成均馆大学的人文科学院。延续了朝鲜时代“成均馆”一直保留下来的民族教育的传统。由于学校位于具有古典美的明伦洞和青春气息的惠化相交汇的大学路，更增添了人文校园固有的魅力。

自然科学学院：位于水原市的自然科学学院是国内最高水准的医科大学及优秀的理工科学部，拥有着最顶尖设备与设施的研究所，并始终遵循着理论与实际相合的教育方向，尤其基于与环球企业者三星集团的合作，逐渐发展成为了尖端学科的中心地。

成均馆大学校徽

成均馆大学

汉阳大学
（Hanyang University，한양대학교）

汉阳大学建校于1939年，是一所在理工大学的基础上发展而来的综合大学，因此其理工科系的竞争力在韩国名列前茅[1]。汉阳大学是AACSB认证大学之一，在2017年QS世界大学中位列155名，在中央日报2016年韩国大学综合排名中位列第2名。

汉阳大学的前身是韩国实业家白南金连俊博士于1939年建立的东亚理工学院。1945年更名为建国技术学校。1948年7月更名为汉阳理工大学。1959年升格为综合大学并更名为汉阳大学。

据2017年3月学校官网显示，学校拥有首尔和ERICA两个校区，23所单科大学（学院），21所大学院（研究生院），118个附属机构，校园面积1721601平方米，有教职员4686名，在校学生35324名。

汉阳大学的校训是：爱之实践，这包含了人类社会的所有价值。通过教育和学习让每个人的价值得以实现，让社会更加富饶，让祖国更加强大，这一直都是汉阳学园努力的方向。在这片土地上，汉阳学园培养出来的人才流淌着充满爱的汗水；在这个国家的土地上，到处都能感受到兼具品味与智慧的韩民族的自豪感。

无论何时，汉阳人都是先以他人为重；无论做什么，汉阳人都会先考虑他人进而做出明智的选择。正是由于这种竭心尽力为他人奉献的精神，汉阳人才能获得他人的信任，才会受到世人的尊敬。“爱之实践”既是汉阳学园的教育理念，也是汉阳学园的教育果实。勤勉、正直、谦逊、奉献四种优良品德正是“爱之实践”理念的具体表现。

汉阳教育学生理解并实践爱；培养学生具备勤勉、正直、谦逊以及奉献的品格；提高学生崇尚学问的精神；将学生培养为不仅限于自我实现，更要为区域社会、为祖国与同胞，甚至为全人类做出贡献的伟大的爱的实践者。

汉阳大学校徽

汉阳大学

延世大学

（Yonsei University，연세대학교）

延世大学位于韩国首尔，是一所基督教私立研究型综合大学，位列韩国顶尖大学第 2 位，与首尔大学（Seoul National University）和高丽大学（Korea University）被称为韩国大学的一片天（S. K. Y. ）。

延世大学创建于 1885 年，是韩国历史最为悠久的大学之一。2011 年，该校在亚洲大学中排名第 16 位，在法国国立巴黎高等矿业学校（EMP）基于各校毕业生在《财富》杂志发布的世界 500 强企业中担任首席执行官的人数指标进行的世界大学排名中列第 89 位。2015 年，该校在 QS 世界大学排名中排在第 105 位。在 2016—2017 年泰晤士（Times）世界大学排名中位于全球第 251～300 位。

延世大学有首尔、原州、松岛三个校区，学科设置齐全，特色鲜明。延世大学文科学院是延世大学历史最悠久的学院之一，并逐渐发展成为韩国历史上优秀的人文教育基地。在推动语言文学的发展、研究及教学上，延世大学校具有极其突出的成就和贡献，在艰苦历史中为弘扬爱国精神和学文精神做出了巨大贡献。学院的欧洲语言系和社会科学系设有韩语言文学、汉语言文学、英语言文学等 11 个专业。

延世大学的校徽是一个盾牌，盾牌中的“ㅇ”代表以完美无缺的理想世界为目标的完整人格，“ㅅ”意味着奠定坚实基础，在博学的基础上树立专业的治学态度。此外，“ㅇ”意指天，“-”意指地，“ㅅ”意指人，即象征着延世大学的教育根本是“天，地，人”之“三才”。同时“书”意指真理，“火炬”意指自由，“盾牌”意指保护着这两个理念的实践。

延世的象征——雄鹰雕像，是用学生自发组织募捐到的700多万元韩币建成的，于建校85周年的1970年5月9日举行了揭幕仪式。在校园里树立一座雄鹰雕像！这个学生们盼望已久的愿望终于得以实现。雄鹰雕像的规模是：总高12.3米，四角塔高8.5米，在塔上是一个用2.5吨青铜打造的雄鹰，雄鹰高度为2.6米，宽度为5.2米。雕像背面刻写着学生总会建雕像的初衷，在四个突出部分，雕刻着守护着延世的历史，守护着韩国的知性，守护着人类的真理与自由的延世人的形象。

연세대학교
YONSEI UNIVERSITY

延世大学校徽

延世大学

高丽大学

（Korea University，고려대학교）

高丽大学（Korea University），简称高丽大，是韩国最大的私立研究型综合大学，始建于1905年，是根据韩国最初民间资本设立的高等教育机关，坚持救国之路在于培养教育力量即“教育救国”，至今拥有一百多年的历史，是亚太国际教育协会发起成员、亚太国际贸易教育与研究联盟（PACIBER）的成员和Universitas 21的创始会员，世界大学100强之一。高丽大学学习环境优良，在100年的成长历程中，在教育和培养杰出的韩国青年方面起着表率作用，并做出了卓越贡献。

高丽大学有2个校区，分别是安岩校区（位于安岩洞）和世宗校区（位于世宗特别自治市），有17个学院，下属83个系。除研究生院外，高丽大学还建有承担广泛研究项目的6个专业研究所以及5个研究学会，经常组织研讨会、讲座等，其中如亚洲研究中心、高丽文化研究中心等，都享有国际盛誉。

高丽大学的图书馆是全韩国最古老、条件最好的图书馆之一，建于1973年，已发展了几个分馆，包括中心图书馆、研究生图书馆、科技图书馆、联合国藏书馆、首昌分校图书馆、医学图书馆、亚洲研究中心图书馆等，总藏书量90万册，其中有不少珍贵的稀有版本；还有1万多种微缩收藏品。与韩国其他大学图书馆不同的是，该校图书馆特别收藏了联合国出版刊物，自1957年建成以来，联合国藏书馆容纳了约2.5万册书及300多种期刊。

高丽大学的博物馆是韩国第一家大学博物馆，建于1934年，有近10万件收藏品。

高丽大学要求每个学生所学课程包括：必修基础课程、跨学科课程（人文科学、社会科学、自然科学）、普通课程、普通专业课程、基础选修课、专业必选课程等。必须获得所在院或系要求的最低学分数后，学生才能毕业。学校有许多期刊和报纸，有学生主办的报纸、英文期刊、商业管理通讯、教育通讯等，还有其他一些各系主办的出版物。你可以通过更多的方式获得知识，也可以加入其中，体验其中的乐趣。

每年5月5日是校庆日，这一天要举办大型的、精彩的花岗石宝塔节庆祝活动。从1946年起，高丽和延世两所大学每年举行一次运动会，促进了大学间的友谊，在发展现代民族体育方面发挥了先锋作用，在韩国现代体育史上具有重大意义。

高丽大学校徽

高丽大学校园风光

西江大学
（Sogang University，서강대학교）

西江大学一所由美国的教育传教士于1960年创立的大学，是韩国著名大学之一，也是韩国常春藤盟校之一。学校首尔的西部，交通方便，现有学生10，000多名，是韩国小而精的名校；此外，西江大学是人文社科研究的传统强校，在韩国社会享有盛誉，已加入亚洲基督教大学协会（ACUCA）并获得国际商学院协会（AACSB）认证。在2016年韩国《中央日报》发布的韩国大学排名位列前十，最出名的专业是国际贸易和经营。

西江大学拥有优秀的教师团队，高品质的教学质量，现代化的教学设施，在韩国客户满意度调查中，多次位居韩国大学首位。西江大学的许多专业在世界领域内都处于领先地位，，为社会输送了许多优秀的人才，其中就包括韩国历史上首位女总统朴槿惠，为繁荣韩国和世界经济、文化做出了贡献。

西江大学拥有人文科、国际文化、社会科学、法学系、经济学部、经营学部、自然科学学部、电子工学计算机部、化学工学机械工学部等9个教学单位，涵盖国语国文系、史学系、哲学系、宗教学系等23个专业。

西江大学校徽

西江大学校园风光

梨花女子大学
（Ewha Womans University，이화여자대학교）

梨花女子大学是韩国首尔历史最悠久的大学之一，建校于1886年，原名“梨花学堂”，是朝鲜高宗皇帝和明成皇后为纪念当时首先在韩国开创女子教育的循道卫理会医生 Scranton 的太太而命名的。1948年改名为梨花女子大学。

学校拥有学科34个，直属附属机构33个，终身教育院1个、远程终身教育院1个，附属医院1个，附属学校4个，并设有学校2个。学校研究生院共开设有6个学部、60个系（共计66个）的硕士研究生课程；6个学部、59个系（共计65个）的博士研究生课程；6个系间合作课程；21个产学研合作课程（博士研究生课程21个）。

梨花女子大学图书馆建立于1923年，图书馆馆藏丰富，收藏有国内外书籍、期刊、视听资料，以及学术数据库、电子期刊、电子图书、视频讲座等多媒体资料。图书馆提供各种服务，举办各类活动，为梨花师生的教学、研究、学习及文化活动提供支持。

梨花女子大学设有博物馆群，包括“梨花历史馆”“100周年纪念博物馆”“自然史博物馆”等，其中：“梨花历史馆”始建于 1989 年，2006 年梨花女子大学建校 120 周年之际，予以重建，内设行政室和收藏库，提供用照片谱写的梨花历史常设展览；“100 周年纪念博物馆”始建于 1935 年，当时正处于日本殖民地时期，在建校 100 周年之际，翻建开馆，内有 11 件国宝、3 件重要民俗资料，此外还有很多具有艺术和学术价值的文物和作品；“自然史博物馆”始建于 1969 年，1997 年修建了面积达 600 多平米的大楼，设有研究室、课堂、展览室、收藏库等，展览室中设有植物区、昆虫区、无脊椎动物、脊椎动物、地球科学区等主题区。

梨花的校徽以纯银为材料，整体形状是有五片花瓣的梨花，梨花里面有两个圆圈，这两个圆圈中间的上方有十字架标志，下方有太极标志。上部和下部自左上右分别环绕“梨花女大”和“EWHA W. U.”，这中间有创校年度“1886”和综合大学成立年度“1945”。小圈里面有国宝第一号南大门，其下部“真、善、美”三个字排列成三角形。校徽的整体形状是梨花，梨花不仅是校名，而且也象征德才兼备、气质高雅的学生们所拥有的贤惠和纯洁的气质。表示万物生成基础的太极是东方哲学的象征，也是韩国国旗太极旗的图案。南大门代表韩民族，而“真善美”标志着梨花的精神，即梨花教育的终极目标：积累智慧和知识，促进人类社会的共同善，培养追求美的艺术情操。顶着“真、善、美”三个字敞开的大门和窄道象征着梨花要达到真善美这一目标而必经的艰难途径。

梨花女子大学校徽

梨花女子大学校园风光

中央大学
（Chung-Ang University，중앙대학교）

韩国中央大学（중앙대학교／中央大学校）是韩国一所顶尖综合大学。目前，中央大学整体综合竞争力排名全韩名列前茅[1]（2016），以表演系、电影系、摄影系和新闻系最负盛名，在全韩国高校同专业学科中均排名第一。其中，戏剧表演系和电影系研究生院是全韩国最高的戏剧影视表演学府，培养出了众多顶尖的演艺界和文化界人士。韩国的大企业斗山集团2008年起作为中央大学的财团以后，学校做出了重点发展扶持理工科专业的战略性调整，大幅度的财政支持也使得中央大学的综合竞争力得以进一步提升。

学校现下辖12个单科大学以及17个研究生院，在校生33600余名，硕、博士研究生6400余名，专任教授1300余名。中央大学根据韩国法律成立了“中央大学法人”基金会，旗下除中央大学以外，还拥有大学附属幼儿园、小学、中学、高中和两所附属医院。

中央大学的重点目标是实现大学教育的国际化和校园建设世界化。为实现这一目标，学校积极扩大国际交流，与世界名牌大学缔结了友好合作关系。现与世界40多个国家的230多所大学签署了校际交流合作协议。学校每年派遣约400名交换学生到国外大学就读，同时，也接纳约200多名外国学生来中央大学就读。中央大学未来建设的总体目标是在2018年，即建校100周年时争取进入世界100强名牌大学的行列。

中央大学以追求和实现“正义与真理”为办学的理念，力求通过学校的教育，使学生不断追求真理，在社会实践中坚持主持正义。中央大学的培养目标是：培养既具备良好的专业基础知识，又为正义勇于献身的优秀人才；清醒地认识社会发展趋势，培养发展实用性世界尖端科技人才；培养既具备扎实的专业基础理论，又勇于独立研究创新的开拓型优秀人才；培养为国家和社会的发展做有益贡献的世界型优秀人才；培养学习研究外国文化，继承和发展本民族优秀文化传统的专家和学者。

为及时适应竞争发展的国内外新形势，2002年10月11日，在纪念建校 84 周年之际，中央大学宣布了重新调整和确立的发展中央大学校的总体规划 UI（University Identity）。在 UI 中，为体现中央大学发展成世界一流大学的宏伟战略目标，在规划标题上引用了英文“Word Mark”字样，与中央大学的因特网址英文字节相结合，大学的公开标识正式定为英文缩写：“CAU”，以此显示中央大学满怀信心迈向世界一流大学行列的雄心壮志。

中央大学校徽

中央大学校园风光

首尔市立大学
（University of Seoul，중앙대학교）

首尔市立大学是首尔著名的国公立大学，设立于 1918 年，1981 年正式更名为首尔市立大学并设立了大学院。以“真理、创造、奉献”为校训。现有 7 个大学院，7 个专科学院，7 个大学部，27 个学科，其附属机关有中央图书馆、博物馆、电子计算所、大学保健所、视听觉教育院、社会福祉院、大学言论院、体育馆、出版社等。

首尔市立大学的教育目的是研究和教授深奥的学术理论和应用方法，培养有指导能力的人才，使学生们成为能为国家和人类社会的发展做贡献的人，同时能提高首尔市民的生活质量和文化生活水平。

首尔市立大学的教育目标是：培养出具有宽厚的教养、掌握深奥的学术理论和创新的专业技术的知识分子；培养出以诚实、勤勉为根基，能担当责任和义务，拥有健全人格的民主市民；培养出具有应对日新月异的未来社会变化的适应能力，以及逐步养成新文化的创造力，能够为首尔特别市、国家、甚至人类社会的发展做贡献的领导者。

首尔市立大学现有学生本科 8000 人，研究生 2700 人；教员中教授 350 人，助教和其他教授 640 人，行政员工 270 人；与美国、日本、匈牙利、波兰、澳大利亚等国外 7 个国家 12 个大学签署了学术交流协议，并设有校内外 45 余种奖学金。

在新任校长元允喜的带领下，学校确立的目标是向着国内第一方阵，世界知名的高水平研究型大学目标迈进。该校制订的计划显示 2018 年将成为韩国国内排名前 5 名的综合性大学。

首尔市立大学校徽

首尔市立大学校园风光

庆熙大学
（Kyung Hee University，경희대학교）

庆熙大学（Kyung Hee University），是韩国最著名的高等学府之一。创办于 1949 年，该校至今开设了人文、社会、理工、医学、艺术、体育等方面的 100 多个专业，其中在经营学、经济学、医学、新闻信息学方面占据突出地位，并且正积极引入酒店观光经营学等新学部制度。

庆熙大学在 2014/2015 年 QS 世界大学排名中位列韩国综合大学最前列[2]，2014 年 QS 亚洲大学排名中位列第 37 名[3]。2015 年 QS 亚洲大学排名位列第 38 名。2016 年 QS 世界大学排名三百强（264 位），作为“大韩民国政府邀请外国人奖学金课程”韩[4]国语研修机关，韩国语教育水平处于领先地位。

韩国第19届总统文在寅于1972年入读庆熙大学法学院。

庆熙大学现有三个校区十六个大学院及123个科系，分布在韩国的首尔、龙仁和光陵。现已是代表韩国的最佳私立大学之一。该校至今开设了人文、社会、理工、医学、艺术、体育等方面的100多个专业，其中经营学、经济学、医学、新闻信息学方面的研究业绩尤为突出，而且正积极引入酒店观光经营学等新学部制度。学校进一步加快国际文化交流的步伐，陆续推出了适于留学生的语言课程和国际学生（教授）交换计划，并先后与56个国家的298所大学建立了学术交流协议。

庆熙大学研究生院成立于1954年，其教育目标是最大限度的支援和保障学问的创造性和学问研究的自律性，通过全人教育、情绪教育、科学教育、民主教育，培养社会需求的合格人才，培养具有独立研究能力的人才，培养具有国际竞争力的人才，为建设民主，福利社会做出贡献。

为了满足中韩两国经济、文化交流与合作的需要，大学专门开设跆拳道、书法、电脑、韩国歌曲、韩国语课程给留学生。该教育学院教学环境优美，教学设施优良，并配有专职教师为学生在韩国期间的学习、升学及发展提供帮助，以利于留学生体验韩国文化，培养世界知识型人才。

庆熙大学校徽

庆熙大学校园风光

第三节　韩国的终身教育

韩国终身教育振兴院

“韩国终身教育振兴院（National Institute of Lifelong Education，NILE）”成立于2008年，是由原韩国自学学位考试院、学分银行中心（CBS）以及终身教育中心（NCLE）三个部门整合而成的。振兴院直接由韩国教育科学技术部领导、提出研究课题、给予财政支持、开展研究审查和监督，振兴院具体负责终身教育研究及体制运营管理，执行终身教育法律、政策等。

组织结构

“韩国终身教育振兴院”组织架构如下图：

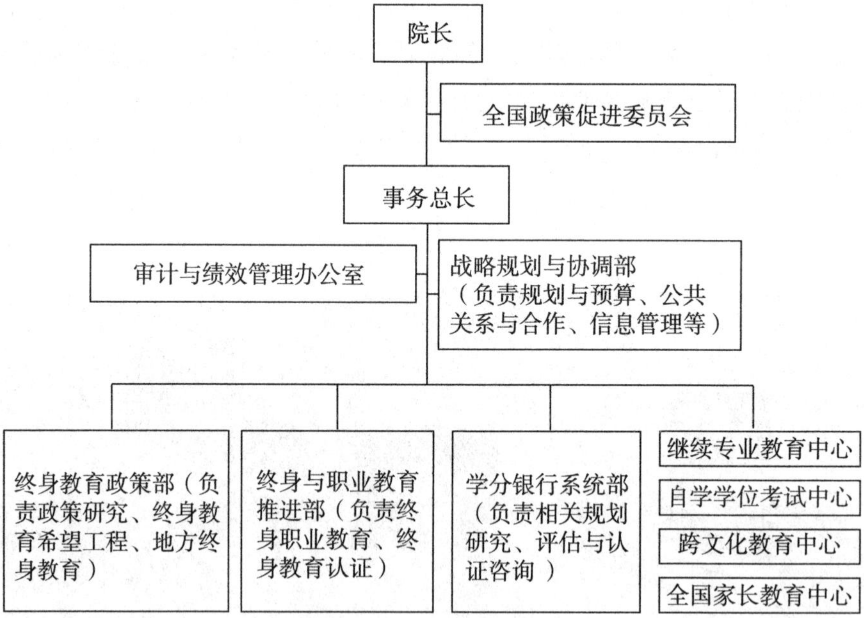

韩国终身教育振兴院组织机构图

价值与战略

韩国终身教育振兴院是韩国终身教育的中枢机构，围绕五大核心价值建立，分别是：持续的成长（Growth）、开放的思考（Openness）、目标的达成（Achievement）、高度的信赖（Reliability）、社会责任感（Accountalility）。

韩国终身教育振兴院设有三大战略，每项战略下面又对应有相应的目标，具体见下表：

战略	目标
以学习者为中心，建立先进的服务设施	提高服务质量 改善终身教育信息体制 协力构造服务网络 改善项目管理及评价
为了终身教育更好的发展，开展具有基础作用的教育项目	构造以实践为中心的成果管理体制 形成实用的、革新的组织文化 提高机构运营的透明度和社会责任感 提升群众的满意度
为了增强终身教育竞争力，加强教育成果管理	强化终身教育从业者的专业性 提高项目管理和评价质量 建立终身学习的文化氛围 拓展学习结果及评价认证制度

实践项目

韩国终身教育振兴院自建立以来，在理论研究和实践研究方面都开展了大量工作，形成了较为丰硕的成果，特别是在实践方面，为韩国学习型社会建设做出了巨大贡献。

1. 持续推行20世纪90年代建立起来的学分银行制度、自学本科项目，为更好满足大众的终身学习需求搭建平台。

2. 建立广泛的合作网络。振兴院的研究和实践工作离不开其广泛的合作网络，包括：韩国国家开放大学、韩国广播公司（KBS）、首尔国立教育大学、韩国职业教育与培训研究院、联合国教科文组织韩国全国委员会等，以及澳大利亚成人学习协会（Adult Learning Australia）、越南教育科学研究院、丹麦奥胡斯大学（Aarhus University）的丹麦教育学院等。

3. 针对不同人群和教育目标，与实践部门共同开发了六大教育项目，包括：基础扫盲教育、学位教育、文化艺术教育、公民与志愿者教育、职业教育、人文教育。例如，目前韩国尚有260万位19岁以上的成年人不能正常阅读或理解韩语，振兴院致力于为文盲和移民人群提供再教育项目。

4. 实施针对社会弱势群体的“终身教育希望工程”（Hope Lifelong Education Project）。

5. 开展终身教育城市项目评选。

6. 为地方终身教育中心建立和发展提供经费、信息和咨询服务。

7. 建立统一的学分账户。全体国民不同场合的学习经历（包括博物馆、图书馆、学校附属教育机构、远程教育机构、职业培训中心等），都可以在他们的在线学习账户上累积起来，以备未来就业或聘任之用。

8. 除了学分银行、自学学位项目，振兴院还与教育科学技术部联合在全国25所高校建立了终身教育中心，针对在职工人提高职业技能、中年人群取得本科学历或投身创业而设计各类成人教育课程。

9. 建立全国家长教育中心，出台家长教育的相关政策，根据家长需求提供教育服务。

10. 促进终身教育文化的传播。每年选择一个终身学习型城市，向其颁发终身学习奖项，举办国家“终身学习博览会”（Lifelong Learning Expo）（2012年之前，韩国连续举办了十届“终身学习节”；2012年后，为了扩大规模和影响力，此活动改名为“终身学习博览会”），意在弘扬终身学习文化。

● 韩国终身教育法

韩国1999年8月31日正式实施《终身教育法》。该法律是建立在韩国社会教育的基础之上，但其涵盖的范围和类型已经远远超出了原来社会教育的内容。韩国制定《终身教育法》的宗旨是：建立开放教育社会、终身学习社会，营造保障国民学习权和选择权的学习风气；提高终身教育课程进修者的待遇和满足终身学习的需要，把以学历为主的社会转变为以实际能力为主的社会，扩大成人教育机会和提高高等教育的素质，使国家和地方自治团体的终身教育得到强化，培养知识人力开发产业和教育训练产业。

《终身教育法》立法进程

1967 年 8 月，联合国教科文组织韩国国家委员会主持召开“终身教育发展研讨会”，此时，终身教育在韩国开始兴起。1983 年韩国政府修订并颁布宪法第 31 条第 5 款：国家提倡终身教育，第一次将终身教育思想提高到国家意识层面。

20 世纪 90 年代末，韩国政府起草并通过了《终身学习法》草案，于 1999 年 8 月正式颁布并实施该法，同时将其更名为《终身教育法》。《终身教育法》规定了保障全体国民均能享有接受终身教育权利的原则，同时也确认终身教育不得被利用于政治宣传和个人偏见，及致力于满足公民对于终身学习需求的宗旨，而最终目的在于建立一个开放的、延续的学习型社会。2008 年 2 月韩国政府颁布《终身教育法实施细则》。该法明确界定了终身教育的概念；改变了终身教育原有的支持体系，采用国家、省级、基层三级推动体制；明确规定了终身教育专职人员的培养与培训机制；该细则还清晰了《终身教育法》与其他法律的关系，明确了学校推进终身教育的责任与义务。《终身教育法实施细则》不仅使得 1999 年制定的《终身教育法》更加具体与完善，还是一部较为完整的具有当代理念并颇具可操作性的终身教育立法，它充分体现了韩国社会对于终身教育发展模式的思考。

为了让韩国能够有充分准备以应对人口老龄化、全球化、地方化等社会变迁，韩国分别于 2007 年 12 月、2013 年 3 月重新修订了《终身教育法》。

《终身教育法》的主要内容

韩国《终身教育法》共有五章三十二条内容，另设附则七条内容。五章的主要内容是：

第一章　总则，描述《终身教育法》的立法目的，用语定义以及组织终身交由的有关法则；

第二章　明确中央与地方的人物，对进行终身教育的机构、职能、财政支持、经费筹措给予规定；

第三章　设立终身教育士，以推动工作；

第四章　规定终身教育的主要设施是：各级学校、企业教育机构、远程教育、事业机构、舆论机关和社会团体；

第五章　终身教育的学分管理及执行本法不力者予以惩罚及规则。

《终身教育法》的立法特色

韩国的终身教育起步早，发展完善，影响深远，其特色简要总结如下：

1. 独立专门的政策法规和完善的终身教育机构网络

从 1982 年的《社会教育法》到 1999 年的《终身教育法》再到 2008 年的《终身教育法实施细则》，韩国一直在探索和完善专门的终身教育法规。与之相对应，韩国的终身教育机构网络建设也较为发达。过去韩国的终身教育由政府多个部门来负责，现在由韩国教育部主管。终身教育的主管机构是教育研究开发院，由教育研究开发院设置专制单位，并做统一的事务管理。在国家中央建立终身教育中心，下设教育中心运作室、学分银行运作室、人力资源研究室三个主要工作部门；在 16 个大市、道设 16 个地区终身教育信息中心，20 个乡镇市郡、区成立终身学习中心、终身学习馆。地方终身教育机构有：首尔终身教育中心、省级地区终身教育信息中心、地区终身学习讲堂，形成了一个终身学习信息交流网络。

2. 制订终身学习计划，健全网络远程教育

2002 年 1 月 29 日，韩国教育与人力资源发展部制定并公布了《发展终身教育的综合计划》，其初衷是为了使各年龄阶段的人都能学到自己想学的知识和技能，他们的学习成果能够得到客观的评价。这个计划包括 27 项国家和地方的主要任务，包括：扩展终身教育的框架平台，并给终身学习者提供平等机会的项目；鼓励大力发展终身教育的相关项目；促进地方文化蓬勃发展的项目；加大针对弱势群体进行终身教育扶持的项目；提供终身素质教育的项目；启动在职终身教育发展项目等。依照终身学习计划的需要，《终身教育法》规定，国民有权利用通讯信息媒体向特定或非特定的人群实施远程教育，或者提供多样的资讯。目前韩国建有完备的互联网系统，因此，利用网络资源，韩国大力发展远程教育，并在《终身教育法》中规定，远程大学（以远程教育为形式的成人教育大学）在办学上享受与其他

高等院校相同的待遇，毕业生与其他高等学校的毕业生一样可以申请相应的学位。

3. 推行学分银行制，大力发展公共图书馆服务

为提高非正规教育在整个教育领域中的地位，并激励人们参加终身学习，从1988年起，韩国实施“学分银行制”，即允许认同校内外不同的学习经历。“学分银行制”是对学习者学习成果的认可，是一种学分累计制，凡是拿到高中毕业证书和同等学习背景的人都可以申请注册。每个人学习课程的成绩经有关部门审核便可以得到学分，学分可以一直累计到规定标准（学士学位140学分，两年副学士为80学分，三年副学士为120学分）便可以顺理成章地拿到学位证。“学分银行制”使得学习者在选择就读学校上掌握了很大的主动性，在学者学习科目方面也有了更大的灵活性，有利于学习者专业和个性发展。目前，韩国可以通过以下四种途径获得学分：第一，通过完成可以评价和认定的课程；第二，通过自学并通过规定的考试；第三，通过法定的职业资格；第四，通过获得经注册的业余学习。学分认定工作已经由政府委托韩国教育开发院负责。公共图书馆为实施终身教育提供了良好的资源支持，为公民提供了丰富的藏书、良好的学习场所和各种讲座，开展各种读书和学习活动，提高公民的文化素养和各种能力。

韩国终身教育师制度

韩国一向重视终身教育工作者的培养工作，自20世纪80年代开始实施终身教育师制度，并根据学习型城市建设发展步伐适时进行了调整和完善，努力建设一支专业化、职业化的终身教育工作者队伍。

终身教育师制度的起源于沿革

韩国《终身教育法》（2013. 3. 23）第二十四条第2项规定，终身教育师是指“为了振兴终身教育，能在终身教育实践中全面负责终身教育项目的企划、实施、分析、评价及授课等相关业务的现场专家。”

韩国终身教育师制度的发展大致可以划分为两个阶段：社会教育要员时期（1983. 9—2000. 3）与终身教育师时期（2000. 3至今）。韩国制度建设

想来具有立法先行的特点，终身教育师制度也不例外。社会教育要员设置的法律依据是《社会教育法》（1983. 9 和 1989. 2）及《社会教育法实施令》。根据相关条款规定，社会教育要员实行分级制，共分为 1 级和 2 级两个级别。每个级别都有对应的资格条件，主要体现在申请者的学历、社会教育学学分数目以及实习时间方面。

2000 年 3 月，《终身教育法》颁布，原有的《社会教育法》废止，“社会教育要员”的名称也相应变更为“终身教育师”，并沿用至今。终身教育师由高到低分为 3 个级别，分别是：1 级、2 级和 3 级，不同级别的申请者应具备的资格条件进一步细化，学历、学分、必修科目、选修科目以及实习时间等方面的规定更加详细。

2007 年 9 月与 2013 年 3 月，《终身教育法》分别进行了两次全面修订，与之相应，终身教育师的资格条件也进行了部分调整，特别是 2013 年 3 月新修订的《终身教育法》与之前历次规定相比，每个级别对应的资格条件最鲜明的变化是：1. 放宽了准入条件。通过学分银行、自学考试取得学位或者具有同等学力的申请者也可以申请相应的级别。2. 提高了晋级要求。以往申请者拥有社会教育学专业的硕士或博士学位即可直接获得 1 级资格证书的规定被取消，终身教育师 1 级的唯一条件便是拥有 2 级终身教育师资格证书，从事终身教育业务满 5 年且通过国家终身教育振兴院的晋级考试。

终身教育师的资格条件与配置标准

1. 资格条件

韩国现行终身教育师制度分为三级，每一级都有对应的学历、学分或者业务经历方面的要求。

表 1　韩国终身教育师资格证书申请条件一览表

等级	适用对象及条件	学分要求
1 级	持有终身教育师 2 级资格证书且从事终身教育业务满 5 年	通过国家终身教育振兴院实施的 1 级晋级课程

续表

<table>
<tr><th>等级</th><th colspan="3">适用对象及条件</th><th>学分要求</th></tr>
<tr><td rowspan="6">2 级</td><td>学位课程</td><td colspan="2">研究生院在读学生（硕士或博士）</td><td>15个学分(必修5门,仅限研究生院课程)且获得硕士或博士学位</td></tr>
<tr><td rowspan="5">非学位课程</td><td colspan="2">大学毕业生</td><td rowspan="4">30 个学分（必修 5 门，选修 5 门）</td></tr>
<tr><td colspan="2">通过学分银行制获得学位的学生</td></tr>
<tr><td rowspan="2">大学（研究生院）毕业生</td><td>大学自学考试</td></tr>
<tr><td>指定的学分银行教育机构</td></tr>
<tr><td colspan="2">终身教育师 3 级且具有 3 年终身教育业务经历</td><td>通过国家或市道终身教育院的终身教育师 2 级晋级课程</td></tr>
<tr><td rowspan="6">3 级</td><td rowspan="2">学位课程</td><td colspan="2">大学毕业生</td><td rowspan="4">21 个学分（必修 5 门，选修 2 门）</td></tr>
<tr><td colspan="2">通过学分银行制获得学位的学生</td></tr>
<tr><td rowspan="4">非学位课程</td><td rowspan="2">大学（研究生院）毕业生</td><td>大学自学考试</td></tr>
<tr><td>指定的学分引航教育机构</td></tr>
<tr><td colspan="2">具有 2 年以上终身教育业务经历</td><td rowspan="2">通过国家或市道终身教育振兴院的终身教育师 3 级课程</td></tr>
<tr><td colspan="2">具有 1 年以上终身教育业务经历的公务员或中小学教师、学历认证终身教育机构的教师</td></tr>
</table>

资料出处：[韩] 国家终身教育振兴院终身教育师资格管理网页

从表 1 可以看出，无论是学位课程还是非学位课程，都明确规定了必修和选修课程的数量。其中，必修课程为：终身教育论、终身教育方法论、终身教育经营论、终身教育项目开发论、终身教育实习（4 周）。选修课程分为两类：一类是实践类课程，包括儿童教育论、青少年教育论、女性教育论、老年教育论、公民教育论、识字教育论、特殊教育论、成人学习与咨询；另一类是方法论课程，包括教育社会学、教育工学、教育福利论、社区教育论、文化艺术教育论、人力资源开发论、职业就业设计、远程（E-learning 网络教育）教育论、企业教育论、环境教育论、教学设计、教育调查方法论、咨询心理学。无论是实践类课程还是方法类课程，申请者都需要分别选择至少一门。此外，具备了相应级别申请资格的申请者可将申请材料递交至大学或者培训机构，由它们代为提交至韩国终身教育振兴院。资格审核通过后，韩国终身教育振兴院即可办法资格证书。

2. 配置标准

根据《终身教育法》（2007. 12. 14）第二十六条和《终身教育法实施令》第二十二条附表的规定，韩国终身教育师在终身教育机构中的配置标准如下：

1）国家及市道（相当于我国省级行政区）终身教育振兴院：终身教育师总人数 5 人以上，其中 1 级终身教育师不少于 1 人。

2）市（郡/区）终身学习馆：正式职员 20 人以上，1 级或 2 级终身教育师 1 人，总人数不少于 2 人。不满 20 人的机构，1 级或 2 级终身教育师 1 人，总数人数不少于 1 人。

3）法律第 30~38 条规定的终身教育机构（学历认证的终身教育机构除外）、学分银行机构、根据其他法律成立的以终身教育为目的的法人或团体：终身教育师不少于 1 人。

终身教育师的工作岗位及业务范围

1. 工作岗位

韩国法律认定的终身教育机构共分 12 类，每一类终身教育机构都是终身教育师的工作场所。具体内容参见下表。

表 2　终身教育师工作场所分类

序号	终身教育机构类别	例
1	终身教育职能机构	韩国终身教育振兴院、市道终身教育振兴院、市区终身学习馆、村镇社区幸福学习中心
2	地方政府与教育厅	市政府、道政府、区政府与终身教育有关的部门，教育厅、教育支援厅与终身教育有关的部门

续表

序号	终身教育机构类别	例
3	学校及学校附设的终身教育设施	中小学、大学，中小学及大学附属的终身教育设施、广播电视高中、公民学校等
4	远程大学形态的终身教育设施	韩国广播放送大学
5	媒体、企业、公司设立的终身教育设施	电视台、广播电台等单位内设立的终身教育中心等，企业的人力资源开发进修中心、拓展训练中心等，百货商场、购物中心或大型超市内附设的终身教育设施
6	市民社会团体设立的终身教育设施	教会、妇女权益保护中心等
7	成人识字教育机构	各类扫盲教室、老年人信息培训中心等
8	学分银行机构	国家指定的学分银行教育机构等

资料来源：根据［韩］教育部终身学习政策科，终身教育师资格证运行发给方针［Z］。

3. 业务范围

根据韩国《终身教育法》（2013. 3. 23）的规定，终身教育师的主要职能有：一是从事终身教育项目的需求分析、开发、运行、评价与咨询；二是向学习者提供学习信息，为学习者进行终身能力开发咨询、终身教育授课；三是其他与终身教育振兴有关的项目、工程企划等业务。韩国终身教育振兴院将终身教育师的具体业务分为8个版块：

1）调查分析：学习者特征及要求调查分析，终身学习资源调查及SWOT分析，终身学习项目调查分析，制作终身学习区域地图，终身学习参与率调查与统计数据分析等。

2）企划规划：制定终身学习愿景及战略；建立终身学习推进体制；编制终身学习中长期及年度规划；制定单个终身学习项目规划，终身学习庆典规划；制定终身学习公开招募项目书；编制终身学习预算计划。

3）网络化：构建终身学习网络体系，促进人力物力资源的网络化；促进合作伙伴关系的形成；建设线上网络体系，建立终身学习资源及信息数据库；促进协会委员会的活动；说服并确保资助力量的投入；促进终身教育师的赋权增能。

4）项目开发：项目可行性分析；项目分类和优先排序；确定项目的目的、目标，制订项目实施计划和宣传彩页；确保项目的资金支持；促进项目特色化、品牌化、文化资产化。

5）促进指导：促进终身学习参与；终身学习者人力资源开发；培养学习社团实践指导者；培育开发终身教育团体；促进终身教育志愿服务活动；促进终身学习共同体和文化的形成。

6）咨询顾问：学习者状况分析；学习障碍、学习水平的诊断分析；基于人生周期的职业设计与分析；学习者的跟踪管理与指导；终身学习线上线下信息提供；运行终身学习聊天室；对委托单位进行咨询与指导。

7）评价报告：制定终身学习成果指标；目标与发展业绩的对比分析与评价；制作与发表评价报告；发掘、评价学习社团；终身学习影响力评价；终身学习成果管理及数据库构建；优秀案例分析及推广；评价项目公开招募企划书；整理创新成果。

8）行政经营：撰写国际及地方政府终身学习公文；撰写终身学习负责部门业务报告；反映广域及基础自治团体掌管的关注事项；监测与审计终身学习馆；生成、保管终身学习审计资料；促进终身学习机构高效经营；改善终身学习机构的经营收支。

韩国终身教育师制度以《终身教育法》以及《终身教育法实施令》为依据，规定了终身教育师的定义、业务范围、资格条件、晋级办法以及配置标准，为这一制度的实施提供了法律保障。韩国终身教育振兴院组织人力，相继开发了配套措施，制订了终身教育师培养方案，选定资格课程、晋级课程，这些课程与终身教育师的业务相关性很强，对于实习、工作经历方面的要求强调的是工作场所的学习，有利于将职前培养、职后进修贯通起来，使得终身教育师的专业化和职业化统一起来。

第四章　军事国防

第一节　全民兵役制度

韩国军事是东北亚地区一支现代化程度较高的重要军事力量，也是朝鲜半岛局势的重要影响因素。由于朝鲜半岛的南北对峙，韩国目前仍然实行义务兵役制，并维持着相当规模的军队。

韩国实行三军联合体制，总统是军队的最高统帅。国防部是在总统统率之下的最高军事行政机构。自大韩民国成立以来，韩国军事相对于朝鲜一直处于绝对劣势，依靠韩美军事同盟来对抗北方军事威胁。1969 年，尼克松主义出台后，韩国开始进行“自主国防”建设。20 世纪 70 年代和 80 年代，韩国先后实施了第一、第二期栗谷计划和 90 年代的防御力量改善计划。20 世纪 90 年代后，韩国军队的信息化建设取得了迅猛发展，并顺应世界军事新军事变革趋势和朝鲜半岛局势的变化，开展了军事变革与转型。1994 年 12 月 1 日，韩国收回了除战时指挥权之外的军事主权。驻韩美军由主导角色转变为支援角色。双方商定韩国将于 21 世纪 20 年代中期收回战时指挥权。

韩国是世界上少数几个仍在实行义务兵役制的发达国家之一。《韩国宪法》规定“韩国所有公民都有义务服兵役”，不过韩国目前的兵役制度只适用于男性，对女性没有硬性的规定。1949 年 8 月，李承晚政府颁布《兵役法》，宣布实行全民皆兵制，但这一举措遭到了美国的反对。1950 年 3 月，李承晚政府不得已实行了志愿兵役制。朝鲜战争期间，韩国为补充兵力于 1951 年 5 月修订《兵役法》，重新启动义务兵役制。

韩国兵役制度非常严格，逃避兵役会遭到严惩，韩国男性服役比例在全世界是最高的。根据兵役制的要求，韩国男性满 18 岁当年的 1 月 1 日即被编入第1国民役，年满19岁需要在兵务厅制定场所接受体检。兵役体检情况分为7个等级：1~4级为合格，可服现役和各种补充役；5~7级为不合格，需编入第2国民役、免除兵役或再次接受体检。符合条件的男性在年满20岁的当年会收到兵务厅的入伍通知，但如果是在校学生则可以延后入伍。服完现役和补充役的士兵转业后还要在预备役服役8年，然后转入民防卫队，直到40岁才算尽完所有义务。预备役和民防卫队每年只需要进行几天或几个小时的训练，对日常生活没有大的影响。韩国服现役的年限在建军创初是三年多。目前韩国陆海空军的服役时间为18、20、21个月。

由于服兵役对韩国国民的学习、就业和生活带来不便，韩国每届新政都通过缩短服役年限取悦民众，使服役年限一降再降。不过由于服役年限的缩短，士兵无法得到长期有效的训练，造成军事素质下降，事故频发。另外，随着军队建设的现代化，精简兵员是国际趋势。韩军计划到2020年前将总兵力削减到50万人，这使得义务兵役制变得有些“不合时宜”。此外，士兵的短期服役也不利于骨干的保留和高技术装备的操作使用。为此，韩国从2008年开始小范围试水志愿兵制度。目前志愿兵包括两种岗位，一种是战斗技术熟练兵可延长服役6~18个月；另一种是尖端装备操作专门人才，从入伍起可服役3年。不过由于朝鲜半岛的对峙，朝鲜110万常备军迫使韩国在未来很长的一段时间仍将继续推行目前的义务兵制度。

第二节　国防政策

韩国自1994年以来奉行面向未来的独立自主的国防政策。其主要内容包括：

战略概念

将从“对北为主”改变为“周边国家的全方位的友好合作”，以韩美军事合作为中心，发展与日、俄、中的友好合作，寻求与东南亚、欧洲、中东等地区间的军事交流与合作，积极参加联合国的维持和平行动；发展面向未来的中长期的军事力量。

发展方向

推进“国防人力精锐化、武器系统科学化、运营体制合理化、国防信息化”，以实现“先进、精锐化的国防”，树立值得信赖的军队形象；在加强韩美军事合作的基础上，继续保持对北方军事挑衅的遏制能力，一旦威胁消失，则韩国的防卫可向着以韩国为主导的安全合作关系发展。与此相适应，建军方针也着眼于改善现有军事力量的部队结构，“缩减数量，实现质量上的精锐化”，将现在以兵力为主的部队结构改变为“以质量为主的技术集约型”部队结构。

其他内容

韩军强调，要迎接21世纪军事上的挑战，仅有武器装备上的优势远远不够，必须占据人才的优势，而且人才优势将是第一位的优势。为此，韩军新近通过了军队人事政策调整方案。

提高军人待遇，改善生活条件。为扭转目前军队兵源不足、质量不高的现象，韩国军队通过不断提高军人待遇、改善生活条件来吸引社会各类人才。韩国军官的待遇普遍比政府公务员、警察、教师要高。此外，韩军积极改善从地方聘请教师的工作和生活条件，以吸引地方高水平教师到军事院校来任教。

拓宽知识结构，提升军官素质。为不断完善和更新军官的知识结构，以适应未来战争的需要，韩军注重适时调整对军官培训的内容，特别强调培训要与未来战争密切相关，以使军官具备较高的作战理论水平以及谋划部队联合作战的能力。与此同时，韩军还通过增加出国留学的军官数量，加大依托国内地方高等院校培养军官的委托教育力度，利用电视、网络等信息资源开展网络化教育，完善函授教育和继续教育制度等措施，力求不断提高军官素质。伊拉克战争使韩军更加深切地认识到信息能力将成为决定未来战争胜负的重要因素。为此，韩国把建立一支精锐“信息化军队”作为21世纪军队建设的核心环节。

在信息化建设实施过程当中，韩军既注重抓院校的正规教育，又重视开展部队普及教育，力求官兵信息化能力的整体提高。韩军把军事院校的教育课程加以调整，重点强化英语、计算机等课程的学习要求，并把英语作为全军院校的必修课程，以培养出适应军队信息化建设和作战需要的职业化、专门化军事人才。同时，韩军注重普及计算机教育，提高官兵的实际应用能力。

韩军不仅充分利用现有的信息化教学设备，而且还不断开发计算机网络新技术，使网络系统功能趋于完善，并逐步扩大应用领域。目前，韩军已开发出教育训练自动化网，能将国防计算机网与官兵借助计算机手段进行教育训练融合起来，实现了远程音频授课和直接质疑应答。韩空军还利用空军计算机网成功地开设了网上医院和网上气象台，为官兵提供医疗和气象服务。韩国防部还借助其网站，大力促进国民了解国防信息，并在军内外广泛征求部队建设的合理化建议和意见，使之积极参与到国防事业中来。

第三部分

韩国生活

第一章 韩国服饰

第一节 传统服饰

韩服是韩国的传统民族服装，受汉服和蒙古服饰的影响从古代演变到现代，现代的韩服样式大约成型于20世纪初，在追求线条清晰笔直的同时，加入体现曲线美的元素。女士韩服被称为“赤古里裙”（저고리），男士的则被称为“赤古里巴基”（저고리바지）。韩服的线条兼具曲线与直线之美。根据不同季节，不同身份其着装的穿法、布料、色彩不同。韩服按服装的颜色和衣料可以演绎出各种感觉。一般来说，上衣用亮色、下衣用暗色最为古典。韩服的特色是设计简单、颜色艳丽和无口袋。在韩国通常认为韩服拥有三大美，即袖的曲线、白色的半襟以及裙子的形状。

韩服还可掩饰体形上的不足，使体形较矮的人看上去较高，较瘦的人看上去则较丰满，增添女性之美。

❖ **拓展阅读**

> 三月望日绿色亢罗唐衣，五月端午草绿光纱唐衣，五月十一日白光纱唐衣，六月旬望间纻布唐衣……八月以后草绿光纱唐衣，九月初一日亢罗唐衣，九月望日宫缎唐衣，十月初一日夹唐衣……
>
> ——《四节服色自藏要览》

传统韩服的组成

● **赤古里（저고리）**

赤古里作为上衣在朝鲜男女通用。百济新罗时代，赤古里在百济叫作

“复杉”，新罗叫作“尉解”。直到高丽时代的时候，赤古里这个名称才第一次被记录下来，用汉字写作“赤古里”或者“短赤古里”，赤古里这种叫法很可能有来自蒙古的影响。最初赤古里长及腰部。白丝绸做的动襟则衬托出了女性颈部。

赤古里由五个部分组成，分别是衣（길）、襟（깃）、动襟（동정）、衿（고름）和筒袖。

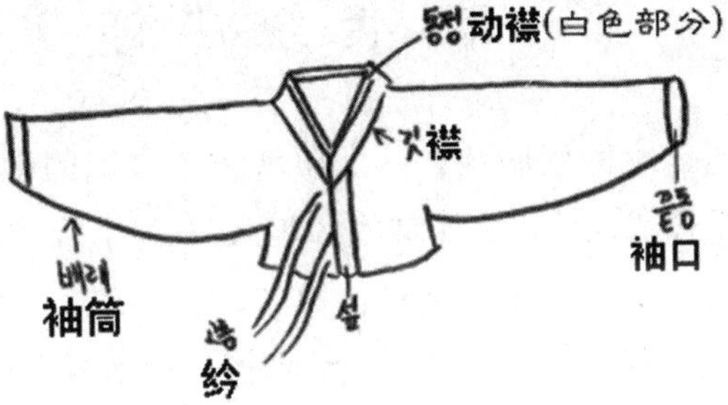

襟：指衣服的前幅。

衿：联合衣襟之带。

为扣好短上衣，在两个前衣襟上各缝有衿，女性赤古里的长带垂落在长裙前面，也有装饰的作用。赤古里袖口是指短衣的袖子下方，其特征为像传统韩屋飞檐的曲线似的自然柔美。男女的赤古里有差异，男式赤古里以线条粗、平坦为特点。女式则以装饰华丽，曲线短而美丽为特点。

● 裙（지마）

赤古里背心裙是单层或者双层的高腰裙。这种裙子由纲（끈/白色肩带）、裙带面（치마끈/裙带）、幅（폭/裙面）和裙带抹基（치마말기）所组成。裙子的形状有矩形裙和抹基裙两种。朝鲜民族在古代因为经济原因，多穿原色（缺乏染料），因此被称为“白衣民族”。但是女性的裙子在过去则无此限制，女孩和未婚女性的下裙通常是赤色，而已婚女性和中年女性则穿蓝色的裙子，老年女性穿灰色的裙子。直到现在这也是朝鲜半岛民族服饰的一大特色。下面则配绵袜（솜버선）。绿衣红裳（녹의홍상）则是李氏朝鲜时代未婚女性最普遍的搭配。虽然现代有越来越多的颜色搭配，但

在朝鲜民族心中绿衣红裳才是新娘礼服的色彩搭配。

● **裤子（바지）**

朝鲜半岛男人的宽松裤子，适合正坐。裤子收口处有系带。平民男子的日常服是短衣、裤子，没有冠帽。朝鲜男装白色居多，爱穿“灯笼裤”。男子的上衣衣短、斜襟、宽袖、右衽、无纽扣。女性则在裤子外罩上蓬松的裙子。

● **马褂子（마고자）**

马褂子属于胡服系统，源自满族的马褂。马褂子是一种防寒服，穿在赤古里外面，通常用明紬制造，用一枚或两枚琥珀扣子合拢，正面以下开叉。于1887年被政治流放到满洲的大院君回国后在朝鲜王国引进推广的，最初是一种男性衣装，后来变成两性通用，男性的马褂子比女性的长；因为防寒保暖的功能在当时很受朝鲜人的欢迎。

传统韩服的种类

韩服按不同的场合而分为不同类型，如节日服、花甲宴服、周岁服、仪式礼服、婚礼服等。

● **男士官服及士族常服**

朝鲜官服（궁복）比普通人的衣服更精致更贵重。官服的某些款式和颜色只有古代朝鲜王室才能穿。官服根据官位有所区别。朝鲜王朝时期，朝鲜过往官服是红底金色图案的龙袍，高级朝廷官员衣上饰以流云和仙鹤。朝鲜王国时期的军服叫作“贴里/天翼”，朝鲜儒生在科举考场和朝廷典礼上穿的正式礼服叫作莺衫。1897年朝鲜王国改国号称大韩帝国，国王改穿黄袍。

朝鲜儒学者盛行穿根据《礼记·深衣》所载由苎麻所制的白纻深衣，统称为士族常服。具体包括：

长衣（장옷）朝鲜王朝末期贵族女性在任何公共场所都得穿着长衣遮

住脸和上半身。

周衣（두루마기）源自直缀，周衣最初是朝廷官员和王室的日常穿着。后来普通人逐渐开始在特殊的重要场合穿着周衣。在现代韩国，周衣则用作穿在赤古里外面的保暖外套。

道袍（도포）道袍是袍的一种，源自袍。朝鲜男性的普通礼服。朝鲜王朝中期（西元1600—1910）的士大夫阶级的外套。普通人只能在家祭等特殊场合穿着。

鹤氅衣（학창의）源自中国的鹤氅，鹤氅衣是高丽王朝和朝鲜王朝时期士大夫的装束。“鹤”在古代朝鲜指的是“学习”，所以是士大夫和贵族的衣装。

深衣（심의）在古代朝鲜，深衣是士大夫阶层闲暇时的装束。典型的深衣是直领，但也有方领襟的深衣。

直领袍（직령포）直领袍是高丽时代下级政府官员的衣服。到了朝鲜王朝时代，直领袍也成为普通男性的衣服。

命妇装束及唐衣

命妇泛称受有封号的妇女。命妇享有各种仪节上的待遇，一般多指官员的母、妻而言，俗称为“诰命夫人”。历代封建王朝妇女的封号皆从夫官爵高低而定，唐以后形成制度。命妇服饰一般有阔衣和圆衫。

朝鲜阔衣（활옷）源自明朝汉族所穿的长褙子（장배자），阔衣是高丽王朝和朝鲜王朝时期朝鲜公主和翁主的大礼服。阔衣上饰有红线绣上的十种高贵植物和动物，在朝鲜文化里代表了长寿、幸运和富贵。同时阔衣也是皇室女性和贵族女性结婚仪式上所穿的嫁衣。阔衣在朝鲜时代起初是上流阶层妇女们的礼服，到后期平民也被允许穿著。礼服的面料多以枣红色贡缎、花纹缎、洋缎等做成；衬裹则多用蓝色，无花纹。

圆衫也来自长褙子。朝鲜时代，王族女性、贵族女性和贵妇的正礼装是材料为绢（蚕丝），肩上、胸和背面前镶有代表阶层的金箔装饰的大袖服装。穿在赤古里裙外面。

❖拓展阅读

朝鲜命妇的称谓

朝鲜国王的正室妻子，朝鲜命妇称呼为王妃或者中殿（等同于皇后）。

朝鲜国王的侧室妾室以及宫中女官等均属于内命妇，而像朝廷大臣的妻女等都属于外命妇，王妃是内、外命妇之首。

朝鲜国王的母亲则称呼为大妃或者王大妃（等同于皇太后）。

朝鲜国王的祖母则称呼为大王大妃（等同于太皇太后）。

正宫：王妃。为内命妇之首，没有品阶。

正一品：嫔　从一品：贵人（嫔是朝鲜国王侧室中地位最高的，仅次于王妃）

正二品：昭仪　从二品：淑仪

正三品：昭容　从三品：淑容

正四品：昭媛　从四品：淑媛（正一品到从四品均为上殿，正五品到从九品皆为宫中女官阶级）

正五品：尚宫　尚仪　从五品：尚服　尚食

正六品：尚寝　尚功　从六品：尚正　尚记

正七品：典宾　典衣　典膳　从七品：典设　典制　典言

正八品：典赞　典饰　典药　从八品：典灯　典彩　典正

正九品：奏宫　奏商　奏角　从九品：奏变徵　主徵　奏羽　奏变宫

唐衣源自短褙子，是宫中女性（除内人）的日常上衣，也是命妇、士大夫妻子在入宫时或宴会上的小礼服。唐衣是正面长长垂下的赤古里，王侯贵族女性的第二礼服，用于出席重要庆典。王室女性的唐衣有金色镶边，其他人则没有。唐衣比赤古里更华丽，衣和襟上都装饰有烫金图案，大妃、王妃和公主的唐衣上还有胸背（也叫圆补）。

❖拓展阅读

唐衣图案

1. 王大妃和王妃的唐衣

胸前、背后，及两肩上各有一个胸背（圆补）。圆补为茶色。唐衣上有福、寿和双凤纹烫金图案。

2. 公主的唐衣

在胸前和背后各有一个圆补，圆补的图案为花草纹。

3. 翁主及其余内外命妇的唐衣

没有圆补，有部分烫金图案。

4. 尚宫、高品级医女的唐衣

正从五品尚宫着墨绿色唐衣，绔上有烫金图案，正从六品尚宫着浅绿色唐衣，无图案。御医女着白色唐衣，绔上有烫金图案，内衣女着白色唐衣，无图案。

传统韩服的配色

韩服通过将色彩进行组合，用不同的材质及颜色区分不同人物的身份、技能、性别和年龄等信息。

● 五方色与五间色

传统的韩服配色有五方色和五间色之说。五方色是指黄、蓝、白、红、黑五种颜色，也称为五正色。五方色是以金木水火土为本的阴阳五行思想作为基础，同时与中央为黄、东为蓝、西为白、南为红、北为黑的方位划分也有所关联。

黄代表阴阳五行思想中的“土”。意为宇宙的中心，过去被作为高贵之色用于王室韩服的制作。

蓝代表阴阳五行思想中的“木”。意为万物复苏的春天之色，能驱灾祈福。

白代表阴阳五行思想中的“金”。意为洁白、真实、天然、纯洁。过去作为民族的代表颜色广受百姓喜爱。

红代表阴阳五行思想中的“火”。意为生成与创造、激情与爱心、积极性等。

黑代表阴阳五行思想中的“水”。被认为是掌管人类智慧的颜色。

五方色相互融合产生的5种中间色即五间色，也被称为五方杂色。黄与蓝的中间色为绿，蓝与白的中间色为淡蓝，红与白的中间色为粉，黑与红的中间色为紫，黑与黄的中间色为褐。

● 韩服的代表性配色

彩虹色　该配色主要在袖子部分设计为彩虹样式。以五方色为主，除黑色之外，红、白、黄、绿、粉、蓝等颜色使用频率最高，紫红、浅绿、靛青、紫等颜色也会经常使用。彩虹配色常被用于儿童及年轻女孩儿的韩服制作中，由于彩虹色原本便含有驱除灾病、祈福长寿之意，因此父母们会让孩子在1周岁生日时穿着，祈求平安。

绿衣红裳　绿衣红裳是指将绿色的赤古里搭配红色的裙穿着，既是年轻女士出门穿着的盛装，也是新娘装的常用款式。

红色裙+白、蓝色赤古里：年轻女士的选择，过去常作为年轻新娘的礼服或外出时穿着使用。春夏两季多选用白色，冬季则选用蓝色。如今在重大的节日，人们多穿该色系的韩服。

蓝色裙+粉、白、黄色赤古里：多于花甲宴等全大家族都聚在一起的重大场合穿着，能使整个家族显得更加和睦、祥和。

紫色裙+淡紫色赤古里：从很早以前，紫色就被视为高贵之色，因此紫色韩服多为老年人穿着。最近该色系被认为蕴含神秘、又富时尚感，因此，也广受年轻人的追捧。

紫红色裙+粉、水色赤古里：针对年轻女士及年轻的母亲，紫红和紫色是任何季节都可灵活穿戴的颜色，选用该色系能为韩服增色不少。此外该色也含有已婚之意，因此新娘新郎的父母穿着的场合较多。

第二节 传统配饰

韩服的传统配饰一般包括：足套、福袋、勾背鞋、发簪和饰物。足套相当于袜子。福袋是作为韩服口袋使用的，在韩服中不可或缺，一般为丝绸质地搭配刺绣花纹。勾背鞋能使韩服裙裾线条更加清晰。发簪用来固定高高盘起的头发。饰物专指装饰在衣衿前面的小挂饰。

帽子与发饰

传统的韩国男性和女性都会在头上扎辫子，直至成年或结婚为止。成年或已婚的男子会把头发结成发髻在头顶，戴上乌纱帽或代表道学的程子冠，而白丁则只能扎头巾戴草笠。成年未婚的少数女性和一般宫女则把辫子盘在脑后并以称为唐只的带束起。

传统韩国女性未婚少女一般不盘发，只是把头发编成麻花辫，并在辫尾用唐只束起。已婚平民妇女一般把头发盘起，却戴不起任何发饰；已婚贵妇在盘起的发髻上会点缀各种发饰，且加带发饰的位置不同，标志着贵妇的身份有差异。以下列举几个出现在韩国历史上的特有的发饰。

● 加髢

“髢”的本义是假发，“加髢”是朝鲜古代妇女佩戴的一种假髻，一般是把假发编成发辫，弄成盘状戴上，有多种不同的样式。

高丽王朝时，忠烈王下令高丽全国留发髻（辫发），女性开始使用加髢。后来朝鲜太祖李成桂建立朝鲜王朝，采“男降女不降”政策，男性恢复韩制，女性许用并行，加髢再发展成后来样式，成为朝鲜王朝的代表服饰之一。

在朝鲜王朝的前期至中期，已婚妇女、高级女官（尚宫）均会戴上加髢。加髢也是身份、财富的象征，有钱人、贵族妇女和妓生的加髢可以很大，再加上各种饰物如簪、钗、花、玉板等，有些会缀上丝带或布条。有些加髢是编成一条大发辫再盘起来，有些则是盘成一条较细的发辫再盘成几个圈，一些加髢甚至超过三圈。宫廷女官服装和命妇、王族妇女礼服的加髢样式有严格规范，尚宫和王族妇女会在加髢上加上子供枕，王族妇女的加髢正面正上方有玉板一个，左右各有花簪作为头饰，通称为“凤首”。婚服中的加髢一般较大并且加上较多饰物。

后来宫中再发展出一种叫“举头美”（거두미）的木头假髻，于重大日子加在加髢上。

由于大加髢是身份、财富的象征，妇女的加髢越来越大，也越来越重，形成奢侈之风气，一个加髢动辄百金，后来更有妇女因加髢过重折断颈项至死，英祖三年（1737 年）曾下令宫中加髢所用的假发每个由 50 束减至 20 束，以改善宫中风俗，英祖二十三年时，他又与群臣商议以花冠代替加髢，但仍未有共识。有些人认为即使改用花冠，如果饰以珠玉、金贝，花费比加髢更多。

加髢

举头美

簇头里

● **簇头里**

据《朝鲜王朝实录 · 英祖实录》及《正祖实录》载，英祖三十二年（1756 年），领议政金尚喆向英祖转述儒生宋德相禁髢发的仰请，英祖认为要祛奢崇俭、移风易俗要从在上位者开始，于是在农历正月十六日，下令禁士族妇女加髢，改戴称为簇头裡（족두리）的小花冠。直至英祖三十三年，宫中及士族妇女正式禁用加髢，改为在脑后梳髻，只容许平民和贱民

女性加髢。李氏朝鲜礼曹所编的《特教定式》（特教定式，특교정식）记载，英祖三十九年，朝廷又再讨论禁加髢之事，英祖当时表示髢髻弊处多，认为真发漂亮，不需要戴假髻。后来已婚妇女就改为只把辫子盘成发髻并插上发簪而不戴加髢。妓生则仍然流行佩戴加髢。到后期，官员妻子、王族妇女穿著圆衫时或在一些正式场合戴加髢。

其他配饰

足套与勾背鞋

足套像现代的袜子，男女的样子相同，但男用足套以笔直为特点。

勾背鞋在中国朝鲜族、韩国和朝鲜都有流行，源自汉族女性的翘头鞋。朝鲜族历来崇尚素白色，衣服、鞋饰多用白色，朴素大方，极富民族特色。朝鲜族古代多穿草鞋、木屐，后发展到浅口勾背鞋。勾背鞋，口浅，便于穿脱，而且晴雨两用。

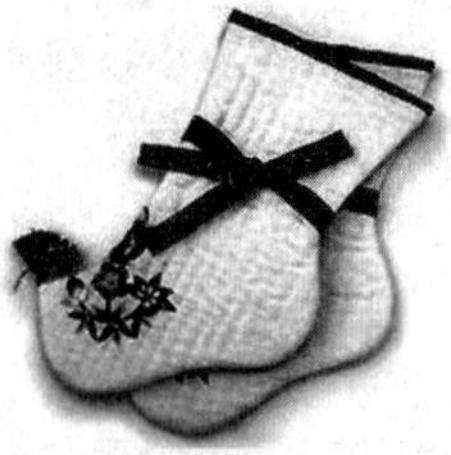

福袋与饰物

崇尚“福”文化的韩国人，不仅喜欢在新年到来之际互相恭贺“新年多福”，还喜欢你来我往赠送装满福气的福袋。

福袋的颜色通常是红、黄、粉、蓝、绿等象征着喜庆、吉祥、欢乐的颜色。布料选用舒服细腻的绸缎或棉布，上面印有“福”“寿”“富”“贵”等字样，或是印有象征福气的蝙蝠等吉祥动物花样。古代国王佩戴的福袋上还有龙的图案。

迎新年时，韩国人会把福袋送给朋友或晚辈，象征着把福气、富贵、长寿的美好祝愿送出去，而收到福袋的人也满心欢喜的接受来自长辈或朋友的祝福。

古代韩国人穿的韩服没有口袋可以装东西，所以另外在衣服上系一个袋子装钱或者其他物品。这样的袋子慢慢发展成了后来的福袋。不过与普通的袋子相比，福袋没有实用性，只是被赋予了“福”的寓意。

在古代的农耕社会，新年伊始大家都会在福袋里装满芝麻、豆子、米等，以期盼新的一年无病无灾，丰衣足食。

有的地方人们会把装有一颗炒熟的豆子装进信封再放到福袋里面，然后在新年的第一天把福袋挂在身上。因为大家相信这样能驱邪招福。还有的地方人们把香料装进福袋戴在身上。

到了现代社会，绝大多数人不用担心温饱，而是祈祷身体健康、事业有成、家庭幸福。所以过年的时候，福袋便被赋予了这一类吉祥的寓意。

第三节　现代服饰

韩国的现代服饰文化是美国、日本在韩国的殖民统治后，与韩国本土传统文化融合而形成的。韩国当代服装风格多种多样，艺术思想自由而开放。韩国服饰有的很有街头气息，有的却高贵富丽。

韩国现代服饰的主要特点

出位设计

标新立异的不对称设计，是“韩流”中最典型的款式。比如去年开始流行的裸露一侧肩部的单肩设计，给追求时尚的女孩们带来意外的惊喜。而这种不对称设计越来越多地出现在韩式服装上：裙长变得不规则不对称，裙子下摆被设计成斜线的不对称或完全的不规则，使穿着更有动感。领部的独特设计，前襟的不对称设计，都给夏日服装注入新鲜的感受。

张扬个性

韩式服装最吸引人的地方还在于它所运用的夸张手法，它满足了都市里忙忙碌碌的人们渴望宣泄的心情。个性的张扬就是快乐的源泉：宽就宽到极至的阔腿裤，瘦便瘦到极至的紧身衣。你可以妩媚到极至：纯白色紧身背心，嫩粉色的绣花长裤，一举手，一凝眸，都散发无尽的女性魅力；你也可以神秘到极至：黑色无带背心配黑色的阔腿长裤，本色的鱼网长裙，一个令人目光追寻的神秘女郎。

多元化元素

韩国服装的多元化是个新鲜的元素。近年来，韩国服装一改过去给外界的单一印象，向多元化发展，将传统的民族风格与世界时尚潮流巧妙地结合起来，或端庄或前卫，或低调或夸张，多种风格各有精彩。

有韩国职业丽人们经常穿着的职业套装体现端庄风格，在款式设计上受到些许西方职业套装的影响，但在材质与做工上仍保持着韩国服装传统的精致与考究，比如在胸口配上小巧的胸花或蝴蝶结，干练的装束中透出一息可爱，很符合韩国美眉的气质。而前卫夸张的设计在韩国服装中也屡见不鲜，比如标新立异的不对称设计是韩式服装中的典型款式，裸露一侧肩部的单肩设计、裁剪不对称的裙裾下摆，都是“韩流”中多元化时尚元素的最佳表现。

色彩搭配

韩国服装擅长于展现色彩变化，单这一点已经很能博得一大批年轻人的欢心。不过，韩国服装的特色之处并非将多种色彩简单地堆砌，而是非常擅长通过色彩的组合与明暗的对比来表现服装的立体感。因此，穿着韩国风格的服装，搭配的趣味与随之带来的不同效果会让你惊喜不断。

像一件普普通通的驼色上衣，下身搭配苹果绿的裤子，绝对是一个另类的色彩搭配方案；也可以将驼色上衣与同色系的啡色长裤协调，塑造一个酷酷的形象，若觉得不够鲜艳，在脖子上戴一条五彩缤纷的项链，效果同样出众。另外，在今年流行的韩国服装中，你将很少看到他们大面积地将风靡时尚界的粉色、嫩黄等缤纷的色彩穿在身上，而是另辟蹊径，只将这些色彩作为点缀，个性十足的同时也能引领起另一种时尚。

背心时尚

炎炎夏日里，漂亮的背心是不可或缺的时尚标签。色彩上的丰富、紧身、适当的透、露，营造性感氛围，是韩式背心的追求。而重整旗鼓、卷土重来的肚兜成为时尚舞台的一个重要角色。新款的肚兜色彩缤纷、面料各异；设计细节也不尽相同，有全露背的、半露背的，还有几乎不露背的，像吊带装一样。但肚兜的明显特征都被保留：颈上有吊带，胸前呈菱形，尖尖的下摆。这种新式肚兜可与多种服饰搭配，并可出入多种场合。够胆量，也可单穿，在惊艳的目光里放肆一回。

现代韩服配饰

韩国的配饰也很丰富，当前主要的服装配饰包括：

腰带、腰链

腰带、腰链是现代韩国服饰不可或缺的重要配饰，现代韩服讲究腰线设计，因此习惯利用腰带腰链突出设计感，展现个性。目前韩国流行一些金属腰链和一些金属彩色扶贫组合，尤为搏人眼球；另外一种用布绳编织而成的各色腰带，也是当前极为火爆的热门配件。

包包

韩国的包似乎不如日本的包那样酷，但是却很时髦，一些花布包与牛仔包是最流行的。尤其是牛仔包的花样繁多，有的绣上复杂的图案有的钉上各种彩珠或小石头，有双肩也有手拎，样式特别多。最为流行的

鞋

牛仔凉鞋，以钉铆钉的最时髦，绑带的高根凉鞋也受到欢迎，是第一热门，花布面料的拖鞋也很好卖，结合了一些韩国民俗的圆口皮拖鞋也很有特色。

首饰

韩国手链、项链、耳环等首饰做工更精细，一些细小链子和彩色珠子，水晶或是透明的玻璃做成的首饰最适合露肩装的搭配。也比较适合上班一族的时尚女性。

围巾

围巾是韩国女人冬季的最爱，有的在柔软的面料上绣出曼妙古典的花朵，有的是用灿如宝石的珠子、亮片、细腻钉出宛若印花般的纹理，有的是以同色系的花纹，做出类似烧花的感觉……再系上各式各样的结，在脖子上轻舞。还有那能隐约透出肌肤的长筒袜，把色彩用到了极至，有的与身上的衣服相呼应，有的却艳过了衣服很多倍，洁白、淡紫、纯黑、天蓝……跳跃的色彩为身上的服装增添了活力与妩媚。

帽子

帽子是现代生活中韩国人重要的配饰之一，韩国的男女老少都爱带帽子，且韩国帽子的种类和款式可谓琳琅满目、丰富多彩。常见款式有棒球帽、超粗毛线帽、尖顶渔夫帽、贝雷帽、盆帽等。

第二章　韩国饮食

第一节　韩国饮食概况

韩国是一个民族特色十分鲜明的国家，其鲜艳的民族服饰和独特的饮食文化已经成为国家的名片，并逐步走向了世界。500多年来，韩国至今还保留着朝鲜时代饮食风格。

韩国人的饮食结构

韩国史由南向北延伸的半岛国家，四季分明，因此各地出产的农产品种类繁杂。又因三面临海，海产品也极为丰富。谷物、肉食、菜食材料多样化，黄酱、酱油、辣椒酱、鱼贝酱等酱类发酵食品的制造技术不断发展，使韩餐的主料和辅料互相搭配，再加入辣椒、大蒜、生姜、香油等调味品，更使韩国风味进一步完善。

韩国的饮食结构以谷类为主，由各种烹饪方式制作的菜肴为配菜。饮食起名的时候一般将主材料放在菜名的前面，后面加烹饪的方式，如紫菜包饭、海带汤等。韩国饮食以其使用功能分为主食、副食和甜点。

韩国的主食主要有：饭、粥、米糕片、稀饭等。一般以米饭为主，其他根据需要适当调节。

韩国副食的第一作用是增进米饭的口味，第二作用是补充营养。副食的种类很多，主要以汤为主，有以汤汁为主可泡饭吃的汤类、汤汁与菜量相当的煲类、加一点汤汁煸炒的火锅类，还有在火上直接煎烤的烧烤和鱼肉串类、在平底锅中略加油煎的煎饼类、在蒸锅中反复炖煮的清炖类和红烧类、以牛肉和海鲜为材料的生脍类、生菜以及熟菜等蔬菜类、牛肉和猪肉煮后切片的煮肉片类，还有烟仔辣椒酱、黄酱、酱油里的腌菜、发酵的鱼酱等。

甜点是指吃完主食、副食后的传统饼糕、油果、茶食、蜜饯以及什锦水果汤等。

❖ 拓展阅读

传统韩国饮食种类

米饭和粥米饭是韩国最重要的主食，大部分人吃白米饭，为增加营养也有时添加豆类、栗子、高粱、大麦、谷物等。粥是营养价值很高的饮食，韩国的粥一般是将米先炒制之后再熬粥，有的还添加红豆、南瓜、鲍鱼、人参、蔬菜、鸡肉等。

汤　汤是上饭时必提供的饮食。汤的种类根据添加的蔬菜、肉类、贝类、海草、牛肉骨等而不同。

砂锅　砂锅跟汤相似但比汤更浓。最有名的砂锅是大酱砂锅。砂锅的味道比较辣，在砂锅里煮好后趁热端上来。

熏和炖食品　是在类似蔬菜里加入酱油调味制作的食品，用微火制作。

拌菜　拌菜是加入盐、酱油、椒盐、芝麻油、蒜、洋葱后稍微焯一下或炒一下做成。

腌海物　腌海物是特别咸的食品，用鱼、海蛎子、虾、鱼子等发酵制作而成。腌海物可以作为一道菜，也可以在腌制咸菜时当调料使用。

烤食品　烤食品是把事先放好佐料的肉放在炭火上烤制而成。烤食品的代表是烤肉和排骨。

煎饼　煎饼是把蘑菇、角瓜、干鱼、海蛎子、青椒、加盐和胡椒粉的肉等放入面粉和鸡蛋里搅拌，再放到平底锅里煎制成煎糕类的食品。

饺子　饺子是把肉、蘑菇、角瓜、绿豆芽、猪肉等绞成馅后，用面皮包好的食品。

韩国人的饮食特点

韩国人对饮食很讲究，有“食为五福之一”的说法。韩国菜的特点是“五味五色”，即由甜、酸、苦、辣、咸五味和红、白、黑、绿、黄五色调和而成。韩国传统饮食的种类繁多，达2千余种，饮食不仅味道、香气、模样，色彩别具一格，而且均含有人体不可缺少的营养素，因此可以延续生命以及维持强壮的体力，具有预防和治疗疾病的作用。

韩国饮食的主要特点：高蛋白、多蔬菜、喜清淡、忌油腻，喜欢凉辣。韩国准备的食物一般是都准备好之后才吃，按开胃菜到甜点的顺序，主食和副食有明显的区别，一般都会有一份汤。这种饭和菜肴一起进食的饮食方式可以保证人体均匀地吸取多种营养，因此可以说它是一种能够保持营养补充均衡的合理的饮食方式。韩国饮食的烹制方法也是多样的，运用炒、煎、炖、烩、烤等多种方法做饭吃。酱类、泡菜、酱和黄酱等发酵的食物的食用也较多。韩国饮食在装盘上桌的时候，大都将食物用刀或者剪刀切好，做成能进入口的小块，方便食用。同中国饮食习惯不同，韩国人饮食讲究“以毒攻毒”，冬天吃冷面喝冰水，夏天吃狗肉喝参鸡汤。

韩国四季分明，各季有各季的食品，因此食品品种非常丰富。韩国还三面环海，寒流与暖流交汇，沿海岸有肥沃的滩涂，所以鱼贝种类也很多。韩国人为了智慧地度过酷暑和寒冬，很早就开发了鱼虾酱之类发酵食品，其加工技术十分发达，而且传统的海味料理也发达。

因韩国四季分明且农业发达，米和杂粮的生产方式多种多样，因此使用这些粮食进行烹饪的方法也随着被开发、研制出来。韩国三面围绕大海，因此水产品很丰富，利用蔬菜类和水禽肉类的烹饪法也随着发展起来，再加上酱类、泡菜类、腌制海鲜类等发酵食物的研制和其他食品储藏技术很早开始就已经形成，因此使用这些原料来烹饪的方法也随之被开发、研制出来了，进而促进了加工、储藏食品的发展。韩国人重视饮食的味道，同时也重视饮食的颜色、模样、盛器等外在的艺术美，他们会根据饮食种类和食用情况的不同运用不同的饮食方式和摆桌方式，令人能够更深刻地体会蕴含其中的诚心和真情。

韩国饮食的地域性特征

韩国北部地区因山多，主要种旱田，所以多产杂谷；面向西海岸的中部和南部主要种稻，因此北部以五谷饭为主食，南部以大米饭和大麦饭为主食；平时以蔬菜为主菜，并有能储藏起来吃的泡菜、酱菜、酱肉、酱汁等。韩国山区因购买肉类和新鲜鱼比较困难，所以多吃腌鱼或干鱼、海草以及用山菜做的食物；在海滨或岛屿城市主要吃用海鲜、蛤蜊、海草做的食物。韩国首都生产的蔬菜虽然不多，但因全国各地的各种蔬菜都集中到那里，所以能做出许多奢侈的食物。所以首尔、开城、全州的饮食最为奢华、种类也繁多。南海和东海有着很好的渔场，所以有丰富的海产品。在洛东江周围肥沃的土地上，更是盛产足够的农产品。在此地主要吃海鲜，甚至把鱼肉就直接称为肉，并把新鲜的海鲜当作最美的佳肴。但是饮食的种类并不奢侈，反倒较为朴素。济州道饮食的主要材料为海龟、蔬菜、海藻，并用大酱调味。用海鱼熬粥，熬汤，主要用猪肉和鸡肉做肉片。

❖拓展阅读

韩国美食地图

忠清质朴天然　忠清南、北道的饮食，香料和调料使用较少，非常质朴，既没有庆尚南、北道饮食的辣味，也没有全罗南、北道饮食的甘甜，更不及首尔饮食的华丽，却非常素淡、可口。忠清地区人心宽厚，餐厅老板饭菜给的足实，令人感到温暖。

江原清淡可口　江原道盛产玉米、土豆、荞麦等杂粮，山菜和海产也极其丰富。因此，这里的饮食比其他地区更丰富，而且天然健康。在没有食欲的夏天，这里的特产“荞麦面条”可算是最佳选择。

全罗丰盛美食　全罗地区土壤肥沃，盛产粮食和各种海鲜、山野菜等，其丰富多彩的绝顶美食，堪称韩国之最，该地区自古拥有众多富足的书香世家，其家族风味世代相传，形成了现在的“风味之乡”——全罗南、北道。

庆尚浓郁调料　庆尚南、北道地处南海与东海之间，海产品非常丰富；而且那里的土地肥沃，农产品也非常丰富。由于气候温暖，那里的食物基本上味重偏辣。其饮食摆桌，祭祀摆桌和安东米酿都非常出名。

济州新鲜海味　济州岛风味饮食最大限度的保持了各种原料的原汁原味。制作这些风味的济州岛人不使用过多的调料，也不喜欢将各种材料拌在一起。济州属于热带，为防变质，食品通常会制作的有些偏咸。

韩国的饮食礼仪

韩国是一个单一民族的国家，所以整个国家就好像一个大家庭，在饮食上具体表现为共食即聚餐。因此韩国的饮食礼仪讲究很多。

第一，韩国人以前在炕上吃饭，不使用椅子，这时男性一般盘腿席地而坐，女性采用右膝支立的坐法，但这种坐法仅限于穿韩服时采用。

第二，韩国人吃饭不碰碗。中国人、日本人都有端起饭碗吃饭的习惯，但是在韩国桌子上的饭碗是不能用手碰的，而且也不能用嘴接触饭碗。因此就餐时左手一定要老实地藏在桌子下面，右手一定要先拿起勺子，从水泡菜中盛上一口汤喝完，再用勺子吃一口米饭。然后再喝一口汤、再吃一口饭后，便可以随意地吃任何东西了。这是韩国人吃饭的顺序。

第三，在韩国勺子比筷子重要。勺子负责盛汤、捞汤里的菜、装饭，不用时要架在饭碗或其他食器上；而筷子则只负责夹菜，不管你汤碗中的豆芽儿菜能否用勺子捞上来，你也不能用筷子。筷子在不夹菜时，传统的韩国式做法是放在右手方向的桌子上，两根筷子要拢齐，三分之二在桌上，三分之一在桌外，这是为了便于拿起来再用。与长辈一起用餐时，要等长辈放下汤匙和筷子以后再放下。

第四，韩国的行酒很有讲究。斟酒时，如果双方第一次见面，则一手需托住另一只手的肘部为对方斟酒；但如果对方是长辈，则必需用一只手托住酒瓶底端斟酒。饮酒时，身份高低不同者碰杯，身份低者要将杯举得低，用杯沿碰对方的杯身，不能平碰，更不能将杯举得比对方高，否则是失礼。碰完杯饮酒时，晚辈和下级可背脸而饮，韩国传统观念是“右尊左卑”，用左手执杯或取酒被认为不礼貌的。另外要注意敬酒者离开时应鞠躬。

此外在韩国与长辈一起用餐时，长辈动筷后晚辈才能动筷，长辈放下汤匙和筷子以后才能勺子和筷子；不可以用筷子对别人指指点点；用餐不要太快也不要太慢，尽量与别人统一步调；用餐时咽到骨头或鱼刺时要避开旁人悄悄地包在纸上再扔掉，不要直接扔在桌子上或地上；吃饭时不宜高谈阔论，嘴里响声太大，也是非常丢人的。

韩国人的礼仪食品

在韩国自古以来礼仪食品种类繁多，如生产、三七日、百日、周岁、婚礼、聘礼等的贺礼食品，巫俗食品、祭礼食品、寺庙礼仪食品等。其中，寺庙食品忌五辛（蒜、葱、小根蒜、韭菜等）和荤菜，用山菜、野菜、树根、野果、树皮、海草类、谷类制作，不加任何调料，形成自然产品本身固有而独特的文化，其烹饪方法在各寺庙之间口传至今。韩国的祭礼食品以糕饼为主。儒家的祭礼食品同巫俗食品形式基本一致，但祭礼食品已相当现世化，而巫俗食品还依然如故。如在巫俗食品中，把红枣泥或生肉片放在蒸米面糕上，这种做法表明阴阳相谐观念多么根深蒂固。韩国人对传统的素食情有独钟，以素食为主的寺庙食品自不必说，就是泡菜、豆腐菜、山野菜等日常食品也非常发达。如今随着经济条件的改善肉类消费迅速增加，因此各种成人病大为流行，在这种情况下，素食的寺庙食品作为保健食品越来越受到人们的青睐。

第二节　典型韩餐

韩国三大主打菜

泡菜

韩国有句俗话说，泡菜是半个粮食。不管多么奢华的宴会饮食，餐桌上也少不了泡菜。韩国人无论贫富贵贱，都以米饭为主食，一日三餐都离不开泡菜。韩国每家都有专门保管泡菜的“泡菜冰箱”。泡菜味道辛辣，调味品味儿浓烈，非常双扣。即使发酵了一个冬天的泡菜，吃起来也如新鲜白菜一般爽脆。韩国泡菜与中国泡菜不同，更有别于没有发酵过程的日本泡菜。自然发酵而成的韩国泡菜是食物更是药物，发酵过程中产生的乳酸菌有助于消化，据说还有防癌作用。泡菜蕴含着韩国人的民族魂，是韩国的又一个代名词。

大酱

韩国人一直深信“食物味道全靠酱味”，认为再好的原料如果没有酱味做铺垫，也绝对做不出好菜。因此，大酱、辣椒酱和酱油是韩国家庭一年里最重要的家底儿，这三种酱蕴含了韩国饮食的秘诀。由大豆做成的大酱，含有丰富的蛋白质和植物性脂肪等营养成分，还含有丰富的能消除胆固醇的维生素 E，对预防疾病十分有效。现在，在商店里，大酱、辣椒酱和酱油随处可见。但是，很多农村居民还是喜欢用自己独特的秘方亲自做酱吃。

烤肉

在韩国烤肉是一种非常流行的食物，许多年轻人无论是聚餐还是请客，烤肉都是他们的首选。韩国的烤肉餐厅每个餐桌上空都有一个小烟道，方便随时把炭火的烟灰排放出去。在烤肉店用餐，一般都是先上免费的泡菜，且可反复加盘，其后是用秘制酱料腌制好的生肉片。韩国烤肉的肉片一般比较大，用餐的人在烤肉即将成熟的时候，再用剪刀剪成大小合适的肉块。

韩国烤肉一般是烤好后蘸取一点小料，再用生菜叶或苏子叶包裹起来食用，滑而爽口，肥而不腻。

宫廷美食

朝鲜时代是王权文化的鼎盛时期，应运而生的宫廷料理即是韩国传统饮食文化的精髓。宫廷料理以从全国各地进献给君王的食材为原料，由顶级御厨和厨房尚宫精心制作，烹饪方法和精湛手艺传承至今。献给君王的贡品均为当地特产和第一批时令食材，选料严格、馔品新奇，因此豪华精美的节日饮食比较发达。宫廷料理经宫中的厨房尚宫和王室后裔的口传以及宴会记录流传至今，彰显韩国饮食文化之精华。

宫廷日常膳食

有关朝鲜时代日常膳食的内容收录在1795年的编写的《园幸乙卯整理仪轨》中。该仪轨详细记录了正祖从昌德宫出发前往水原华城再返回宫中的全程为期八天的所有筵席菜单。

君王通常一天享用五餐，清早吃补药、米糊或粥，上午10点和下午5点用早膳和晚膳，中午和宵夜用简餐。君王享用的正餐叫“水刺床”，由12道菜品组成，有两饭、两汤、汤锅、炖菜、火锅、泡菜和酱类。这里的两饭指的是白米饭和用煮红豆的汤做的糯米饭。两汤是海带汤和精熬牛骨汤。水刺床由君王和王妃盘坐着进餐的大圆盘和挟盘组成，挟盘包括小圆盘和方形册床盘两种。

大圆盘上摆放白水剌（米饭）、海带汤、吐具、酱油、醋酱油、醋辣酱、煎素菜、煎荤菜、鱼生、酱菜、生菜、熟菜、水卵、煎油花、鱼虾酱、咸鱼、炖菜、白切肉、萝卜块泡菜、鱼虾酱泡菜、盐水萝卜泡菜、炖菜、大酱汤、鱼虾酱调味酱汤等；小圆盘上摆放红豆汤米饭、精熬牛骨汤、空碗、空碟、托盘（茶水）、茶壶；册床盘上摆放香油、肉、蛋、蔬菜、清汤。

宫廷筵席

宫中每年都会举办大大小小的活动，定期举办的有正月、端午、中秋、冬至等节日筵席和宫内、宫外王族的寿宴。在仪礼中，在君王、王后和太后的寿辰、花甲，世子册封与嘉礼，以及招待外国使臣的时候都会举办盛大的筵席。这种庆祝宫中喜事的国宴被称为“进馔”，而为王族举办的筵席则称为“进宴”，此时，需要提前几个月筹划和准备筵席的整个流程，并作以记录和保存。

王族在生辰或节日时会以“面床”款待客人。届时会在用面制作的料理、亦或是年糕汤、饺子中选择一种。在用餐时通常会配有白切肉、生鱼片、煎油花、神仙炉等配菜，用餐后则会以年糕、韩果等作为甜品食用。举行宫廷筵席的时候，宾客自不必说，就连乐工、舞者、兵卒和所有参加宴会的人都可以按照地位高低分配到相应的宴会餐品。筵席结束后剩下的饮食还将分给宗亲和官臣，供家人享用。

宫廷料理的传承

宫廷料理由自小接受严格厨艺训练的宫女和男性厨师——熟手负责烹制。因海鲜、肉类、蔬菜和粮谷等每一份进献到宫中的食材均为当地特产，且迎合收获时期摘取上等品，菜品种类繁多、烹调方法多样。百姓承载着对君王以正治国的期待，精心挑选形状整齐端正的食材和最好吃的部分送往宫中。宫里的菜肴不使用味道浓烈的调味料，避免过咸、过凉、过辣等刺激的味道，尽量呈现其原味。

以严格的规则烹饪出的“朝鲜王朝宫廷料理”是国家指定的重要非物质文化财产。宫廷料理由曾侍奉朝鲜王朝最后两位君王——高宗和纯宗的韩熙顺（第一代宫廷料理传承人，1889—1972）厨房尚宫传授给黄慧性（第二代宫廷料理传承人，1920—2006）先生，目前被第三代传承人韩福丽（1947—）和郑吉子（1948—）两位师傅所继承下来。

风味美食

糯米糕

在韩国传统饮食中可称得上是节日食品的台柱子。糯米和粳米都是做韩国米糕的原料。过去韩国的贵族非常重视节日吃米糕，在韩国博物馆和韩国传统饮食研究所里，就产出着考古挖掘处得数百年前贵族吃米糕用的精美瓷器和民间遗留下来的制作米糕的专用器具。韩国的米糕制作用类似中国花色糕点的木模，扣出五花八门的点心，多数有鲜、咸、甜等味道的馅。韩国节日送礼不能缺了米糕，尤其是送娘家的礼中，更不能缺。韩国人的米糕中含有诚心、爱心和孝心的含义。搬家的时候，还有做米糕分给邻居的习俗。

● **水原烤排骨**

在韩国水原市有一家开业60余年的“三父子排骨店”，声名远扬。水原排骨选用的是上等牛的牛脊部分带骨肉，用刀交错片成薄肉片（肉片的尾部仅保留一根骨头，表示是排骨），然后撒上盐、香油、芝麻、折叠起来腌制2天以备烤制。上桌时，排骨烤制鲜嫩喷香的8成熟，然后蘸芥子酱或者咸肉酱吃，也可以蘸着由香油、糖、果汁、蜂蜜跳出来的佐料吃。吃水原排骨，还可以根据个人的口味，配以拌萝卜条、生菜、辣螃蟹等多种韩国泡菜、酱汤等一起吃，其味道之鲜美可想而知。

● **冷面**

韩国冷面又叫长寿面，因需冷食而得名，是朝鲜农历正月初四午间使用的食品，也是他们婚嫁、寿诞的喜庆日子不可缺少的食物，尤其适合盛夏时节食用。韩国冷面分为水冷面和拌冷面，冷面的上面铺着黄瓜条、细蛋皮、生梨条和一只白煮鸡蛋，只是水冷面多了汤，而拌冷面则多放了辣椒酱。水冷面是将面条连同配料一起浸透在冰水里，冰凉冰凉的，是名正言顺的“冷”面。冷面既有以荞麦为主料制成的平壤式冷面，也有用马铃薯为淀粉主料制成的咸兴式冷面。据说在品尝了韩国的烤牛肉菜肴后再吃冷面，是目前很受欢迎的食用方式。

● **石锅拌饭**

石锅拌饭又称韩国拌饭，发源地为韩国全州，后来演变为韩国的代表性食物。韩国全州的石锅拌饭名闻遐迩，拌饭里蕴涵着“五行五脏五色”的原理。在石锅锅内放入米饭及菜肴，再烤到锅底有一层锅巴，喷香诱人，石锅是陶做成的，厚重的黑色陶锅可直接拿到炉具烹煮，而且保温效果好。细嚼慢咽的人可安心享用，不用怕饭菜冷掉。石锅拌饭材料并不新奇特别，主要为米饭、肉类、鸡蛋，以及黄豆芽、菌菇类和各式野菜，菜的种类并无一定，采用当季最对味的季节时令蔬菜去调配即可。

● 春川铁板炒鸡

20 世纪 70 年代初期开始，以春川明洞炒鸡街为中心起初有四个餐馆开始发展炒鸡料理。“炒鸡”这一词原来是从洪川开始使用的，当时洪川的炒鸡是用炖骨头汤做的鸡料理，至今洪川和太白地区还有这种料理，直到 1971 年春川才开始利用铁具在炭火上来炒鸡。春川炒鸡是将鸡肉切成块，涂上加入辣椒酱的调料，腌制一天左右再混合白菜、洋葱、地瓜、年糕一起放到铁盘上炒出来。店员会适时过来帮忙翻炒所有的食材，服务非常贴心。鸡肉相当入味，年糕被炒香且咬劲十足，每一口都幸福满满的。吃完了炒鸡之后，店家会把米饭放锅里炒一会，拌匀铺平，小火烘着，让米饭吸到汁后又能变回干香，非常美味。

● 参鸡汤

与中医理论相反，韩国有“反季进补”的说法，由于夏季人体水分和营养随汗液快速代谢，从而容易体虚，因此韩国人多在夏季进食参鸡汤。参鸡汤是韩国人眼中强身健体的最佳食材，使用人参、糯米、红枣等原料炖出的鸡汤滋味绝美、营养价值极高。韩国参鸡汤一般采用生长了 49 天的童子鸡，在鸡肚子里塞满糯米、红枣、人参，再放到大锅里去煮，汤汁清淡，有着淡淡的参味，肚子里的糯米软软的有着红枣的甜味，一只鸡就能够补充一天的能量了。除了细嫩肥美的普通参鸡汤，还有乌黑健康的韩国乌鸡参鸡汤，每一口都是健康营养。

● 炸酱面

韩国炸酱面是由中国炸酱面改良的适合韩国人口味的特有炸酱面。是一种韩式中华料理，在面条淋上由春酱（一种咸黑豆酱）、猪肉粒和蔬菜粒、有时还有海鲜制成的浓酱。炸酱面和京式炸酱面不同，京式炸酱面用的是甜面酱，而韩国炸酱面用的是春酱。在韩国的街道上有很多的韩式中餐馆，其招牌食品之一便是炸酱面，而且在韩国的很多中国饭店里都有卖。许多韩国人以为韩式炸酱面跟中国的炸酱面是一样的，其实在口感上相差还是挺大的。韩式的炸酱面酱料色泽黑，味道香甜，油比较少不腻口，跟中式炸酱面在色泽、味道方面都有区别。炸酱面已经成为韩国人日常生活中不可或缺的饮食，深受男女老少的喜爱。

街头小吃

● 炒年糕

说起韩国最有代表性的街边小吃，很多人都会第一时间联想到韩剧里人们站在大排档边上，吃炒年糕吃得热火朝天的样子吧。小小的一块年糕蘸饱红艳艳热腾腾的酱汁，放入口中来不及细细品味，就被辣得连连吐舌呼气了。炒年糕已经不仅仅是韩国街头小吃、韩国饮食的代名词，更多的甚至已经成为韩国的“名片”，体现出韩国的“年糕文化”。炒年糕不只是韩国本地人，在外国人中也很受欢迎呢，是每个最传统的大排档（韩语叫作“包装马车”）上都会有的一种标志性小吃。来一份热乎乎、又香又辣的炒年糕，尝尝最正宗的韩国味儿吧！

● 鲫鱼烧（又名“小鱼饼”붕어빵）

圆鼓鼓的鲫鱼形状的脆皮香脆可口，红豆馅儿甜蜜软糯，轻轻咬一口，热乎乎的红豆沙就流了出来，甜香满口，尤其在冬天更受欢迎呢。这就是韩国另一种代表性的街头小吃，因外形酷似鲫鱼形状而得名鲫鱼烧。这是韩国“最可爱”的街边小吃，因其绝佳的口感、实惠的价格而广受欢迎。这也是韩国足够传统的一种点心，甚至韩国俗语里还有它的身影呢（韩国俗语“小鱼饼父子”，意为父子俩一个模子刻出来的）。

● 鱼饼串（어묵）

这是完全可以和炒年糕相媲美的小吃，诱人的香味只是看一眼就垂涎欲滴。鱼饼是碾碎的鱼肉做成的，旁边放着煮鱼饼的萝卜海带汤或螃蟹海鲜汤。鱼饼从热气腾腾的清汤中捞出，还带着海带或螃蟹的鲜美，蘸一点秘制酱汁，鲜咸可口。吃完鱼饼来一碗热汤，胃里热乎乎的，感觉好极了！冬天的鱼饼是街头人气王，一般会有辣与不辣两种口味。

● 紫菜包饭（김밥）

紫菜包饭是韩国的日常料理，韩国人经常会把它作为便当的首选。酸甜的腌萝卜，爽口的蔬菜，咸香的火腿，香喷喷有嚼劲的米饭，用紫菜卷成迷你小包饭，看似很简单，但味道真的不简单，而且超级适合吃完烤肉以及油炸类的伙伴们吃，解腻神器！

● 烤鸡肉串（닭꼬치）

韩国最常吃的肉其实不是猪肉而是鸡肉，街边小吃自然也少不了，鸡肉串是鸡肉跟葱段串成串，加辣味调料烤制成的，是炭火烤肉哦。香葱经过烤制散发出来特别的清爽味道，配上鸡肉真的是美醉了，辣酱也是超级浓郁有味！怕辣的亲们建议吃原味的哦，特别鲜香，是最不可错过的小吃。

● 鱿鱼（오징어）

韩国的鱿鱼吃法其实有很多种，烤鱿鱼，炸鱿鱼，鱿鱼丝，鱿鱼片以各种形式出没于韩国的大街小巷，三面环海的国家对海鲜的研究自然不会少，而且大多选择肉多饱满的鱿鱼作为原材料，在韩国人眼中这是很不错的下酒菜呢。

● 米肠（순대）

米肠又称血肠，是韩国的一种传统小吃。听到米肠不要认为是米做的哦，米肠是红薯条切碎后灌入洗干净的猪大肠里，还会放很多蔬菜在里面，多数时候蘸着盐巴吃，或者像炒年糕一样淋上辣辣的酱汁做成炒米肠。千万不要被他的外表吓到哦，味道真的超出想象的好吃！如果不喜欢吃内脏的话，提前跟大妈说只要米肠就好，很多时候跟炒年糕混在一起吃也别有一番风味呢。

旋转土豆（회오리 감자）

旋转土豆顾名思义，旋转的土豆，很多人可能会认为与普通的薯片没有什么区别，但事实并非如此。油炸的土豆搭配秘制调料粉，真的很有特色，而且是一个土豆接连不断做成的螺旋状的薯片，造型也很有意思。旋转土豆入口酥脆，是近几年新兴的小吃，很受年轻人的喜爱和追捧。有洋葱、芝士等多种口味可供选择。

第三节　韩国人的酒文化

韩国人贪爱杯中之物世人皆知，韩国号称“酒共和国”，无论是结婚、生日等喜庆之日，还是平常下班之余，无论是高兴还是悲伤之时，总是要喝上一杯。饮酒已经成为韩国人日常交际的一个重要手段。据报道，韩国成年男子平均一个月喝12次酒，女子平均喝6次酒；韩国国民人均一年喝烧酒50瓶，啤酒100瓶，一年中饮酒费用达到10兆韩元。

韩国酒的种类

烧酒

韩国烧酒属于清酒类，酒精度数较低，几乎不放香料，特点是入口清新，爽口，刺激性很小，这种特点适合作为烧烤，海鲜生食的配饮。几乎所有的韩烧酒都是360ml装的圆绿瓶装，这也是韩剧中可以见到的频率极高的烧酒形象。韩国烧酒的酒精度，几乎全部在20°左右，比中国南方的黄酒度数稍高。烧酒价格不贵，在1200韩元左右，约合人民币6~7元左右。凡是喝过韩国烧酒的人，绝大部分第一次都极不适应，从而放弃再次尝试。PS：笔者认为烧酒酒精味道比较大，而且极易上头，后劲较大。

代表品牌：真露。

浊酒

浊酒即玛可利酒，通过将大米、小麦等谷物蒸干后加曲子对水混合发酵而成，颜色呈白浊色，类似于中国的米酒，单酒精含量更低。价格：超市 1000~1500 韩元，合人民币 7~9 元左右。玛可利的最早记录可追溯至 1145 年，记载于韩国高丽王朝的《三国史记》中。玛可利的酿造方法非常多样，根据酿造中所使用的材料、加工及发酵方法的不同，玛可利的味道也会有很多变化。同时，每天坚持饮用适当玛可利有益于保持身体健康。随着时代的发展，传统的玛可利融入了现代的饮用方法，不但创造出度数更低的玛可利，还加入了水果等材料，创造出不同的口味。为了便于在炎热的夏季饮用，人们还用玛可利来调制鸡尾酒。正是因为玛可利改良了传统的饮用方法，在口感上，迎合了年轻人对健康和时尚的需求，才使得传统的玛可利又一次受到热捧。

代表品牌：曲酿堂，长寿玛可利，南汉山城 Chamsary 米酒，金井山城玛可利等。

● 果酒

果酒是把水果放进烧酒中酿制而成。真露梅花酒是将高质量的青梅果酿制的梅实原液低温冷冻一个月左右，酒味会变得柔和而又清爽。青梅果实富含各种有机酸和维生素，对皮肤很有好处，深受女性顾客的欢迎。乐天雪中梅的特征是加入了实际的梅果。于盛产梅果的地区，手摘的上等天然梅果为材料酿造而成，隐隐的香味透瓶而出。经过维持材料原有新鲜感的低温榨汁过程，榨出的原液在零下 8℃ 以下冷冻过滤 10 日以上，味道变得绵软而又醇香。

● 啤酒

韩国农产品价格很高的缘故，所以制造啤酒的原料比中国相应的贵，啤酒的价格也比中国贵，售价按照不同的包装 355 毫升~1.6 升的售价为 1600~4500 韩币不等，酒精含量一般为 4.5%。韩国最著名的是东洋啤酒公司（Oriental Brewery co. ltd）已经有 70 多年的历史了，1993 年以前其公司英文名的两个打头的字母命名的出品的 OB 啤酒在市场占有垄断地位，自 1993 开始朝鲜啤酒公司出产的新产品 Hite 啤酒开始与 OB 争夺市场，1994 年生产烧酒的真露株式会社和美国的库兹公司合作生产 Cass 啤酒，至此韩国啤酒市场天下三分……1999 年 OB 收购了 Cass 啤酒，OB 和 Hite 两家公司平分天下。

韩国人的“酒缘”与“酒礼”

韩国人从跨入大学校门的第一天开始，就与酒结下了缘。各种新生欢迎会上酒是必不可少的，聚餐的时候前后辈相互敬酒，以示友好；系里组织户外游玩，晚上会借酒助兴；平常和好友小坐，小酌叙意；时常还会跟教授见面，要恭敬礼貌的续杯；遇到难题时还会借酒消愁……步入社会以后，喝酒的机会就更是数不胜数了。

韩国的饮酒方式和中国十分不同。中国人提倡“品”酒，要一小口一小口地呷，才能尝出陈年酿造的酒香。而韩国人急性子，喝酒如同打仗，说了干杯，就要把杯里的就真的一饮而尽。美国人曾经笑称韩国是地球上喝酒最快的民族。

韩国人喝酒时有一些规矩。与韩国人一起喝酒，不能自己给自己倒酒，而必须别人为你倒酒，当然，你也得为别人倒酒。年轻人和长辈在一起喝酒，首先要敬长辈，长辈先喝，晚辈此案能端起酒杯，侧过脸去喝，以表示对长辈的尊敬。为了表示亲热常常把自己用过的杯子斟满，再交给他人去饮用。

韩国的“炸弹酒”

关于“炸弹酒”的起源，说法很多，比较普遍的是说源于美军军营。美军没有下酒菜，喝威士忌时便以啤酒为“辅菜”。韩国军人将之传出军营，并出于便利，将威士忌干脆放到啤酒中一起喝。军人们出于职业习惯，加之制作和喝这种酒的形象联想，就起了“炸弹酒”的名称。而如今“炸弹酒”已经演变为一种重要的社交手段。“炸弹酒”简言之就是将小杯放到大杯中，两种酒一起喝。据说，韩国的炸弹酒有 36 种，例如，一小杯本地烧酒放入大杯啤酒中称“手榴弹”；小杯威士忌放入大杯啤酒中称“原子弹”；小杯啤酒放入大杯威士忌中成为“中子弹”；小杯烧酒放入大杯威士忌中成为“氢弹”，等等。另外，根据制作中的动作不同，还有不同的名称。如做好后用手摇动使酒旋转叫“旋风酒”；将小杯中的威士忌点燃称为“火酒”等。朋友聚会中，炸弹酒这个节目必不可少。

韩国酒文化的特点

社会性特点

韩国著名近代小说家玄镇健在《劝酒的社会》中写到：“劝我喝酒的不是火气，也不是洋气，而是社会，出生在韩国有酒喝是我命好，如果出生在别的国家，能有这样的口福吗?”这段话揭示了韩国饮酒行为的社会性，主要体现在两个方面：一是饮酒一般不在家庭等私人场所进行，而更多是在公共场所进行，如饭店、酒吧等。二是韩国人很少一个人喝闷酒，通常和某些人一起喝酒，一个人自酌自饮被认为是不光彩的事情。

通宵达旦的余兴文化

韩国饮酒文化属于对酌文化，认为跟上对方的步调与其一起畅饮方为符合礼节。李白有诗云“两人对酌山花开，一杯一杯复一杯”。余兴文化的特点是每次喝酒，只在一个地方喝一次是不够的，必须换个地方进行第二次甚至第三次。韩国人脾气一般比较急，可唯独喝酒不急，一晚上要换好几个地方。这样接二连三喝下来，分手的时候往往酩酊大醉。

你我不分的杯来盏往

韩国人喜欢喝“转杯酒”。自己先喝光杯中酒，然后把自己的酒杯递给别人，让别人拿着杯，给他斟上。这叫作“转杯酒”，河道高潮时，甚至所有的人都用一只酒杯。在韩国酒桌上还会看到一个人面前并排着好几个酒杯，然后逐一喝下去的场景，省去了中国人的劝酒之苦。

追求刺激的速醉文化

韩国人钟情“炮弹酒”，追求的是一种速醉效果。因为把不同的酒掺在一起，喝了容易醉。速醉是韩国酒文化的一大特点。这首先与“禁止夜间通行”有关。从 1945 年日本战败一直到 1982 年，韩国实行“禁止夜间通行”制度，晚上 12 点以前必须回家，对于喜欢喝酒的人只有赶快喝醉才能过瘾。另外速醉文化海域韩国经济高速发展相关，韩国用了 30 年时间走完了西方发达国家用 200 年才完成工业化进程，在这个被压缩的过程中，韩国人正式靠酒和宗教才支撑住了过多的业务量和过重的压力，韩国人喜欢喝“炮弹酒”正是为了解除这种压力。

第三章　韩国旅行

第一节　韩国交通

韩国交通是韩国经济社会重要的环节之一，基础设施包括覆盖韩国全境和链接世界的公路、铁路、航空和海运运输网络。韩国的公路分为高速公路、国道、地方和市郡道路。1968 年 12 月，韩国首条现代化高速公路京仁高速公路的开通，使韩国公路步入高速公路时代。在之后的几十年里，随着韩国高速公路网的完善，韩国实现了“一日生活圈”，即通过高速公路在一天之内到达韩国任何一个城市。2004 年，京釜高速线首尔至大邱段正式通车，使韩国成为继日本、法国、德国、瑞典和西班牙之后世界上第 6 个拥有高速铁路的国家。韩国高铁的开通把高速公路形成的“一日生活圈”变成了“半日生活圈”，即在半日内可抵达韩国主要地区。

韩国大规模的交通基础建设开始于韩国第一个五年计划（1962—1966 年）。1970 年 7 月 7 日，连接韩国首尔和釜山两大城市的京釜高速公路竣工。20 世纪 70 年代，韩国加大了对机场、港口等基本建设的投入。第三个五年计划（1972—1976 年）期间，韩国兴建了浦项港、蔚山港、马山港，并对金浦机场、仁川港、釜山港进行了扩建。20 世纪 80 年代，韩国铁路开始电气化，主要铁路干线的行驶速度被提升。虽然铁路还是以货运为主，客运量也开始增加。1988 年，韩国的铁路里程达到 51000 公里。连接韩国各大城市的高速公路网在此期间也得到了发展。20 世纪 80 年代末，韩国高速公路总里程达到 1539 公里。1986 年，韩国制定了《城市交通整备促进法》，使城市交通管理更加合理化和效率化。“国家基干交通网计划（2000—2019 年）”是与韩国经济、社会发展计划相配套的最主要的交通建设计划。

公　路

韩国的公路系统由高速公路、国道、地方道、市郡道组成，是韩国经济最重要的基础设施之一。早在1884年，韩国近代知识分子金玉均就曾在《汉城旬报》上发表《治道略论》，论述进行产业开发必须先建设道路的理念。韩国光复时，国道总长为5263公里，其中被铺上路的地段仅有746.4公里。美军政厅时期，韩国对被损坏的道路进行了修复，汉城（今首尔）与釜山之间铺设了国道。朝鲜战争期间大量韩国道路、桥梁遭到摧毁。直到1962年，韩国政府才在国际社会的帮助下基本修复了地方道路和桥梁。

20世纪60年代，韩国公路建设无论从数量还是质量都得到了迅速的发展。1961年，韩国颁布了《道路法》。1968年12月，投资34.9亿韩圆，全长24公里，连接汉城和仁川的京仁高速公路开通。这是韩国首条现代化的高速公路，使首都到仁川的行车时间从以前的1个小时缩短到不到20分钟，韩国公路由此进入高速公路时代。1970年7月，汉城和釜山间的京釜高速公路建成，全长425.5公里，连接位于韩国西北和东南端的两个最大城市，成为韩国现代化交通网络的里程碑。目前韩国已经建有岭东高速公路（1970年7月）、湖南高速公路（1973年11月）、中部高速公路（1987年11月）、西海岸高速公路（2001年12月）等20多条高速公路。韩国的高速公路基本上都是韩国道路公社经营管理[3]：438。经过几十年的建设，韩国目前已经建成纵横全国的高速公路网络“一日生活圈”。韩国国民可以通过高速公路在一天之内到达韩国任何一个城市。

在加速高速公路建设的同时，韩国自20世纪70年代中期广泛开展了国道、地方道、市郡道的建设。2005年，韩国公路总里程为10.2万公里，其中76.8%铺设了柏油路，公路密度为1.05公里/平方公里。1993年3月，韩国制定了“全国公路干线计划”。目前韩国有高速公路32条，总长4044公里，国道51条，总长13432公里。

随着韩国公路建设和汽车产业的不断发展，韩国汽车的保有量呈迅速增长的态势。1961年，韩国汽车保有量仅为2.9万辆，1993年达到了627万辆，增长了215倍[4]：124。目前，韩国已经连续十年蝉联世界第五大汽车生产国。2014 年 3 月，韩国汽车保有量达到了 1959.6321 万辆，平均每 2.16 名韩国人就拥有 1 辆汽车。

韩国的出租车分为一般出租车（中型）、模范出租车和大型出租车三种。一般出租车颜色在韩国各地有所不同。首尔的出租车大多为橙色。首都圈的一般出租车为银色。首都圈以外的部分中小城市的一般出租车为黑色。模范出租车是两侧车门和车顶灯上贴有“模范出租车”标志的黑色高级出租车。模范出租车空间宽敞，比一般出租车贵，但不收深夜附加费。大型出租车是可搭乘 6~10 人的大型出租车，收费与模范出租车相同。

韩国的巴士除了市内巴士外，还有城际间的高速巴士和市外巴士。高速巴士主要是走高速公路，依照座椅舒适度的不同，可分为“一般巴士”和“优等巴士”两种。高速巴士除了在休息处停留外，中途几乎不停车。市外巴士是城际间的长途巴士，分为一般和直达两种。一般型巴士在经过的所有站点都会停车，而直达巴士则一站直达终点。

首尔公交

首尔公交类型分为在首尔市内长距离运行的蓝色干线公交、与蓝色公交或地铁路线相连并为短距离出行者提供方便的绿色支线公交、连接首尔和首都圈各城市的快速红色广域公交和循环运行的黄色公交。同时，为保证公交车畅通，在道路中间设有公交专用道路，使乘车更加快速方便。

干线公交（首尔市区–郊外）

支线公交（小区巴士）

循环公交（市区内有限区域循环）

广域公交（首尔市区–郊外，快车）

铁　　路

韩国的铁路有着 100 多年的历史。1899 年 9 月 18 日，全长 33.2 公里，连接鹭梁津（今永登浦）和济物浦的京仁线开通。这是韩国历史上的首条铁路，在开通时拥有蒸汽机车 4 辆，客车 6 辆，货车 28 辆，一天往返两个来回，耗时 1 小时 30 分钟[5]：（246[6]：125。）之后，韩国先后建成了京釜线（1905 年）、京义线（1906 年）、湖南线（1914 年）、京元线（1914 年）、长项线（1931 年）、中央线（1942 年）。日占时期，韩国铁路是日本进行经济掠夺的工具。光复时，韩国铁路总长 3378 公里，运营长度 2642 公里，有机车 448 辆，客车 1280 辆，货车 8424 辆，车站 300 个。朝鲜战争后，韩国大部分铁路设施都被毁坏，南北铁路也被隔断。

韩国自 1992 年开始建设高铁。2004 年，京釜高速线首尔至大邱段正式通车，使韩国成为继日本、法国、德国、瑞典和西班牙之后世界上第 6 个拥有高速铁路的国家。韩国高铁（KTX）时速 300 公里，使首尔到釜山的时间缩短了 2 个小时。2010 年第二期工程完成后，首尔到釜山时间已经减少到 2 小时 10 分钟。韩国高铁的开通把高速公路形成的“一日生活圈”变成了“半日生活圈”，即在半日内可抵达韩国主要地区。韩国目前建有京釜高速线、湖南高速线、庆全高速线和全罗高速线四条主要高铁线路。

2001 年成立的韩国铁道公社是韩国最大的铁路运营商，几乎掌管韩国所有铁路运输和管理业务。截至2012年9月底，韩国铁路系统共有90条铁路线，总运行长度为3569.5公里，其中复线1904.4公里，电气化铁路2385.2公里。为保证铁路交通安全和运行效率，韩国铁道厅采用中央交通控制系统（CTC）管理韩国主要铁路线路路段，并配有防止铁路事故的自动停车系统。2002年9月，韩国与朝鲜举行了“京义线及东海线铁路道路连接工程启动仪式”。之后，双方在2007年5月17日成功实现了京义线和东海线的南北铁路试运行，结束了这两条铁路在朝鲜半岛南北分裂后被隔断56年和57年的局面。

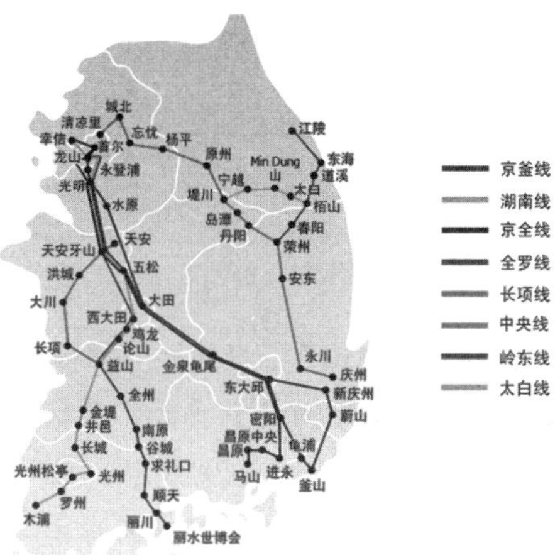

火车线路图

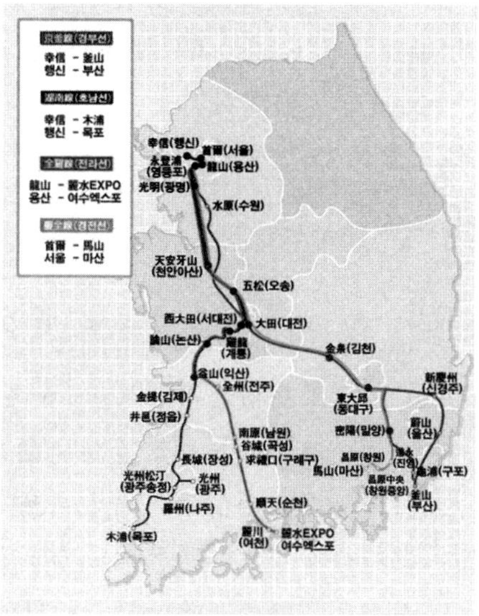

KTX 线路图

首尔站是首尔最重要的火车站，是连接首尔与釜山的复线铁路京釜线的始发站。京釜线主要途经大田站、东大邱站、新庆州站、釜山站等。除通往韩国西南部地区的湖南线（龙山站始发）以外，其余铁路线大多都是从首尔站出发的。韩国的列车，除了KTX以外，还有新村号、无穷花号两种。新村号相当于特快列车，因为它只在中心城市停靠，所以耗时较短，无穷花号相当于普快列车，票价比新村号便宜。

地　铁

地铁是韩国人出行的主要交通工具之一。韩国6大城市，首尔、釜山、大邱、光州、大田和仁川都建有地铁系统。首尔地铁是韩国兴建最早的地铁系统。连接首尔站和清凉里站的首尔地铁1号线最早在1974年开通。首尔地铁共有1~9条线，总长304公里，是韩国最大的地铁交通系统，也是世界第四大地铁系统。釜山地铁开通于1985年，目前共有1~4号线，总长109.5公里。大邱地铁共有1~3号线，全长81.2公里，开通于1997年。仁川地铁开通于1999年，目前有1~2号线，总长58.7公里。光州地铁开通于2004年，目前只有1号线，全长20.6公里。大田地铁目前也只有1号线，全长22.7公里，于2006年开通。

首尔地铁

首尔的地铁由1号线~9号线、机场铁路AREX、开往坡州方向的京义线、开往春川方向的京春线、开往九里方向的中央线、开往盆唐方向的盆唐线·新盆唐线等线路构成。地铁费用比较低，而且路线分布最广，是韩国大众最普遍的交通。每条地铁有不同的标志性颜色，加上线路号码，所以使用起来比较方便。

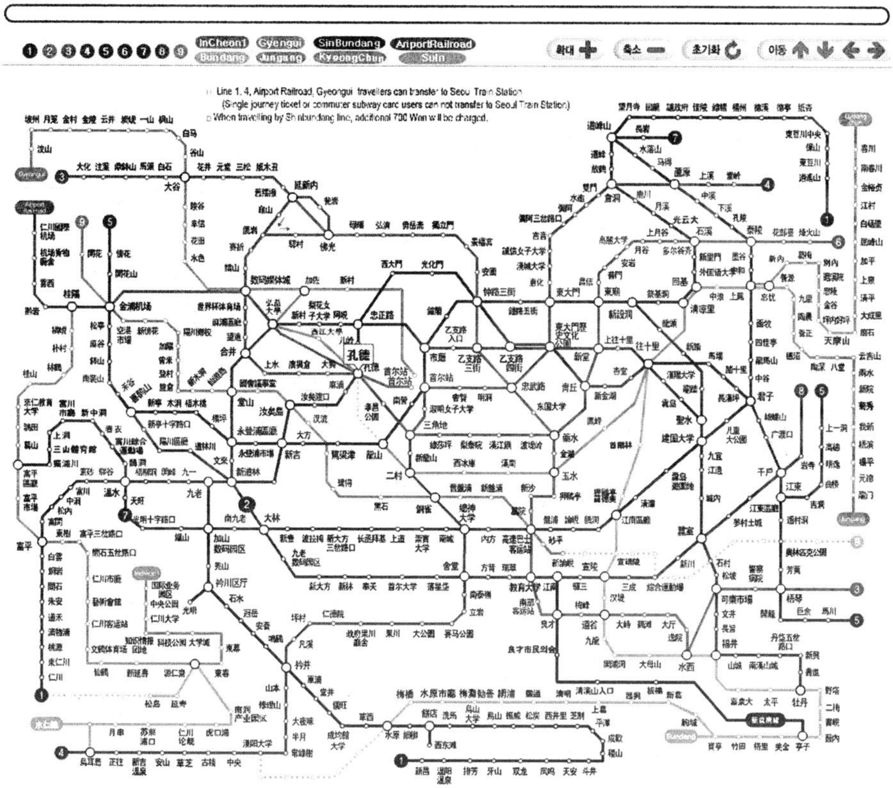

韩国现代 Rotem 生产的 KTX-II 高铁最高时速可达 350 公里/小时。

韩国的主要港口包括釜山港、仁川港、群山港、马山港、木浦港、浦项港、东海港、蔚山港、丽水港和济州港。釜山港为韩国最大港口。1986 年，釜山港开始跻身全球十大集装箱港口。2000 年开始，釜山港曾连续 3 年稳坐全球第三大集装箱港的地位，后逐渐滑落至第五大集装箱港。仁川港是韩国第二大港，也是韩国西海岸最大港口。光阳港是韩国第二大集装箱港。位于韩国东南部的蔚山港是韩国最大的油类货物进出口港。

2001 年建成的仁川国际机场是韩国最大的机场，2014 年旅客吞吐量为 4491 万人次。韩国其他的国际空港包括金海国际机场、济州国际机场、大邱国际机场、光州务安国际机场、清州国际机场、襄阳国际机场等。国内航线主要机场包括蔚山机场、丽水机场、木浦机场、泗川机场、浦项机场、群山机场、原州机场等。大韩航空成立于 1962 年，是韩国最大的，也是亚洲最具规模的航空公司之一，“天合联盟”航空联盟的创始成员之一。韩国的第二家航空公司是韩亚航空，成立于 1988 年提供韩国国内和国际航班。韩国的航空公司一共运营 297 条国际航线。韩国其它的航空公司比如济州航空、釜山航空等以提供韩国国内航线为主，价格相比也稍低。

航　空

韩国主要的国际机场包括仁川国际机场、金海国际机场、济州国际机场、大邱国际机场、光州务安国际机场、清州国际机场、襄阳国际机场等。国内航线主要机场包括蔚山机场、丽水机场、木浦机场、泗川机场、浦项机场、群山机场、原州机场等。

仁川国际机场始建于 1992 年，2001 年正式投入运营，是韩国目前最大的机场，2014 年旅客吞吐量为 4491 万人次。在仁川国际机场建成前，金浦机场一直承担着首尔的国际机场角色。仁川机场建成后，进出首尔的国际航班大多都在仁川国际机场起降。金浦机场主要运营韩国国内的航班。

金浦机场是韩国最早期的民用机场之一，始建于 1939 年的日占时期，最初为日本人的飞行训练场。1951 年朝鲜战争期间，美国人将其作为军用机场，次年又开始用于民用航空。韩国政府从 1954 年开始使用金浦机场。1958 年，金浦机场被指定为韩国的国际机场。1971 年，大韩航空接管金浦机场，建造了可以整备 5 架飞机的机库。1973 年，金浦国内航站楼完工。金浦机场进入了崭新的时代。1980 年，金浦机场国际线航站楼竣工。

韩国主要的国际航空公司有大韩航空和韩亚航空两大航空公司，每周有 1700 多个定期直达航班往返于韩国和世界。韩国已和 85 个国家和国际主要航空公司签订了航空服务协定。

大韩航空是韩国最大的航空公司，“天合联盟”航空联盟的创始成员之一，也是亚洲最具规模的航空公司之一。大韩航空成立于 1962 年，成立之初为国有企业，1969 年转交给韩进集团，实行了民营。截止 2016 年 11 月，大韩航空拥有飞机 160 架，与 46 个国家或地区的 131 个城市（包括 13 个韩国城市）开通有定期航班。

韩国的第二家航空公司是 1988 年锦湖集团为配合韩国政府成立第二家

国家航空公司政策而成立的韩亚航空。韩国其他的航空公司比如济州航空、釜山航空等以提供韩国国内航线为主，价格相比也稍低。

海洋运输

20世纪70年代以后，随着韩国外向型经济的发展，海洋运输成为韩国经济发展的一个重要方面。1967年2月，韩国为振兴海洋运输业颁布了《海运振兴法》。20世纪70年代，韩国进出口海洋运输量增速达到了年均12.5%。为寻求海洋运输和造船业的协同发展，韩国分别在1976年3月制定了《海运、造船综合育成方案》，并在1978年12月修订了《海运振兴法》。在韩国政府的政策扶植下，韩国海运船队也以年均20%以上的速度高速发展。20世纪80年代初，世界海运市场开始不景气，韩国海运发展势头开始放缓。为加强海运业的国际竞争力，韩国在1983年颁布了《海运业法》。

20世纪90年代后，世界海运市场开始复苏，但市场竞争变得日趋激烈，使得韩国船队的承载率下降[7][8]。不过，韩国的船舶吨位和海运货物量在1993年已经达到1963年的54和50余倍。随着世界海运自由化的深入，韩国从1995年开始不断地放宽海运规则，1999年对外国船公司采取与国内船公司完全相同的措施[9]。随着海洋运输在韩国国民经济中地位的不断提高，韩国在1996年将原韩国海运和港口管理局（成立于1976年）提升为海洋水产部。2002年，金大中政府制定了以釜山港为发展中心的“东北亚航运枢纽”战略。2003年，韩国港口年吞吐量达到了900万吨，是1961年5.96亿吨的66.2倍。2006年，为应对中国海运业崛起带来的中转货物量不断下降的问题，韩国在2006年将海运政策调整为“全球物流网络策略”，以取代2002年提出的“东北亚航运枢纽”战略，并开始与印度和越南的新兴港口开展合作。

韩国的主要港口包括釜山港、仁川港、群山港、马山港、木浦港、浦项港、东海港、蔚山港、丽水港和济州港。釜山港为韩国最大港口。1986年，釜山港开始跻身全球十大集装箱港口。2000年开始，釜山港曾连续3年稳坐全球第三大集装箱港的地位，后逐渐滑落至第五大集装箱港。仁川港是韩国第二大港，也是韩国西海岸最大港口。光阳港是韩国第二大集装箱港。位于韩国东南部的蔚山港是韩国最大的油类货物进出口港。

韩国最大的港口——釜山港

第二节　著名旅游地

韩国旅游是韩国文化产业的一部分。20世纪80年代，随着1986年亚运会和1988年奥运会的召开，韩国旅游业开始迅速发展。1997年，亚洲经济危机使韩国经济受到巨大冲击。在韩国应对经济危机的经济改革中，发展包括旅游业在内的文化产业，成为韩国经济发展的国家战略之一。经济结构的转型使文化产业蓬勃发展，韩国文化开始在世界范围流行，形成“韩流”，进一步拉动了韩国旅游业的发展。2014年，来韩国旅游的外国游客超过了1400万人次，其中中国游客最多613万人次，占到韩国外国游客数目的43%，其后依次为日本（211万人次）和美国（72万人次）。从外国游客增速来看，中国居首，其后依次为香港、泰国、俄罗斯。

文化观光部是韩国旅游业的最高行政机构，负责韩国旅游业的政策制定、旅游资源的调查和管理、对外宣传等。韩国观光公社是韩国旅游业的业务部门，负责国内外旅游事业的发展、旅游资源的开发和人员培训等。韩国观光协会是韩国旅游业的咨询部门，负责对旅游各部门各项业务进行咨询及行业人员的权益保护。韩国先后出台了《旅游事业振兴法》《国际旅游公社法》《旅游基本法》等多部旅游业相关法律。

历　史

三国时代，佛教在朝鲜半岛兴起。人们开始以全国寺院为中心进行以宗教为目的的旅游观光。新罗统一三国后，朝鲜半岛的道路得到了修整，地区间的交流与观光活动不断扩大。

19 世纪末，随着西方思想的流入，现代的旅游观光概念开始兴起。1953 年韩国光复后，劳动者拥有了 12 天的带薪假期，对韩国旅游业的发展起到带动作用。1961 年，韩国颁布了《旅游事业振兴法》和《国际旅游公社法》，1962 年成立了韩国观光公社[10]。1967 年，韩国制定了《公园法》，将智异山指定为韩国首个国立公园。旅游观光开始成为国民福利制度的一部分。

20 世纪 70 年代，随着韩国国民收入的提高和交通基础建设的完善，人们对旅游观光的热情越来越高。发展旅游产业在韩国第三个经济开发五年计划中被确认为国家发展战略。在此期间，韩国先后加入了世界旅游组织和太平洋地区旅游协会。1972 年，韩国颁布了《旅游振兴开发基本法》，并将《旅游事业振兴法》修改成《旅游事业法》。1974 年，韩国开始开发包括庆州普门观光区、济州中文观光区等大规模的观光疗养地。1981 年，韩国的国立公园从 1971 年的 7 处增加到 14 处。1981 年，韩国放松了出境游的限制。1984 年，韩国制订了国民旅游观光长期综合计划。

随着 1986 年亚运会和 1988 年奥运会的召开，韩国旅游业开始迅速增长。1988 年，韩国旅游业收入达到 32.73 亿美元。1989 年，韩国全面放开了国民出境游。1993 年，韩国大田广域市举办 1993 年世界博览会，再次使韩国旅游业升温，旅游收入达到 35.1 亿美元。1998 年，随着南北关系的改善，双方合作开始了金刚山旅游项目。2002年，金刚山被指定为旅游特区。

亚洲金融危机时期，韩国经济进行了结构性的挑战。发展文化旅游产业成为韩国的国家战略之一。时任韩国总统金大中还亲自与HOT组合为韩国旅游业做广告。国家元首亲自为旅游业拍广告，这不仅在韩国是有史以来第一次，在世界范围也是破天荒的。[11] 20世纪末，随着韩国文化在世界范围的兴起，韩国旅游业在韩流的带动下发展迅猛[12]。2002年，到韩国旅游的外国游客数量为439.2万人次，其中日本游客230.7万人次，中国30.3万人次，美国52.6万人次，旅游外汇收入62.8亿美元。2004年，韩国开通了首尔至釜山的高速铁路，首尔至釜山的行程从4个多小时缩短为2个小时，堪称韩国旅游的“黄金线”。

旅游资源

韩国旅游资源丰富，分布在全国各地的自然、历史、人文景观达2300余处。韩国旅游景点大致可分为六大区域，首尔及周边地区、中部、东南部、西南部、东北部和济州岛。有时也把全罗南道和庆尚南道的沿海地区列为南部海岸圈。

首尔乐天世界娱乐场

首尔及周边

位于汉江之滨的首尔是韩国的首都，也是韩国的文化、经济中心。韩国近一半的人口生活在包括首尔、仁川和京畿道在内的首都圈内[13]。首尔是座历史悠久的古今并存的大都会，市中心保留着朝鲜王朝的四大宫殿（景福宫、德寿宫、昌德宫和昌庆宫）。其中昌德宫为联合国教科文组织制定的世界文化遗产。昌德宫的后苑是典型的韩国古典园林。首尔另一处世界文化遗产宗庙是供奉朝鲜历代国王牌位和举行祭祀的地方。这里很好地保留着韩国古老的祭礼、祭礼乐等传统及习俗。

首尔 光化门广场

首尔汉江上的汝矣岛是首尔的金融与投资中心，被誉为“韩国的华尔街”。韩国证券交易所（现为韩国交易所的一部分）、韩国国会议事堂、大韩生命63大厦、首尔国际金融中心以及全球最大的基督教教堂汝矣岛纯福音教会都位于该岛上。汝矣岛是韩国著名的樱花观赏地。汝矣岛轮中路经国会议事堂至韩国放送公社前的大道两旁种满了樱花，被称为“樱花道”，长达10公里。早春时节樱花怒放时，“樱花道”会形成一条壮观的“樱花隧道”。岛上建有包括汝矣岛公园和汝矣岛汉江公园在内的5个公园，亦是休闲赏花的好去处。

东大门设计广场

首尔旧城中心的仁寺洞是游客最喜欢去的地方之一。这里古玩店、画廊、茶馆、饭馆、书店鳞次栉比，有着很浓的文化气息。此外，国立中央博物馆、国立传统表演艺术中心、世宗文化会馆、湖岩美术馆以及位于首尔以南的卫星城果川的国立现代美术馆也都是首尔重要的文化景点。

位于首尔市中心南山公园的 N 首尔塔是首尔的著名标志之一。游客可以在 N 首尔塔上一览首尔全景。在 N 首尔塔下还有一家泰迪熊博物，附近还有南山公园和南山谷韩屋村等其他旅游景点。每天晚 7 时至 12 时整点 N 首尔塔还会呈现建国大学郑教授设计的“首尔之花”灯光作品，从各个角度向天空发光在首尔的夜空中演绎盛开的花朵。

京畿道的海岸线沿着海滩蜿蜒曲折，形成了众多的港湾、海岬和岛屿。南阳湾、牙山湾、金浦半岛、华城半岛、江华岛、永宗岛都是旅游胜地。位于京畿道首府水原市的华城是朝鲜王国的一座城堡。1997 年被联合国教科文组织列为世界文化遗产。仁川广域市的唐人街是韩国最大的华侨聚居地。

● 东北部

东北部的江原道是韩国景色秀美的高山树林地区，大部分地区为密林所覆盖。江原道是韩国的滑雪胜地，有着很好的滑雪条件和先进的设施。1999 年第 4 届亚洲冬季运动会曾在此举行。2018 年，江原道平昌郡将举办

2018年冬季奥林匹克运动会。江原道首府春川市在每年8月举办春川木偶节，世界各地的木偶剧团均前来参加。

雪岳山国立公园

江原道东草的西南方的雪岳山是太白山脉的最高峰，韩国著名的自然景观。雪岳山一年四季多姿多彩，奇石怪松景色壮丽，主要景点有新兴寺、雪岳山国家公园内外的尺根山温泉、五色药水泉和雪岳温泉等雪岳山国立公园。

中部

中部包括忠清北道和忠清南道，是韩国经济战略中心清州市和科学城大田广域市，以及百济古都扶余所在地。水安堡、道高、温阳、儒城温泉，公州山城、俗离山，外岩里民俗村等都分布在中部地区。

位于韩国中部的大田广域市，是韩国的科技中心，也是忠清南道的首府。大田市比邻世宗特别自治市，是京釜线、湖南线、京釜高速公路、湖南高速公路的交汇处。1993年世界博览会会址已经成为科学公园。

扶余是韩国古代百济王国最后的首都。扶余市内的国立扶余博物馆馆藏丰富，收藏了近7000件百济时代的文物。

鸡龙山是中部地区的名山之一，韩国第三大江锦江在其旁边流过。鸡龙山原为百济的文化中心，有大量独特的文物和史迹。

● **西南部**

西南部包括全罗北道、全罗南道和光州广域市。该地区广阔平坦，海岸线蜿蜒曲折，土地肥沃，气候温暖。东面和北面有高山屏障，西面和南面是大海和众多的岛屿。全州以其传统的拌饭和韩纸出名。光州广域市、南原市、宝成市是西南部特殊韵味的都市。木浦、丽水、群山等是美丽的海滨旅游城市。

珍岛“摩西奇迹”

智异山国立公园、德裕山国立公园和内藏山国立公园都位于这个地区。其中，智异山国立公园是韩国最早的国立公园，亦是韩国面积最大的山岳国立公园。许多隐士在这“智慧异人之山”修道养性。智异山与金刚山和汉拏山被称为“三大神山”。

全罗南道西南海岸的珍岛是韩国第三大岛。游客可以在这里看到“珍岛摩西奇迹”。珍岛岸边的桧洞里与附近的茅岛之间的海水每年 5 月初和 7 月中旬都会分开近 1 小时之久，露出一条长 2.8 公里，宽 40 米可供行走的道路。珍岛与大陆之间的海峡被称为鸣梁海峡。1597 年，李舜臣将军曾在此击败大规模入侵的倭寇，史称“鸣梁大捷”。

位于光州以北 22 公里的潭阳是韩国竹子种植和竹工艺的中心，被称为

“竹乡”。潭阳建有一座专门的竹子博物馆潭阳竹子博物馆。

东南部

东南部包括庆尚北道、庆尚南道和釜山广域市。这里是韩国千年古都庆州和新型工业基地浦项和蔚山，以及具有浓厚儒家传统的安东所在地。最著名的闲丽水道、智异山和加耶山都位于该地区。

海云台海滩

庆州是韩国古代新罗王国的首都。庆州整个城市都可以称为文化遗产，主要景点包括南山、佛国寺、石窟庵、普门观光区等，其中佛国寺和附近的佛国寺已被联合国教科文组织列为世界文化遗产。庆州国立博物馆收藏着在庆州及其周边地区发现的古代珍品。在庆州这座历史名城附近的是正在发展中的工业城市浦项和蔚山。浦项是浦项制铁所的所在地，蔚山则是韩国现代集团公司的汽车和造船工业基地。

位于韩国佛教圣地伽倻山内的海印寺是韩国三大寺庙之一。海印寺内藏着 8 万余块 13 世纪用于印刷《高丽大藏经》的木刻版。《高丽大藏经》是东亚最完整的佛经汇编。海印寺的藏经阁已经被联合国教科文组织指定为世界文化遗产。

安东市是有着浓厚儒教传统的城市。这里保存着古代韩国生活的最后痕迹。安东附近的河回村以独特的面具和面具舞出名。附近还有16世纪韩国最著名的儒士之一李滉所建的陶山书院。2010年7月31日，与庆州良洞村以“韩国历史村落”的名义获列入世界遗产名录。

海东龙宫寺

釜山广域市是韩国的第二大城市和第一大海港。釜山拥有包括海云台海滩、广安里海滩在内的6大海滩浴场。海云台的釜山水族馆是韩国最大的水族馆。位于影岛区的太宗台是个自然公园，海岸线上有壮美的峭壁。釜山西面的金井山是釜山市民周末喜欢的地方。北面的釜山国立大学附近有大学影院、咖啡厅、酒吧和餐馆。周末晚上还有露天文化演出。附近的梵鱼寺是釜山的主要佛寺。位于釜山东海岸的海东龙宫寺是韩国唯一一座建在海边的寺院。釜山标志之一的釜山塔位于龙头山公园。位于釜山影岛区的韩国国立海洋博物馆是韩国首座海洋博物馆。釜山亦是釜山国际电影节、釜山国际表演艺术节、海云台沙雕节、釜山国际舞蹈节、釜山海洋节、釜山国际摇滚节、釜山国际魔术节、釜山国际儿童电影节、釜山国际广告节、釜山国际喜剧节、釜山国际焰火节和韩国国际游戏展示会等诸多文化节的举办地。

位于浦项东北217公里的郁陵岛是韩国继济州岛之后的第二大旅游观光岛[14]。岛上的主要观光景点包括道洞药水泉公园、独岛瞭望台、独岛博物馆、圣人峰、望乡峰、峰莱瀑布、郁陵岛香树、竹岩黑鹅卵石海水浴场、金刚院等。望乡峰上的瞭望台可以看到远处的独岛和郁陵岛的全景，也是看日出的好地方。郁陵岛也是进入独岛的必经之地。游客必须先从江原道墨湖港或庆尚北道浦项市出发乘渡轮前往郁陵岛，然后乘坐每日通往独岛的渡轮到独岛旅游。韩国目前准许每次最多70人登岛。在独岛上可以看到郁陵岛的壮观海岸线。

济州岛

济州岛是韩国最大的岛屿和著名的旅游度假圣地，世界新七大自然奇观之一，有着“小夏威夷”的美称。济州岛有着海岛独特的美丽风光，其海岸有奇特的火山柱状节理海岸。此外还有著名的正房瀑布、天帝渊瀑布、天地渊瀑布、药泉寺、城山日出峰、龙头岩等景点[15]:391-320[16]:67-83。

济州岛城山日出峰

位于济州岛中部的汉拏山，是韩国最高的山峰，与金刚山和智异山被称为“三大神山”。汉拿山分布有火山地形、河川地形、湿地地形、冰缘地形、风化侵蚀地形等极具地形地质学研究价值的地貌，是联合国教科文组织制定的世界自然遗产。

世界文化遗产

佛国寺与石窟庵

佛国寺位于韩国庆尚北道庆州吐含山脚下。据《三国遗事》记载，佛国寺为751年新罗景德王的宰相金大城为纪念父母所建立。壬辰倭乱期间惨遭焚毁，其后经过数次修复。佛国寺的建筑布局分为两大区，一区以大雄殿为中心，有青云桥、白云桥、紫霞门、泛影楼、自经楼、多宝塔、释迦塔、无说殿等，另一区以极乐殿为中心，有七宝桥、莲华桥、安阳门等。在吐含山东边有佛国寺附属庵石窟庵，同佛国寺一样由金大成所建。除本尊佛外，石窟石壁上还刻有 11 面观音菩萨、大梵天、帝释天、文殊菩萨、普贤菩萨、十大弟子、四大天王等群像，有很高的宗教艺术的价值。1995 年，佛国寺和位于其东部的石窟庵一同被列为世界文化遗产。

海印寺藏经阁

● **高丽大藏经和海印寺**

海印寺位于韩国庆尚南道伽倻山，与通度寺和松广寺合称韩国佛教三宝寺。寺内藏有 8 万余块 13 世纪用于印刷《高丽大藏经》的木刻版。高丽大藏经是 13 世纪高丽王朝高宗用 16 年时间雕刻成的世界上最重要和最全面的大藏经之一。高丽大藏经内容全面，准确无误，做工精美，为韩国第 32 号国宝。其保存地韩国海印寺 1995 年被联合国教科文组织指定的世界遗产。

● **宗庙**

宗庙 1995 年被联合国教科文组织指定的世界遗产。

昌德宫

昌德宫是朝鲜王朝的宫殿之一，位于今韩国首尔市。1997 年被联合国教科文组织登入为世界文化遗产。

昌德宫

华城

华城是南韩首尔南部的一座城堡。1997 年被列为世界文化遗产。

华城

● 庆州历史遗迹地区

庆州历史遗迹地区2000年被列为世界文化遗产。

● 高敞、和顺、江华支石墓遗址

高敞、和顺、江华支石墓遗址2000年被列为世界文化遗产。

● 朝鲜王陵

2009年，分布于韩国京畿道、首尔市、江原道和朝鲜民主主义人民共和国开城市的朝鲜王朝二十七代国王、王妃的42座陵墓朝鲜王陵被列为世界文化遗产。

● 韩国历史村落

2010年7月31日，保留了朝鲜时代的建筑和风俗韩国庆尚北道安东市的河回村与庆州良洞村以“韩国历史村落”的名义获列入世界遗产名录。

● 南汉山城

2014年6月，韩国京畿道广州市、河南市与城南市交界处的南汉山城获列入世界遗产名录。

● 百济历史遗迹区

2015年7月4日，分布于韩国忠清南道与全罗北道的百济历史古迹地区获列入世界遗产名录。

第三节　韩国博物馆

韩国博物馆事业发达。据权威的英国《艺术新闻报》报道，2009年和2010年，韩国国立中央博物馆参观人数分别为273万人次和306万人次，列世界各大博物馆的第十位和第九位，亚洲第一位，游客人数远超过第二位的台北故宫博物院和第三位的日本东京博物馆。即使是位于首都以外的韩国国立庆州博物馆和国立公州博物馆，2010 年游客人数也分别排名世界第 22（149 万人）位和世界第 91（55 万人）位。

韩国的博物馆大多免费参观，即使收费也很低廉。2004 年庆州国立博物馆门票仅 400 韩元（时合人民币 2.8 元）。韩国战争博物馆、首尔历史博物馆、世宗会馆和李舜臣会馆也是完全免费。规模号称世界第六大的韩国国立中央博物馆门票仅为 2000 韩元（时合人民币 14 元），现在仍然是这个价格，且每月第四周周末全天免费。在这个人均 GDP2.3 万美元的国家，如此低廉的博物馆门票几乎等于是免费了。

韩国博物馆的展品也许比不上我国国内博物馆丰富，但参观辅助设施非常先进，充分利用了声、光、电子等多种手段，并且可以租用带有英语、日语、汉语翻译的耳机，每个展室还有一个角落放映解说录像。

韩国各种博物馆和纪念馆，不管是否“冷门”，参观人流始终不会停息。最多的是由老师带领的中小学生团队，全家出动的也不在少数。比起国内不少博物馆、纪念馆被冠以某教育基地、实际却门庭冷落的尴尬场景，韩国博物馆更多是靠自己的扎实服务和国民素养的提高吸引观众。

韩国人乐于走进博物馆，与该国近年重视历史教育也有很大关系。李明博总统曾专门发表强调历史博物馆重要性的谈话，他说：“我们要带着历史的使命意识，让我们的子孙后代了解爷爷奶奶和爸爸妈妈们是如何开创韩国的。”

韩国主要博物馆列表

● **国立博物馆**

博物馆名称	地点	网址
国立中央博物馆	首尔	http：//www.museum.go.kr/
国立古宫博物馆	首尔	http：//www.gogung.go.kr
国立中央科学馆	大田广域市	http：//www.science.go.kr
国立现代美术馆	果川市	http：//www.moca.go.kr
国立民俗博物馆	首尔	https：//web.archive.org/web/20071226145052/http：//www.nfm.go.kr/
国立海洋博物馆	釜山	http：//www.nmm.go.kr/english/

续表

博物馆名称	地点	网址
国立植物园		https：//web. archive. org/web/20070902002437/http：//www. koreaplants. go. kr：9300/
国立灯塔博物馆		http：//www. lighthouse-museum. or. kr
国立扶余博物馆	扶余市	https：//web. archive. org/web/20160229220412/http：//buyeo. museum. go. kr/
国立清州博物馆	清州市	https：//web. archive. org/web/20080329010606/http：//cheongju. museum. go. kr/
国立春川博物馆	春川市	https：//web. archive. org/web/20050629090403/http：//chuncheon. museum. go. kr/
国立大邱博物馆	大邱广域市	https：//web. archive. org/web/20071212084833/http：//daegu. museum. go. kr/
国立金海博物馆	金海市	https：//web. archive. org/web/20080409153146/http：//gimhae. museum. go. kr/
国立公州博物馆	公州市	https：//web. archive. org/web/20071214032958/http：//gongju. museum. go. kr/
国立庆州博物馆	庆州	https：//web. archive. org/web/20100207134614/http：//gyeongju. museum. go. kr/
国立光州博物馆	光州	https：//web. archive. org/web/20071217205203/http：//gwangju. museum. go. kr/
国立全州博物馆	全州市	https：//web. archive. org/web/20060829201307/http：//jeonju. museum. go. kr/
国立济州博物馆	济州市	https：//web. archive. org/web/20071212084841/http：//jeju. museum. go. kr/
国立晋州博物馆	晋州市	https：//web. archive. org/web/20071212084905/http：//jinju. museum. go. kr/
韩国战争纪念馆	首尔	http：//www. warmemo. co. kr
韩国银行货币金融博物馆	首尔	http：//museum. bok. or. kr

首尔市立博物馆

博物馆名称	地点	网址
首尔历史博物馆	中区西小门洞	http：//www. museum. seoul. kr
首尔市立美术馆	冠岳区南岘洞	http：//seoulmoa. seoul. go. kr
西大门自然历史博物馆	西大门区延禧洞	http：//namu. sdm. go. kr
首尔教育史料馆	钟路区花洞	http：//www. edumuseum. seoul. kr
许浚博物馆	江西区加阳洞	http：//www. heojun. seoul. kr
地球村民俗博物馆	中区会贤洞	http：//www. serii. re. kr

首尔私立博物馆

博物馆名称	地点	网址
首尔奥林匹克艺术博物馆		https：//web. archive. org/web/20031217201658/http：//www. artmuseum. or. kr/
首尔奥林匹克博物馆		http：//www. seoulolympicmuseum. com
首尔大学艺术博物馆		http：//www. snumoa. org/
韩尚洙刺绣博物馆	钟路区嘉会洞	email：kembroidery@ empal. com
金九博物馆	龙山区孝昌洞	http：//www. kimkoomuseum. org
蚩尤金属工艺馆	瑞草区牛眠洞	http：//www. chiwoocraftmuseum. org
湖林博物馆	冠岳区新林洞	http：//www. horimmuseum. org
湖岩美术馆		http：//hoam. samsungfoundation. org/
泡菜博物馆	江南区三成洞	http：//www. kimchimuseum. co. kr
新闻博物馆	钟路区世宗路	http：//www. presseum. or. kr
嘉会博物馆	钟路区嘉会洞	http：//www. gahoemuseum. org
世界珠宝博物馆		http：//wjmuseum. com
三星美术馆	龙山区梨泰院洞	http：//www. leeum. org
一民美术馆	钟路区	http：//www. ilmin. org

主要博物馆简介

● 国立中央博物馆

韩国国立中央博物馆位于韩国首尔龙山家族公园，是韩国国立博物馆的中心馆。馆藏旧石器时期到20世纪初的22万余件文物，2013年参观人数在世界艺术博物馆中排名第14位。

国立中央博物馆在韩国各地有11个分馆，包括国立庆州博物馆、国立光州博物馆、国立全州博物馆、国立扶余博物馆、国立大邱博物馆、国立清州博物馆、国立金海博物馆、国立济州博物馆、国立春川博物馆、国立晋州博物馆、国立公州博物馆。

韩国国立博物馆始创于朝鲜纯宗1909年效仿西方文明社会在昌庆宫建立的韩国第一个现代博物馆，“帝室博物馆”。日本占领朝鲜半岛后，朝鲜总督府将博物馆更名为“李王家博物馆”并在景福宫建立了“朝鲜总督府博物馆”用于美化日本吞并朝鲜半岛。原“帝室博物馆”1938年被迁往德寿宫并更名为“李王家美术馆”。1945年，日本战败后，朝鲜总督府博物馆被重组成立“国立博物馆”。朝鲜战争时期，博物馆的2万多文物被安全送往釜山而免于战火。1953年，这些文物又被运回德寿宫。1972年，博物馆正式命名为“国立中央博物馆”。1993年，龙山家族公园内一块区域被划分为中央博物馆新馆预定地。不过中央博物馆新址的启用日期，因为驻韩美军龙山基地一座直升机降落场（其停机坪和联外道路位于博物馆现址前方）的迁移问题，而一再延宕至2005年，才使博物馆迁入龙山家族公园区内的现址。

国立中央博物馆目前占地29万多平方米，总楼面面积13.7万多平方米。博物馆分地上6层地下1层。常设展馆设在1到3层。1层设有史前、古代、中世、近世馆，展出的是各个历史时期的文物。2层是书画馆和捐赠馆。3层展出的是雕塑、工艺品馆以及亚洲工艺品馆。

国立中央博物馆

图集

金铜弥勒半跏思惟像

高句丽时期的瓦当

敬天寺十层石塔

新罗金王冠

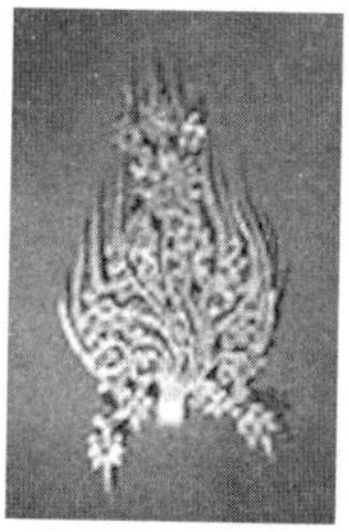

武宁王金制冠饰

渤海国龙头石雕

高丽青瓷鸭

高丽青瓷镂空香炉

国立故宫博物馆

国立故宫博物馆是一座位于韩国首尔钟路区世宗路景福宫的博物馆，主要收藏朝鲜王室的文物。

国立故宫博物馆最初是朝鲜纯宗 1908 年 9 月在昌庆宫建立的“帝室博物馆”。次年帝室博物馆对公众开放。1910 年 8 月，日本吞并朝鲜半岛后，将帝室博物馆更名为“李王家美术馆”。1938 年美术馆被迁到德寿宫。1946 年 3 月，韩国光复后，美术馆改名为“德寿宫美术馆”。1961 年德寿宫事务所成立。1969 年改编为国立博物馆。1992 年 12 月，德寿宫事务所被扩大为“宫中遗物展示馆”。2005 年 3 月正式命名为现在的“国立故宫博物馆”并迁址到目前在景福宫的位址。该处也是韩国国立中央博物馆的旧址。同年 8 月博物馆第一任馆长就职。经过扩建后，2007 年国立故宫博物馆全面对外开放。

国立故宫博物馆收藏有 40000 多件朝鲜王室的文物，其中的 14 件被列为韩国国宝。[17]馆中的藏品包括朝鲜王室的文献书籍、国家礼仪、服装、教育、绘画、音乐和生活用品[18]以及朝鲜高宗使用过的国玺。

国立故宫博物馆同时还藏有 150 份《朝鲜王室仪轨》。1922 年，日本吞并朝鲜半岛期间，《朝鲜王室仪轨》被掠到日本。这些《朝鲜王室仪轨》2011 年 12 月被退还给韩国，并一直收藏在国立故宫博物馆内。

国立民俗博物馆

韩国国立民俗博物馆是美国军政厅在1945年11月8日二战结束后所建立。展示从史前朝鲜到1910年的韩国历史。

韩国国立民俗博物馆最初建于首尔南山。1975年被搬到景福宫。

目前的建筑是1972年依照韩国传统历史建筑特征所建。该建筑在1986年以前是韩国国立中央博物馆。后来国立中央博物馆搬出，该建筑被重新装修并于1993年作为国立民俗博物馆重新开馆。民俗馆共有3个展厅，还包括一个儿童馆和一个室外展厅。

国立海洋博物馆

韩国国立海洋博物馆位于韩国釜山广域市影岛区，是韩国首座海洋综合博物馆。博物馆占地面积4.5万平方米，建筑面积25870平方米，总投资1142亿韩元，于2012年7月9日正式开馆。

国立海洋博物馆共分四层。一层是海洋图书馆，拥有2万多册海洋类图书，并设有多媒体体验空间。二至四层是有关海洋的展示馆和影像馆。展示馆由航海船舶、海洋历史人物、海洋文化、海洋产业、海洋科学、海洋领土、海洋生物、海洋体验和儿童博物馆9个常设展示馆和1个企划展示馆组成。馆内藏品达1万余件。博物馆内还陈列有实物的二分之一规格的朝鲜通信史船复原件。这是韩国国内最大规格的朝鲜通信史船复原件。博物馆的四层建有一个 4D 影像馆，可以体验 4D 立体海洋世界。

● 战争纪念馆

韩国战争纪念馆是位于韩国首尔的国家级博物馆，为世上最大规模的战争主题纪念馆。该馆于 1994 年 6 月 10 日开放，以收集、保存和展出韩国历代战争的史料为宗旨。

战争纪念馆位于首尔的中心城区。该地在日治时期，曾为日军的驻扎地。朝鲜战争后，原日军兵营成为驻韩美军龙山基地，该地之后又从美军基地划分出来，成为大韩民国陆军总部。该馆于 1990 年 9 月动工兴建，1993 年 12 月竣工，1994 年 6 月 10 日正式开放。

战争纪念馆露天展览场摆放了极具历史意义的纪念物，其中最著名的有“广开土大王碑”“兄弟像”和“朝鲜战争纪念碑”等。在进入纪念馆两旁的走廊，是纪念朝鲜战争和越战时阵亡的韩国士兵。

战争纪念馆大楼由地下两层、地上四层所组成，设有 7 个展览室。展览室分别有：“护国追悼室”“战争历史室”“朝鲜战争室”“海外派兵室”“国军发展室”“大型装备室”和“发散设备室”。护国追悼室是以纪念为国牺牲的忠贞烈士为题；战争历史室、朝鲜战争室、海外派兵室、国军发展室、大型装备室和发散设备室则主要利用展品与介绍，陈述韩国的战争史及其军队的发展。战争历史室和朝鲜战争室主要着重韩国的战争史；至于大型装备室、放散装备室和国军发展室所陈列的实物和模型，则主要展示了各种防卫装置、武器和韩国生产的战争装备。海外派兵室重点介绍韩国曾以联合国维和部队的身份所派兵的战地背景、活动情况和成果。

战争纪念馆内的收藏库，所藏存放与战争相关的资料和遗物达 17800 件之多。陈列的展品包括了韩国各战争时期的装备、在第二次世界大战、越南战争、中东海湾战争中不同国家曾使用的战争装备的实物和模型，例如有各样的战机、大炮、潜水艇等重型武器。

露天展览场之战机与坦克

韩国银行货币金融博物馆

韩国银行货币金融博物馆是韩国银行旗下的一个货币金融博物馆，总部位于韩国首尔中区，在大邱广域市、木浦市、光州广域市、仁川广域市、江原道、济州岛等地的分行也设有展厅。

博物馆的建筑为原韩国银行本部大楼，1981 年被指定为韩国历史遗址 280 号。博物馆内藏有 4500 多种包括韩国在内的世界各种货币，并设有展示韩国银行发展历史，货币制造过程，货币在国民经济中的作用等展厅。

1990 年 6 月，韩国银行本部在搬迁到新大楼后，开始在原本部大楼的 2

层开设货币展览厅。1999年12月，原韩国银行本部大楼被正式指定为韩国银行货币金融博物馆馆舍并进行装修。2001年6月，装修一新的韩国银行货币金融博物馆正式开馆。2003年6月，博物馆被指定为韩国一级博物馆。

韩国银行货币金融博物馆的建筑是20世纪法国文艺复兴式的城堡建筑，由日本设计师辰野金吾设计。辰野金吾同时也是日本银行本部和日本东京站的设计者。大楼最初设计为第一劝业银行首尔分部并于1907年11月开始施工。1912年大楼建成时被改为朝鲜日治时期中央银行朝鲜银行的本部大楼。1945年，韩国光复后，朝鲜银行被解散。大楼成为新成立的韩国中央银行韩国银行的本部。1987年，韩国银行搬移到在大楼后面新建的一幢大楼。韩国银行本部旧楼经重新装修后成为韩国银行货币金融博物馆馆址，并于2001年1月13日正式开馆。

● 湖岩美术馆

湖岩美术馆是一座位于韩国首尔南方约40公里处的京畿道龙仁市爱宝乐园内的民间美术馆，由三星集团创始人李秉喆（号“湖岩”）创建，1982年4月22日对公众开放，是当时亚洲最大的私人美术馆。

湖岩美术馆占地1200坪，楼上两层，地下一层，内部配有先进的湿度调节设备，总耗资19亿韩元。李秉喆修建此美术馆的目的是弘扬本民族文化，同时也是为将自己的私人财产变为国民的公共财产。他将自己40年间所收集的民族美术工艺品全部赠给了湖岩美术馆。

湖岩美术馆收藏有李秉喆捐赠的青瓷、白瓷、金冠等七件国宝，和相当于日本重要文化遗产的四件国宝，以及其他瓷器、绘画、书法、黄金制品等艺术珍品。其中“青瓷辰砂莲华文瓢型注子”（韩国国宝133号）是李秉喆以100万美元从日本购得的韩国流失国宝。“青华白瓷梅竹文壶”是另一件李秉喆极为欣赏的收藏，被指定为韩国国宝219号。

● 涧松美术馆

涧松美术馆是坐落于首尔市城北区城北洞97-1的美术馆博物馆。由于害怕朝鲜日治时期朝鲜美术工艺品古书等流失国外，全鎣弼以个人之力收集大量作品，1938年成立朝鲜第一个近代的私立美术馆“宝华阁”。全鎣弼死后，1966 年韩国民俗美术研究所设立，附属该美术馆，改名为全鎣弼的雅号“涧松”。

馆内藏有训民正音东国正韵原本等大韩民国国宝，金弘道申润福风俗画、高丽青瓷等。质量都是韩国一流。每年 5 月与 10 月开馆 2 周、其他时间闭馆。

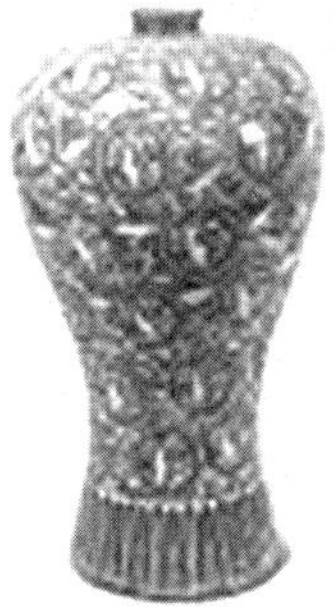

青瓷象嵌云鹤文梅瓶

（大韩民国国宝第 68 号）

“训民正音”

（大韩民国国宝第 70 号）

全谷史前博物馆

全谷史前博物馆是位于韩国京畿道涟川郡全谷里 176-1 号的一所以史前遗址为题的博物馆，而博物馆也是位于全谷里史前遗址之上；博物馆于 2009 年 3 月 23 日兴建，并于两年后的 4 月 25 日对外开放。

驻守韩国京畿道东豆川市的美军格雷格·鲍文（Greg Bowen）于 1978 年在韩国京畿道涟川郡汉滩江江边的全谷里发现了一个属于旧石器时代的史前遗址，韩国政府于翌年把这个遗址列为国家古迹，名为全谷里史前遗址，其编号为 268；自此至 2009 年先后进行了 17 次考古调查。

韩国文化财产厅于 2004 年 3 月 3 日通过了在全谷里史前遗址的基本计划方案；翌年 6 月 17 日，当局表达了兴建一座博物馆的意向，并在同月成立全谷史前博物馆推进委员会，而在同年 9 月中开始了为期三个月对兴建博物馆的可行性研究。2006 年 4 月 4 日公布了全谷史前博物馆设计方案，并在同时间于博物馆选址开展了达四个月的挖掘调查工作。全谷史前博物馆推委会于 2007 年 5 月 30 日与法国 X-TU 及首尔建筑签署设计咨询合同，并于同年 8 月 1 日与 STS E&C 签署建设管理咨询合同。

全谷史前博物馆推委会于 2007 年 10 月 1 日及 2008 年 3 月 17 日分别向京畿道知事提交博物馆的设计草图计划及中期基本设计规划。韩国文化财产厅史科于同年 4 月 2 日批准了有关设计方案，而京畿道文化基金会也通过了博物馆的相关方案；而法国 X-TU 及首尔建筑在 2008 年 10 月 15 日也提交了最终设计方案；有关方面于 2009 年 1 月 12 日向京畿道知事汇报博物馆最终设计方案。最终，全谷史前博物馆于 2009 年 3 月 23 日动工兴建，并在 2011 年 4 月 25 日正式对外开放[19]。全谷史前博物馆分为博物馆大楼及博物馆馆外两个部分。博物馆大楼采用反光面的不锈钢为墙身配以星型小点，远看像是蟒蛇蛇纹。而建筑物楼高三层：地面一层主要设有收藏室、博物馆的办公室以及一个多用途演讲室；一楼设有会议赛、常设展览室、考古学体验室、教育室、餐厅及博物馆商店；而最高一层的二楼设有学艺室及馆长办公室。博物馆馆外的设施则有生态池塘、户外体验场、餐厅、停车场以及特为伤残人士而设的停车场。

第四部分

韩国文化

第一章　韩国传统文化

第一节　韩国传统文化遗产

韩国是个具有悠久历史和灿烂文化的国家。韩国的传统文化大致分为精神文化、有形文化、生活文化等3种。精神文化（无形文化）包括民俗游戏、岁时风俗、孝思想、韩医学等；有形文化包括建筑物、书籍、古文书、雕刻、工艺品等；生活文化包括大酱、泡菜、传统茶等饮食以及韩服、韩纸、黄土屋、陶瓷、瓮等生活用品。本章重点介绍韩国传统文化中的精神文化。

民俗游戏

● 翻板子游戏

从正月初一（阴历1月1日）到十五，人们在一起玩翻板子游戏，这是适合男女老少所有人参与的游戏。只要有板子、板子牌和板子马，不论在哪里都可以玩翻板子游戏。通过掷板子，根据出现的板子牌，移动板子马，最早到达终点的人获得胜利。

● 跳跳板

年初（阴历1月1日），在长长的长方形木板中间垫上稻草捆支撑，两名女子分别站在木板两端，相互寻找平衡，然后一方用力压下木板，将另一方弹上去，而该女子落下时的重力又将对方弹起，如此相互配合着重复弹起落下的游戏。

游戏规则为一方用力压板将对方弹起后，如果对方落下时从木板上掉下来，就算输，再换另一人上场。这个游戏可以单独两个人玩，也可以多人分成两队进行比赛。

● **摔跤**

两个人相互抓住对方，使用力气和技术，以先将对方弄倒在地的一方为胜方的游戏。摔跤是农耕社会的祭礼活动之一，每到阴历 5 月 5 日端午节，男子们会在村子里进行大力士比赛，在宽阔的沙地或草地聚集，进行摔跤比赛。

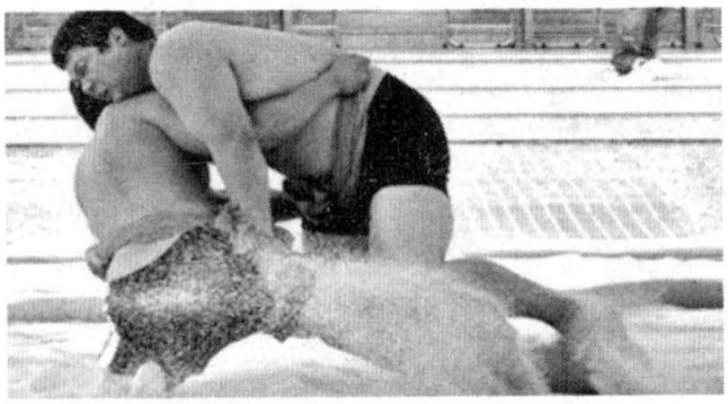

● **投壶**

在一定距离之外放置瓶子，分组将箭掷入瓶内的游戏。可以两个人做游戏，也可以多人分成两队玩，将蓝色、红色的箭掷入瓶中，以箭的数目决定胜负。投壶时使用的瓶的种类或大小有很多种，箭的大小也各不相同。参加游戏的人站在一定位置上，对准置于一定距离外的瓶子掷出箭，掷入瓶中或瓶耳，根据箭的插入情况确定得分。

岁时风俗

● **板索里（판소리）**

板索里 1964 年 12 月 24 日被韩国政府认定为第五号“重要无形文化遗

产”，2003 年 11 月 7 日被联合国教科文组织认定为世界无形文化遗产并被列入《人类口传及无形文化遗产杰作》之中。

板索里是朝鲜中期以后发展起来的民间艺术形态的一个分支。它是以南道地区特有的曲调为基础，由唱者配合着鼓手打出的节拍通过声音和肢体动作来演绎一定内容的说唱艺术。一场板索里表演持续时间为 2~4 个小时。板索里以南道的乡土旋律为基础，根据节拍的长短分为晋阳调、中茂里、中中茂里、扎紧茂里、惠茂里、峨茂里、峨中茂里等 7 种形式，配合不同的节拍添加唱者的念白和动作以提升戏剧效果。唱者念出的台词又称为剧歌。板索里产生于各式平民文化开始流行的朝鲜肃宗时期。较为著名的有《春香歌》《沈青歌》《兴甫歌》《水宫歌》《赤壁歌》《雄雉打令》《卞钢铁打令》《武叔打令》《裴裨将打令》《江陵梅花打令》《淑英娘子伝》《雍固执打令》等 12 部板索里，统称“板索里十二部（其中前五部传承至今，后七部已失传）”。随着板索里唱法的普及和流行，到朝鲜英祖和正祖时期出现了河汉潭、崔先达、禹春大等名唱，他们使板索里进一步焕发了生机。纯祖时期及以后，出现了以权三得为代表的高寿宽、宋兴禄、廉季达、牟兴甲、申万叶、朴裕全、金济哲等被一批称为“板索里八名唱”的著名唱者。这些名唱对于确立板索里的曲调和节拍，充实其音乐性，促进板索里艺术的繁荣发展做出了重大贡献。

朝鲜后期桐里、申在孝对当时的板索里体制进行了整理，将“板索里十二部”删减成了《春香歌》《沈青歌》《兴甫歌》《卞钢铁打令》《水宫歌》《赤壁歌》等 6 部，并将台词改得更符合实际语境，此后的表演者们都是按照申在孝的剧本演唱的。此外，李善有又把“板索里六部”中的《卞钢铁打令》删除，形成了“五歌”，即传承至今的“板索里五部”。板索里原本盛行于中部以南地区，表演者也多为全罗道巫人出身，在申在孝将其发扬光大以后经历了近一个世纪的发展演变。自光武年间圆觉社之后，板索里的表演形式受西洋戏剧的影响发生了一些变化。因此，今天我们看到的板索里严格来讲与最初的板索里是有一定差别的。

● **处容舞（처용무）**

处容舞于1971年首次被评为重要无形文化财，2009年又被载入联合国教科文组织世界无形遗产名录。

处容舞是为纪念处容［新罗时代（BC 57～AD 935）传说中出现的人物］而跳的一种面具舞（가면무용）。在宫中舞蹈中，是唯一佩戴人面面具而跳的舞蹈，也被称为“五方（5방위）处容舞”。处容舞是在神话传说的基础上诞生的。生活在统一新罗宪康王（헌강왕）（875～886年在位）年间的处容，面对要害妻子的疫神（传染疾病的神）前，唱起了自编的歌，并跳起舞蹈，最后将疫神赶跑了。从那以后，人们渐渐开始将画着“处容”形象的画贴在门上，以吓退鬼魂。处容舞是将面具、服装、音乐和舞蹈结合起来的高水平舞蹈艺术，舞者要随伴奏音乐和歌曲的变化，把持住舞蹈的灵魂、脉动。舞者共5人，分别按东西南北和中央5个方位站，身着有一定象征意义的衣服而舞蹈。东边是蓝色，西边是白色，南边是红色，北边是黑色，中央是蓝色。舞蹈以阴阳五行说（宇宙中万物、万事的生成和消失都是按阴阳和五行的变迁规律而运转的）为基本精神，含有避过噩运（坏运气）的含义。舞者用华丽、绚烂的舞蹈，充满活力的舞姿，呈现出坚毅的面貌，和面具浑然一气。

男寺党表演（남사당놀이）

男寺党表演于1964年被指定为韩国重要的无形文化财，2009年被联合国教科文组织载入世界无形文化遗产名录。

男寺党表演（남사당놀이）自朝鲜后期至1920年间曾一度比较盛行，男寺党团体一般由40人以上的男民间艺人组成，在一名领头人的带领下，穿梭于集市和村落间，以表演杂要、技艺为生，足迹遍布全国。整个组织以领头人为首，由负责表演计划的人（划主）、总体安排的人（寺长）、实际表演者（伽耀）和刚入团者（陛立 Ppiri）、行李搬运工等成员组成。

男寺党来源于庶民阶层，是为平民百姓表演的民间艺术团体，他们通过表演，用讽刺的手法，将当时处于社会底层人们的不平和抑郁释放出来，批判和抨击两班贵族们的无耻。因此在村子里的表演并不是那么自由，他们大多周游于渔村或城外庶民的村落，从春天至晚秋进行循环表演。男寺党表演有“风物(풍물)”“Vona(버나)”“Salpan(살판)”“Uhreum(어름)”“Deotboegi(덧뵈기)”“Deolmi(덜미)”等多种形式。

“风物（풍물）”是农乐（在乡村流行的民乐，用韩国传统的管乐器、打击乐器等演奏出来，同时也加入歌唱和舞蹈，是现代为了搬上舞台而再

现的“四物农乐”的母体）的一种，既是宣布表演的开始，也可以说是为了吸引更多看客的开场戏。

“Vona（버나）”和中国杂技中的转碟子相似，是将碗放在木棍或竹棒上旋转的表演。

“Salpan（살판）”和现在的翻跟头（tumbling）很像，是将空翻和曲艺相结合的表演。

“Uhreum（어름）”即跳绳索，在架设在半空的绳子上跳来跳去，如履薄冰般，危险和难度性相当大。

“Deotboegi（덧뵈기）”是戴着面具表演的假面舞的一种。

“Deolmi（덜미）”指的是人偶戏，随着人偶戏中主要人物的登场，分为木偶戏、朴佥知戏、洪同知戏。其中木偶戏一直流传到现在，男寺党人偶表演是韩国历史上唯一的传统人偶戏表演，因此有重大的历史意义。据说这 6 种表演一般从晚上 9 点开始一直进行到凌晨 3~4 点，共持续表演 6~7 个小时。

宗庙祭礼（종묘제례）

宗庙祭礼和宗庙祭礼乐分别被指定为韩国重要无形文化遗产第 56 号和第 1 号，保存和传承下来。2001 年 5 月 18 日，被联合国教科文组织选定为“世界无形遗产杰作”。

所谓宗庙祭礼（종묘제례），指的是在宗庙举行的祭享仪式，是朝鲜时代国祭中规模最大的重要祭祀，故亦称“宗庙大祭”。所谓宗庙（종묘），是供奉朝鲜时代历代国王、王妃以及国家功臣灵位的祠堂，是象征社稷和国家基本的最精制而庄严的建筑。

宗庙祭礼是遵照儒教程序举行的最高品位的王室仪礼，目的在于整个国家实践东方基本理念“孝（효）”，从而起到形成民族共同体的纽带感和秩序的作用。与此同时，在宗庙这一特定建筑物中的宗庙祭礼庄严肃穆之美，是与大自然相融的东方综合艺术之精髓，是超越五百多年时间和空间的韩国珍贵的精神文化遗产。

宗庙祭礼大体分为定时祭和临时祭，以及供奉当年水果或谷物的荐新祭。定时祭在春（춘）、夏（하）、秋（추）、冬（동）四季之首月 1 月、4 月、7 月、10 月和腊月（12 月择日举行的腊月祭）举行；临时祭每在国家遇幸事或祸事时举行。这种宗庙祭在解放后一时被废弃，现在每年 5 月（公历）的第一个周日举行一次。宗庙祭礼是祭祀法和礼节的典范，故祭礼

十分庄重、严格。宗庙祭礼的程序是以迎神、喜神和送神的内容构成的。

宗庙祭礼乐종（종묘제례악），是在供奉朝鲜王朝历代国王和王妃位牌的宗庙举行祭祀时，为了增强仪式的庄重气氛而演奏的乐曲和表演的歌舞。这种祭礼乐源于朝鲜世宗时宫中宴会所用《保太平》（보태평）和《定大业》(정대업)，在世宗10年（1464年）补充祭礼所需乐曲，并正式被定为宗庙祭礼乐。此后，经壬辰倭乱和丙子胡乱，宗庙祭礼乐一度被削弱或中断，但在英祖时期经一些变化，传承至今。

宗庙祭礼乐，在举行祭礼过程中按程序用不同乐器演奏《保太平》和《定大业》11曲。在正殿前台阶上（上月台）演奏无词乐曲的乐队称“登歌曲”；在台阶下（下月台）演奏有词乐曲的乐队称“轩架”。不同时期的乐器编配有所变化，一直传承至今。

《保太平》和《定大业》简洁、有力，其内容为赞颂建立伟大国家并使其发展的国王之功德。在演奏祭礼乐的过程中还有表现文治和武功的舞蹈(무용)“文舞（문무）”和“武舞（무무）”的表演。“文舞”颂扬历代先王们的文德，舞者则伴着《保太平》之乐，左手持笛、右手持带羽毛的长笛；武舞是赞颂先王们武德的舞蹈，舞者伴着《定大业》之乐，手持木制剑（검）和枪（창）、弓（활）、箭（화살）。

在宗庙祭礼乐中，主旋律是打击乐，外加长笛（피리）、竹笛（죽적）、奚琴（해금）、雅筝（쟁）等管弦乐器的装饰性旋律。在此基础上还有长鼓(북)、锣（운라）、太平箫（통소）等乐器增添更多样的曲调，加之伴唱，其浓重和动听都远远胜过其他任何音乐。

羌羌水越来（강강술래）

“羌羌水越来”表演于1966年被指定为韩国重要的无形文化财产，2009年被联合国教科文组织载入世界无形文化遗产名录。

“羌羌水越来（강강술래）”是指每年中秋节（阴历8月15日）前后，全罗南道沿海地区都会举行的一项由妇女们表演的载歌载舞的集体游戏。

传说“羌羌水越来”是沿海地区在发生战争的时候，为了让敌军误以为本方士兵众多，而使用的一条“疑兵计”。壬辰倭乱（임진왜란）（1592~1598年期间，发生的两次日军侵略朝鲜的战争）时，水军统制使李舜臣将军（1545~1598）率军跟海上的敌军对峙。为了防止敌军突然登陆入侵朝鲜，便让邻近地区的妇女们数十名一组爬到沿海地区的山上，燃起篝火唱着“羌羌水越来”的歌曲围着山头转圈子。关于“羌羌水越来”更加普遍的传说是指从古代开始，在月亮最圆的夜晚，为了庆祝丰收而举行的一项载歌载舞的民俗游戏。同时这项民俗游戏在女性游戏偏少的季节，展示了大韩民族女性之美，深受大家喜爱。

“羌羌水越来”游戏方法：圆圆的月亮从地平线冉冉升起之际，妇女们手牵着手，右手在前左手在后逆时针方向转圈。同时嗓音嘹亮的人站到前面来领唱，其余的人跟着边唱“羌羌水越来”边舞蹈。歌词并不是固定下来的，而是由唱歌的人即兴发挥。舞蹈随着歌曲的节奏由最初的很慢逐渐加快，最后快到跑着舞蹈。

通常是大家围成圆圈跳着“圆舞”，如果兴致上来了的话，中间会进去一个跳舞的人，进行“草龟游戏”，以及最前面的人像蜗牛一样朝着圆圈里面挪动，挪动的时候变换方向从里往外散开的“草席游戏”等变化了的“羌羌水越来”游戏。进行这些游戏的时候并没有特定的顺序，而是由前面带头的人自由选择丰富多彩的游戏。“羌羌水越来”游戏进行的过程中，没有休息时间，整个过程载歌载舞，活力四射。

● **灵山斋（영산재）**

灵山斋于1973年被指定为韩国重要无形文化财，2009年被载入联合国教科文组织世界无形遗产名录。

灵山斋49斋（49 재）（人死后第49日时举行的祭祀）仪式，是建立在佛教相信灵魂在人死后可以实现极乐往生（死后可在佛祖所在的极乐世界再次诞生）的意识基础上的。传说释迦牟尼曾聚集众徒，在灵鹫山上举办法会，讲解佛教教义。灵山斋在今天，有再现“灵山会（영산회）”场面的重要意义。

灵山斋是佛教的超度仪礼（把亡灵引渡到极乐世界的仪式）中较有代表性的祭祀仪式之一，起源不详，但根据李能和的《朝鲜佛教通史》中记载，在朝鲜时代（1392~1910）前期，就已经开始进行这样仪式了。灵山斋作为传统文化的结晶之一，反映了佛教追求用佛祖的真谛教化亡者和生者，使他们脱离烦恼和痛苦的折磨，达到极乐的思想境界。作为大众皆可参与的一项佛教仪式，有着重要的文化价值。

江陵端午祭（가릉 단오제）

2005 年 11 月 25 日，江陵端午祭被联合国教科文组织指定为世界文化遗产。江陵端午祭是以大关岭城隍举办的祭祀为原型、在端午节时举办的韩国传统庆典。端午祭从向神献酒的农历 3 月 20 日到祭祀结束的 5 月 6 日，将在江陵南大川边的端午场等地举行。

韩国也分阴历（农历）和阳历，大部分的韩国传统节日是按农历来计算的。而农历的单数月单数日，如 1 月 1 日、3 月 3 日、5 月 5 日、7 月 7 日和 9 月 9 日被认为是吉日，因而都被指定为假日。尤其是农历 5 月 5 日被认为是天体居于宇宙中心，万物之气相聚，因而是最为丰腴的日子。传统上，农历 5 月 5 日端午这天被认为是年轻人最容易动情的日子。因此，端午节年轻女性穿上美丽的韩服荡秋千，以吸引男性的注意，而男子则多在摔跤上较量高低，展现自己的力道。

端午所在的 5 月正是韩国多雨的季节，疾病也多在此时横行。因此，自古农历 5 月就有驱邪避灾的风俗。其中就有年轻女子用菖蒲（창포）熬水洗头、穿红绿衣和男子佩戴菖蒲腰带避邪的习俗。

端午时，小孩子们会洗澡沐浴、大人则将水淋在背上来避暑。官宦阶层出于颜面考虑，仅仅是将脚浸泡在水里。因此，端午也可以说是人们为健康度过夏天而作准备的日子。端午时，人们有互相赠送扇子的风俗习惯，意在祝愿对方平安度过清凉一夏。端午当天，女子荡秋千、男子摔跤也是自古就有的习俗。此外，人们也参加假面舞、狮子舞等传统表演。

端午的食物除满足人们的味觉享受外，也充分考虑到健康过夏的需要，因此多为增进健康的营养食品。以艾草（쑥）或山牛蒡（우엉）（Synurus deltoides）等药草为原料的打糕是最具代表性的端午节食品。打糕的种类很

多，像쑥떡（艾草糕）、약초떡（药草糕）等。端午这天，人们做好打糕与煎饼并相互分享。此外，还有用樱桃（앵두）加糖榨成的樱桃饼（果冻）和果肉加糖或蜂蜜泡水的樱桃花菜（果汁）等。

第二节 传统文化的继承与发扬

在我们看来，韩国人总是有着强烈的民族自豪感。这种自豪感一方面来自韩国经济现代化的成功，另一方面则来自他们对本国传统文化独特而深刻的理解。

韩国虽然国土面积较小，但国民却有着大国心态。他们对传统文化的特殊尊重和自信令人佩服。韩国上上下下都珍视民族传统文化，重视各种形式文化遗产的保护，他们利用历史文化传统塑造民族精神，并且乐于把这种传统推向世界。

对于传统文化，韩国也曾经走过弯路。韩国在引入西方文化后，也曾一度完全抛弃了传统文化。直到20世纪70年代，韩国开始正视本国传统文化中的精华部分，尤其是1988年汉城奥运会以后，国民突然对传统文化原形有了一种保护观念，整个国民传承传统文化的意识普遍增强。

在韩国，形形色色的民俗文化展示场所遍布全国。凡是传统的、民族的东西，几乎都有相应的博物馆进行实物陈列和现场演示。这些博物馆向国民和游客全面展示了韩国人的衣食住行以及农业、手工业、娱乐、婚丧、祭祀等各种民俗场景和实物。韩国各地还有很多民俗村，在展示传统文化的同时，还对传统生活形态进行了保护。民俗村里，有许多民俗体验活动，经常会有老师或父母带领孩子来这里体验传统民俗生活，孩子们兴趣盎然，乐此不疲。

韩国通过立法还形成了一套完整的管理体系和严格的奖惩制度，有力地保障了民族传统文化的继承与发展。近40多年来，韩国除了对有形、无形文化遗产、重要民俗资料、史迹名胜、天然纪念物进行普查确定外，还为文化传承人发放了生活补贴，提高了他们的社会地位。韩国的文物古迹算不上多，质量和规模也无法与历史悠久、地大物博的中国相比，但是在韩国人眼中，一座不大的寺庙，一个普通的村落，一处不起眼的遗址，只要有些说头，都会被郑重其事的保护起来，并在地图上作为“重要文物遗址”标示出来。各级政府和民间团体还举办“文化遗产年”“旅游年”等活动，设立“泡菜节”“假面舞节”等年度庆典来进一步宣传韩国传统文化。

此外，韩国还善于将传统文化与现代工业手段相结合，创造新价值。为中国人熟知的电视剧《大长今》便结合了韩国饮食、服饰、医学等传统文化元素。除电视剧出口获得一次性收益外，该剧还带动了韩国旅游热、韩式美食养生热和韩国传统文化体验热，创造了极大的综合效益。

第二章　韩国流行文化

第一节　韩 流 概 况

“韩流”是韩国流行文化的代名词，源于围棋，后用以指代韩国文化在其他地区的影响力。广义的韩流包括韩国服饰、饮食等；狭义的韩流则通常指韩国电视剧、电影、音乐等娱乐事物的地区性影响。“韩流”一词最早由中国媒体提出，后被韩国媒体及学术界广泛使用，用以指代本国文化产业的输出。本章主要介绍韩流中的影视、音乐及娱乐文化。

韩流的发展

20 世纪 90 年代，韩流正式入侵中国内地。20 多年来，韩流在中国的发展经历了三个时代。

● 韩流 1.0 时代（1993—2004）

这是主打韩剧和韩国流行音乐的时代。1993 年，崔真实主演的韩国电视剧《嫉妒》首次登陆内地荧屏，拉开了韩流席卷内地娱乐圈 20 年的序幕。随后《爱情是什么》《星梦奇缘》《天桥风云》等一大拨韩剧陆续被引进。而《蓝色生死恋》《冬季恋歌》等苦情剧赚足了正处于青春懵懂期观众的眼泪。在韩剧异军突起的同时，韩国电影《我的野蛮女友》在 2001 年被引入中国，刮起“野蛮女友风潮”，韩国电影也开始进军中国。

伴随着韩剧，韩国的流行音乐也在同一时期进入了中国。《星梦奇缘》的热播，使得安在旭演唱的片尾曲《永远》大受欢迎。最火的时候，他能在沈阳、北京、深圳等地连开演唱会，由于粉丝太多，出动了大批警力，即便是这样，安在旭演唱会还曾出现过多次被强行中断的情况。韩国音乐真正席卷了中国的标志性事件，发生于 2000 年 2 月 1 日，韩国团体 H. O. T 在北京工人体育场举办演唱会，数万名粉丝齐聚演唱会现场，几万人的尖叫、几万人用韩语大合唱，盛况空前，令许多媒体咂舌。

这一时代，韩流的形成主要是因为中韩两国 1992 年建交后，韩国电视剧中呈现的韩国生活方式引起了中国观众的好奇和关注。而像《星梦奇缘》这样标准的偶像剧，也是之前在内地荧屏上很少见到的，而 H. O. T 这种劲歌热舞的唱跳团体，也是内地歌坛所缺乏的。基于中国社会娱乐产品和明星的匮乏，韩流在中国迅速兴起。可以说这一阶段是韩国流行文化在中国迅速普及和推广的阶段，为即将到来的韩流大爆发打下了一个扎实的基础。

韩流 2. 0 时代（2004—2008）

这是主打韩国明星的时代。2004 年之前，虽然韩国明星在中国积累了不少粉丝，但是中国市场对他们来说并不是最主要的。2004 年之后，韩国明星则开始成规模、有计划地进入中国市场掘金。

虽然此前安在旭和 H. O. T 都曾来中国短暂捞金，但真正将工作重心转移到中国市场的典型代表则是张娜拉。在《明朗少女成功记》中，张娜拉以乡下女孩造型成功演绎了一部爱情轻喜剧，并借此上演了真实版“乌鸦变凤凰”的故事。当时的张娜拉在韩国本土市场的影响力不及宋慧乔等人，只是二线女星，但张娜拉和她的团队选择了进军内地市场。2005 年，张娜拉和刘亦菲、徐静蕾等合拍了电视剧《豆蔻年华》，正式拉开了自己闯荡内地影视圈的序幕，在这之后的 8 年中，她总共参与了 13 部影视剧，只有 3 部是在韩国拍完的。

凭借韩剧《浪漫满屋》热播，小眼睛的 Rain 红遍全亚洲，甚至还入选了《时代》杂志“世界最有影响力的 100 人”。正当红的 Rain 特意签了中国代理公司，有意进军中国市场，国内演出商也看好 Rain 的市场号召力，敢于砸钱，接盘他的内地演唱会。所以，Rain 会定期来中国与粉丝见面，开演唱会。

这个时期，是韩流在中国急剧膨胀的高速发展期，细节和专业是决定韩流能席卷中国的重要原因。此外媒体的开放性与日俱增，也助长了韩流的流行。东方神起、宝儿等韩国偶像团体和新人，几乎和韩国国内同时间介绍到内地，各类论坛也开始火爆，粉丝们纷纷替韩流明星建立个人中文网站。而在线下，以《COOL 轻音乐》（现改名为《COOL 当代歌坛》）为代表的韩流杂志都用韩国明星的海报来吸引粉丝，卖到脱销。

● 韩流 3.0 时代（2008 年至今）

这一时代主打韩国综艺。经过了 10 多年的发展，中国市场对于韩国娱乐业来说，已经是不可或缺的重要阵地了，随着粉丝口味的变化，韩国娱乐业也开始深谋远虑地培养起中国“生产”，韩国“包装”的韩流明星，韩庚可谓是其中的前辈。同时，越来越多的韩国综艺节目开始被引进内地，中韩两国娱乐产业进入了一个“你中有我，我中有你”的大融合时代。

2008 年，主打华语市场的韩国王牌天团 Super Junior 子组合 Super Junior-M（SJM）在中国正式出道，而其队长就是一名中国籍明星——韩庚，中国的韩粉终于迎来了一位中国籍的韩流明星。2002 年，在 S. M 娱乐的中国选拔中，来自中央民族大学的韩庚以出色的舞技和外貌为自己赢得了机会；2003 年，19 岁的韩庚独自一人赴韩国进修，不仅改变了自己的人生轨迹，也为韩流 3.0 时代的正式到来做了很好的铺垫。韩庚之后，韩国公司开始“变本加厉”地炮制中国产韩国包装的明星，SM 公司打造的 EXO 就分成了 EXO-K 以及 EXO-M 两个小组，EXO-M 就是专门针对内地市场而打造，6 名成员中就有鹿晗、吴亦凡等 4 位是中国人。

虽然韩庚的出现再度激活了内地市场，但随着内地电视剧、偶像的崛起，韩娱市场被慢慢挤压，没有了前几年那种火爆局面，韩流在 2008 年以后进入一个缓慢的发展期。不过也就在这段时间，韩国的综艺节目在字幕组的努力下，非官方地进入了内地，为之后电视台正式购买版权打下了基础。韩国流行文化进入“卖完明星卖综艺，卖完综艺卖版权”的时期。《X-MAN》《家族诞生》《我们结婚了》等韩国综艺节目自 2008 年开始也在中国火起来；2013 年中国版《我是歌手》开播，开启了韩国综艺引进方式的转变，从早期的单纯引进节目内容来播放，发展成了购买节目版权来本土化制作和包装。继《我是歌手》之后，《爸爸去哪儿》《两天一夜》《奇迹梦工厂》《Running Man》相继引进，韩国综艺有望成为继韩剧、韩国流行乐后，中国观众的新宠。

韩国综艺节目之所以能在内地荧屏走红，最主要的原因是中韩有相近的文化，节目也更接地气。加之韩国综艺策划新颖、拍摄水准高、编剧能力强等独特优势，促成了韩国综艺本身高超的制作水平，给国内制作团队提供了非常好的帮助和指导。

韩流文化的特点

韩流文化传入中国20多年来，快速、广泛地掀起流行风潮，深深影响了中国的文化娱乐界，对普通百姓特别是青少年一代的生活，甚至是价值观带来了一定的冲击，形成了其独特的特点。

● 多元融合性

文化是一种社会现象，是人们长期创造形成的产物，同时又是一种历史现象，是社会历史的积淀物。任何一个国家的文化，既是改过历史的重要组成部分，同时，其形成与发展也必然打着该国历史进程的烙印。回顾韩国历史，可以看到，韩国文化是在继承韩国本土文化、儒家文化等东亚传统文化和以美国为代表的西方文化基础上逐渐形成发展起来的，其文化构成具有来源多元性和融合性的特点。兼容并蓄、突出自我是韩国流行文化的成功之道。

● 政府主导性

文化是一个国家、一个民族在一定历史条件下政治、经济的反映，同时，对政治、经济的发展产生能动性影响。韩流文化在短短的20年时间内得以迅速发展，取得了令人瞩目的成绩，得益于政府的支持和引导。1998年亚洲金融危机之后，韩国政府重新审视本国的产业发展布局，正式提出“文化立国”方针，并将文化产业列为韩国的战略性支柱产业，从战略规划、政策法律、组织机构、资金等方面给予充分的保障和支持。战略规划方面，韩国政府先后出台了《文化产业发展五年计划》《21世纪文化产业的设想》《文化产业发展推进计划》《电影产业振兴综合计划》等发展规划，确立了文化产业发展的中长期规划。政策法律方面，通过制定《文化产业促进法》《广播法》《电影振兴法》等专门性法律法规，韩国已经建立了完善的文化法律法规政策体系。组织机构方面，2000年成立了韩国文化产业振兴委员会，2001年，成立了文化产业振兴院等职能机构，以及韩国广播影像产业振兴院、韩国游戏产业振兴院、韩国软件振兴院、数字化文化产业团等专门性扶植与发展机构，为相关产业发展献计献策。资金方面，韩国政府不断增加对文化产业的预算投入，根据韩国政府于2015年9月8日公布的2016年财年预算案，韩国政府2016年的预算重点在文化、体育和旅游领域，预算增幅最大，达到7. 5%。同时还成立如信息化促进基金、广播发展基金、文化振兴基金、文化产业振兴基金、电影振兴基金、出版基金等专项基金，地方政府、大企业等纷纷设立首尔文化财团、CJ文化财团扶植性财团，韩国文化产业已经建立了一套政府和民间共同融投资运作的文化产业基金体系。

● 内容综合性

韩流文化内容在向外急速传播的过程中，内容不断扩大与多样化，喜欢并追寻韩流文化的群体，他们从喜欢观看韩国的影视剧、听韩国的歌曲、学韩国语，发展到在物质层面追求韩国的商品，如韩国的服装、饮食、化妆品、电子产品、汽车等，将自身的生活方式完全“韩国化”。就中国而言，目前，韩流文化的内容主要包括如下方面：一是韩国影视剧。1993 年，中国首次引进韩剧《嫉妒》，该剧播出时虽未能够在观众中引起较大的反响，但为韩流文化进入中国起到了破窗的作用。1997 年，韩国家庭剧《爱情是什么》在我国中央电视台重新播出，该剧播出引起了轰动性效应，以此为契机，韩国影视剧、音乐舞蹈、综艺节目等娱乐节目源源不断涌入中国，并逐渐受到相当多的中国观众的喜爱，在他们心目中形成了较高的认知度。韩国娱乐文化逐渐在中国形成“韩流”。进入 21 世纪，随着《蓝色生死恋》《冬季恋歌》《大长今》《浪漫满屋》《对不起，我爱你》《豪杰春香》《我叫金三顺》《我的女孩》《原来是美男啊》《继承者们》《来自星星的你》《匹诺曹》等电视剧在亚洲各国热播，韩国电视剧渐显国际化影响，流行于亚洲各国，并且形成了品牌。二是韩国流行音乐。20 世纪 90 年代至今，韩国流行音乐凭借着与众不同的独特魅力，在中国国内开辟出了一片广阔市场，并对中国音乐产生了一定的影响力。1998 年 5 月，H. O. T 演唱组合的专辑在中国的发行，掀起了韩国流行音乐的热潮。以此为开端，从 2000 年开始，韩国流行音乐在中国传播速度加快，酷龙、NRG、神话、BABY VOX、S. E. S 等流行歌手及组合在中国通过举办演唱会等方式闪亮登场，在中国掀起了韩国的音乐热、劲舞热。三是韩国游戏。2000 年，第一款韩国游戏《黑暗之光》进入中国，2001 年 11 月，上海盛大网络发展有限公司获得了韩国网络游戏《传奇》的独家代理权，凭借该款游戏，当时盛大公司每天的收入突破 100 万元，成功上位为中国网络游戏第一的顶峰位置，开启了中国网络游戏新一个里程碑。此后，《精灵》《天使》《神话》《天堂》等相继登陆中国。四是韩国的服饰饮食。伴随着强劲的韩流在中国群众、特别是年轻人中迅速蔓延，他们通过影视剧、音乐舞蹈等方式，通过屏幕视觉感受到了韩国的服饰、饮食等生活方式，并且希望亲身体验，为此，韩国的服装、配饰、发型、饮食等快速传入中国。例如，《来自星星的你》风行中国大陆，电视剧成为韩国时装展示的平台，女主角全智贤剧中所穿服饰在中国市场销量猛增 240%，男主角金秀贤所穿服装甚至售罄。2013 年，中国赴韩旅游的访客达到 432 万人，其中，约有 80% 的游客是为了购买韩国服饰、鞋包。五是韩国电子产品等其他商品。目前，中国已经成为韩国最为重要的出口市场，据韩国贸易协会统计，2014 年 1 月至 5 月，韩国对中国的消费品出口明显增长，韩国对华消费品出口额达到 32. 2 亿美元，同比增加 9. 3%。该协会分析认为，有可能是受 2013 年年底、2014 年年初韩剧在华人气火爆的利好影响。在消费电子领域，韩国家电也如同韩国影视剧一样，以时尚、潮流著称，受到中国消费者的青睐，快速占领中国市场，目前，韩国家电品牌已经超越日本家电品牌，成为国产家电最强有力的对手。

● **大众消费性**

目前，全球已经进入了消费社会，消费社会意味着经济活动以满足消费者的需求为根本出发点，在商业资本的控制与运作下，文化艺术也越来越多以满足消费者的需求为目的。这种模式下进行创造的文化便是大众消费文化，它“以大众传播媒介（机械媒介或电子媒介）为手段，按商品市场规律去运作，旨在使大量普通市民获得感性愉悦的日常文化形态”。韩流文化抓住了大众消费时代的历史机遇，其文化产品的生产以满足消费者的需求进行量体裁衣。表现在：一是韩流文化具有非常明确的商业目的。以韩剧为例，韩剧的制作生产打破了以往的电视剧的生产程序，即先进行剧本的创作，然后才进入拍摄阶段，而韩剧在拍摄制作之初，对于剧情如何发展，拍摄集数并没有限定，而是通过先期的拍摄制作播出，通过观众的反馈，如果剧情设计受到观众的喜爱，就会一直拍摄下去，如果观众对该电视剧的故事情节失去兴趣，则马上停止拍摄。二是韩流文化产品题材的世俗性。据前瞻产业研究院发布的《2015—2020 年中国电视剧行业发展前景与投资机会分析报告》显示：目前，韩剧产量较高的种类为家庭伦理剧和青春偶像剧/都市爱情剧，其他种类（如历史剧、年代剧）产量较少。韩剧在题材选择上多为日常家庭生活，剧情设计上通过点点滴滴的生活细节，传递着家庭伦理、婚姻经营、人际相处等人生哲理。三是韩流文化产品的标准化。在韩国，电视剧播放的时段有着明确的要求，周一、周二播放“月火剧”，以正史和古装剧为题材；周三、周四播放“水木剧”，以青春偶像时装剧为题材；周六、周日播放“周末剧”，以家庭生活为题材。而韩国音乐舞蹈之所以能够得到年轻人的喜欢，大都是因为其歌曲节奏明快、舞蹈热烈火爆。韩国“美丽产业”中代表性的行业是整形美容，韩国近年来被誉为“整容大国”，整容行业如同制造业一样，实施相对标准化的流水线式生产模式，在韩国整容诊所整过容的许多俊男美女容貌看起来都极为相似。四是韩流文化的娱乐性。大众文化以娱悦大众为重要原则，该文化的生存与发展的立足点在于能够满足大众即刻的感官刺激，实现他们当时的心理满足，获得瞬间的精神愉悦。韩流文化从 20 世纪 90 年代进入中国后，经历了主打韩剧和音乐的韩流 1. 0 时代，主打韩国明星的 2. 0 时代，到如今发展到主打韩国综艺的 3. 0 时代，目前，在中国热播的《爸爸去哪儿》《我是歌手》《奔跑吧兄弟》，等等，均是韩国王牌综艺节目中国化的产物。据相关统计，韩国荧屏热播综艺的 72. 45% 都被引进到了国内，韩国综艺在中国电视荧屏占比已高达 43. 27%。韩国综艺节目之所以这么大范围的被引入中国，其根本原因在于韩国的综艺节目特色鲜明、娱乐性强。

● 前卫时尚性

从韩国明星来看，绝大多数韩国明星都是俊男靓女，他们大都拥有高挑的身材，白皙的皮肤，精致的相貌，自若的神态，品味的装扮。只有 5000 万人口的韩国，每年都能制造出几个红透亚洲的明星，令无数的粉丝为之疯狂，这得益于韩国独特的造星模式。在韩国有“星工厂”之称的 SM 公司，对于偶像歌手的相貌穿着可谓精雕细琢，男生身高低于 180 厘米、女生身材不好的一律免谈，对于脸部轮廓不够好、眼睛不够大、鼻子不够挺等，要么是不予考虑，要么通过整容手术对外在形象进行改造。在发型衣着上，公司投入大量金钱，通过定制、采购高档时装、聘请专门的服装顾问等方式对明星进行包装，使他们始终能够引领时尚的潮流，成为青少年所模仿、追寻的时尚偶像。从韩流的文化产品来看，总能给人以耳目一新的美感。

韩剧素来奉行“唯美主义”，表现在画面制作精良，室外风景美轮美奂。韩剧在制作上非常苛刻，每个画面、每个场景都精雕细琢，力争达到诗画的境地。“《大长今》整部戏几乎每个画面的构图都是完整的，它的前景、中景、后景很清楚，同样是室内景，他们会在背后照明或者从窗户进行照明。韩国流行音乐之所以受到青少年的热捧，其重要原因在于该音乐非常重视音乐的现场感染力及视觉表现力，极其注重音乐旋律的震撼力、视觉表现力和现场感染力，舞台搭建高端大气，灯光绚丽夺目，歌手及舞者服饰造型前卫夸张，歌声节奏感强，舞蹈动感十足，从视觉、听觉等方面给予观众强烈的震撼感。

● **影响国际性**

韩流发展至今，已经逐渐在亚洲站稳脚跟，并逐渐向全世界扩展，逐渐成为全球性的文化消费产品。在东南亚地区，韩流文化大受欢迎。越南青少年对韩国音乐的过度狂热已经被视为社会问题，2012 年 11 月，韩国文化广播公司（MBC）在越南录制《Show！音乐中心》时，许多越南青少年为了能够购买到价格昂贵的演出门票，纷纷旷课打工。在泰国，韩剧也深受欢迎，电视台除了有相当部分时间播放韩剧外，甚至翻拍了《蓝色生死恋》《浪漫满屋》等韩国经典电视剧。在欧洲，韩国 SM 娱乐有限公司旗下的东方神起、少女时代、Super Junior、Shinee、f（x）等 5 个组合成功登上欧洲舞台。2011 年 6 月 10 日和 11 日，“SM 家族巴黎演唱会”在两天的时间里聚集了 13000 名粉丝。这些粉丝都来自法国、西班牙、意大利、波兰等欧洲各国。在澳大利亚，韩国个性男团 BIGBANG 是第一个在澳洲单独举行 A-RENA 级别巡演的，创造了门票销售一空的纪录。连澳洲的工作人员也感叹这次公演是一个“令人惊讶”而“狂热的演出”。在南美地区，韩国流行音乐也有着超高的人气。在非洲，博茨瓦纳、肯尼亚、苏丹、马拉维等国家和地区也都播放韩剧。上述实例充分说明，韩流文化在世界范围内受到关注与喜爱。《江南 style》超乎想象地火遍全球，该单曲 2012 年 7 月发布，2012 年 12 月 21 日就成为互联网历史上第一个点击量超过 10 亿次的视频。2012 年 9 月，其音乐录像带打破吉尼斯世界纪录，成为 YouTube 最受人“喜欢”的视频。

第二节　流行音乐与娱乐文化

韩国流行音乐

韩国流行音乐（英语：K-POP，朝鲜语：Gayo）是指源自韩国的流行音乐，包括有舞曲、现代节奏蓝调、流行电音、嘻哈音乐，是一音乐种类。韩国流行歌手大都走以说唱为主的 Hip-Hop 路线。Hip-Hop 由于其自由、奔放的特点而为年轻歌迷所接受，正日益成为韩国乐坛的主流。大部分韩国歌手都选择了边唱边舞的形式，但同时也追求自身风格的独特。

发展史

韩国流行音乐大致经历了四个阶段。

第一阶段，20 世纪 80 到 90 年代初，酝酿时期。80 年代经济的发展促进了韩国的对外交流，韩国流行音乐开始从西方吸收元素，逐步进行融合。

第二阶段，1992 年至 1996 年，转折时期。韩国的本土音乐与西洋元素真正地结合，该时期的代表人物是徐太志，他创新形式，将黑人音乐与韩国本土音乐融合，从徐太志开始，韩国音乐人逐渐将韩国流行音乐推向一个拥有自我特色的方向。

第三阶段，20 世纪 90 年代末，诞生时期。随着大批美籍韩裔的回归和国际音乐交流的扩大，韩国音乐人对欧美舞曲进行改造，吸收蓝调、爵士等音乐元素，再结合韩国的民族音乐与语言特点，融合出一种独特的韩国流行音乐，再搭载韩国偶像组合模式，开始渐渐地走出韩国。

第四阶段，2000 年至今，发展阶段。2000 年以后，韩国流行音乐曲风趋于稳定，基本以舞曲、流行电音、嘻哈为主，同时，出现许多风靡亚洲的歌手与组合。韩国经济公司也在 2010 年之后开始把韩国流行音乐推向全世界。

特点

韩国流行音乐自身特点与其他流行音乐的差异加强了人们对其音乐风

格的记忆力和辨别力。

第一，歌曲曲风方面，韩国流行音乐有不同于其他国家流行音乐的部分，例如美国，美国流行音乐呈现多文化的特征，主流曲风大都来源于黑人音乐，以摇滚、乡村、爵士等为主；日本流行音乐则在传统歌曲基础上，受西方流行音乐特别是摇滚乐的影响而形成；韩国虽然也是存在这样一个过程，但由于语言、地理等文化的不同使得它的曲风以舞曲为主，节奏鲜明，语言直白。

第二，歌手选拔方面。韩国的艺人选拔异常严酷，韩国存在一种“练习生制度”。娱乐公司通过甄选活动选出部分人员留在公司内部培训，这部分选拔出来的人就是“练习生”，他们作为艺人储备接受全方位训练。尽管选拔体制严酷，但这种体制保证了韩国流行音乐发声者的质量，使得他们能够更完美地将其流行音乐呈现出来。

第三，歌手包装方面。包装对于任何音乐明星都是一个不可或缺的过程，而韩国流行音乐特殊的地方就在于他们在包装过程中习惯将歌手以组合的形式推出。音乐组合有许多优点，如组合内部进行音乐实力、舞蹈实力的分配，从而迎合乐迷的不同口味，获得关注度。事实也证明，韩国流行音乐最受欢迎的歌手通常也是组合的形式居多。

● **超级天团**

Bigbang Bigbang 是于 2006 年出道的韩国组合，由队长权志龙、崔胜铉、东永裴、姜大声、李昇炫 5 位成员组成。

2006 年 8 月 19 日，Bigbang 在 YG Family 世界巡回演唱会首尔站上正式出道，并于同年 12 月 22 日发行首张正规专辑《BIGBANGVOL. 1 SINCE2007》。2007 年 5 月，Bigbang 开始进行全国巡回演唱会，并于 7 月推出了第一张迷你专辑《谎言》。2011 年，Bigbang 成为历史上第一个获得 MTV 欧洲音乐大奖“Worldwide Act”的亚洲组合，并于 2012 年上半年登上美国格莱美官方网页，成为首个被格莱美介绍的韩国歌手团。

Wonder Girls Wonder Girls 是韩国 JYP Entertainment 在 2007 年推出的女子演唱组合；先后由闵先艺、朴誉恩、金婑斌、李宣美、金泫雅、安昭熙、禹惠林 7 名成员组成。

2007 年 2 月 10 日 Wonder Girls 以歌曲《Irony》正式出道；9 月发行首张专辑《The Wonder Years》，获得第 17 届首尔歌谣大赏新人奖、2007 年度韩国最受欢迎歌手奖。2008 年 6 月发行第二张单曲《So Hot》，获得第 10 届韩国 MKMF 音乐颁奖礼最佳女子组合奖；9 月发行首张 EP《The Wonder Years - Trilogy》获得第 10 届韩国 MKMF 音乐颁奖礼最佳女子组合奖、最佳 MV 奖及年度金曲奖、第 23 届韩国金唱片大赏数码音源专辑赏。2017 年 1 月 26 日，Wonder Girls 由经济公司 JYP 娱乐宣布解散。

东方神起 东方神起是韩国 S. M. Entertainment 于 2003 年推出的五人男子和声舞蹈组合，现成员有郑允浩、沈昌珉。

东方神起于 2003 年 12 月 26 日首次亮相，2004 年 2 月 6 日正式出道。2005 年 4 月 27 日发布第一张日文单曲，宣布在日本出道。2006 年在四大歌谣颁奖礼中，总共获得十个奖项。2010 年 4 月 3 日，东方神起演艺活动被宣布停止。2011 年 1 月 5 日，东方神起重新以郑允浩和沈昌珉的二人组合形式复出。

EXO EXO 是韩国 SM 娱乐有限公司于 2012 年 4 月 8 日正式推出的 12 人男子组合，由金珉硕、鹿晗、吴亦凡、金俊勉、张艺兴、边伯贤、金钟大、朴灿烈、都暻秀、黄子韬、金钟仁和吴世勋（按年龄降序排列）组成，其中 8 名为韩国成员，4 名为中国成员。现在剩余成员为 9 人，中国成员只剩下张艺兴。

EXO 这个名字从意为太阳系以外的外部行星 EXOPLANET 一词中得来，蕴含了他们是从未知的世界来的新星之意。2012 年 4 月，EXO 正式出道，发行首张迷你专辑《MAMA》，并于同年 11 月获香港亚洲音乐盛典最佳亚洲新人团体奖。2013 年 12 月，EXO 首张正规专辑主打歌曲《Growl》被美国 Billboard 榜单选为 2013 最佳 K-Pop 音乐，EXO 正规一辑《XOXO》专辑销量突破 100 万张。

Super Junior Super Junior 组合是韩国 SM 娱乐有限公司旗下王牌天团。2005 年 11 月 6 日通过 SBS 人气歌谣，以《Twins（Knock Out）》出道，出道初期为 12 名成员：朴正洙（利特）、金希澈、韩庚、金钟云（艺声）、金英云（强仁）、申东熙（神童）、李晟敏、李赫宰（银赫）、崔始源、李东海、金厉旭、金起范；第 13 名成员曺圭贤于 2006 年 5 月 27 日加入。中国成员韩庚 2009 年已退团。

SJ 自出道以来一共建立了 5 个子团体，SJ 成员活跃于演艺圈各个领域之中，发展优秀且获奖无数。2009 年凭三辑《Sorry Sorry》风靡世界各地，此曲更成为韩流标志性歌曲，奠定其独特的音乐风格。2009 年至 2012 年连续 4 年蝉联韩国唱片销量冠军，夺 3 届韩国金唱片大赏（唱片大赏）、2 届 Mnet 亚洲音乐大奖（年度最佳专辑大奖），2011 年获颁首尔歌谣大赏（大赏）。歌迷遍布世界各地，有“韩流帝王”的美誉。

少女时代 少女时代（Girls' Generation）简称为少时或 SNSD，是韩国 SM 娱乐有限公司于 2007 年推出的女子流行演唱团体，由金泰妍、郑秀妍、李顺圭、黄美英、金孝渊、权俞利、崔秀英、林允儿和徐珠贤 9 人组成，现以 5 人形式进行演艺活动。

2007 年 8 月 5 日，少女时代发行首张单曲《再次重逢的世界》正式出道，并于 11 月 1 日发行首张正规专辑《Girls' Generation》。2009 年 12 月开始举行她们的第一次亚洲巡回演唱会，2013 年开始了首次世界巡回演唱会。少女时代曾连续两年被选入韩国福布斯名人榜首位，2009—2011 连续 3 年韩国唱片总销量第一，在韩国乃至亚洲都拥有着超高的人气。2012 年，少女时代首次推出团体小分队 TaeTiSeo ，发行迷你专辑《Twinkle》。2013 年 1 月，发行第四张专辑《I Got A Boy》。2014 年 2 月，发行迷你专辑《Mr. Mr. 》。2014 年 9 月 30 日，郑秀妍退出少女时代。2015 年 8 月 18 日、19 日连续两日公开第五张专辑《Lion Heart》；11 月 21—22 日在首尔举办第四次单独演唱会“GIRLS' GENERATION 4th TOUR Phantasia in SEOUL”。2016 年 8 月公开单曲《那个夏天》。2017 年 8 月 7 日发行第六张正规专辑《Holiday Night》；同年 10 月 9 日，少女时代的经纪公司宣布成员黄美英、崔秀英与徐珠贤的合约到期而离开 SM 公司。

2017 年 12 月 31 日，少女时代登维基榜单亚洲唯一上榜团体。2018 年 1 月 11 日，少女时代在第 32 届韩国金唱片大奖颁奖典礼上获得了唱片部门本赏。

2NE1 2NE1 是韩国女子流行演唱组合，由李彩麟、朴春、朴山多拉组成。

2009 年 5 月 6 日，2NE1 以单曲《Fire》宣布正式出道。2010 年 9 月 9

日，2NE1推出专辑《To Anyone》。2011年7月28日，2NE1推出第二张迷你专辑主打曲《Ugly》。2013年7月8日，2NE1发行了最新单曲《Falling In Love》，华丽回归乐坛；7月28日和29日，2NE1在首尔芳荑洞体操竞赛场举办演唱会，随后巡回7个国家10个城市举办《New Evolution》全球巡演。2013年7月8日，2NE1发布《Falling in Love》；8月8日，2NE1发布《DO YOU LOVE ME》MV。

2016年11月25日，韩团2NE1宣布解散。2017年1月21日，2NE1发表告别单曲《GOODBYE》。

男女巨星

权志龙 权志龙（G-Dragon），韩国歌手、BIGbang队长兼Rapper。是YG Entertainment公司主要制作人之一。

2001年，因参与特别企划专辑《大韩民国Hip-Hop Flex》而正式出道。2009年，发行第一张专辑《Heartbreaker》，之后陆续推出专辑《ONE OF A KIND》和《COUP D'ETAT》。2012年9月15日，发行第二张专辑《One of a kind》。2013年，在MAMA颁奖晚会上，获得“年度最佳歌手”“最佳男歌手”“最佳舞蹈表演男歌手”“最佳音乐录影带”奖项。2015年9月1日，随组合BIGbang正式发行专辑《MADE SERIES》。2016年7月，随组合BIGbang一起拍摄的电影《BIGBANG MADE》正式上映。2017年6月，发布个人同名专辑《Kwon Ji Yong》；同月10日，在首尔举办SOLO演唱会，开启19个城市个人巡演。

金泰妍 金泰妍（Taeyeon），1989年3月9日出生于全罗北道全州市，韩国女歌手、主持人，女子演唱团体少女时代成员之一。

2004年在第八届SM青少年选拔大赛歌王中夺得第一名，进入韩国SM娱乐有限公司开始练习生生涯。2007年8月，金泰妍以少女时代组合正式出道，担任队长。2008年为韩国KBS电视台电视剧《快刀洪吉童》演唱主题曲《如果》；同年12月凭借《听得见吗》获第23届韩国金唱片大奖人气奖。2012年，她与黄美英、徐珠贤组成了少女时代的临时子团TaeTiSeo。2013年，金泰妍为电影《大明猩》献唱主题曲《Bye》。在“百大最美脸蛋”2013年票选中，她获得第9名。2014年2月，泰妍发布歌曲《Set Me

Free》；9 月 TaeTiSeo 以《Holler》回归。2015 年 10 月 8 日发行首张个人专辑《I》。2016 年 1 月在第 30 届韩国金唱片音源大赏中获得爱奇艺全球女艺人奖；2 月 3 日，金泰妍在 SM 娱乐公司“SM 全新企划“旗下数字音乐频道”STATION”中公开歌曲《Rain》。6 月 28 日发行第二张迷你专辑《Why》。2017 年 2 月 28 日发行首张正规专辑《My Voice》；同年 4 月 5 日发行专辑《My Voice》的豪华版。

曺圭贤 曺圭贤（Cho KyuHyun），1988 年 2 月 3 日出生于韩国首尔市芦原区，韩国男歌手、主持人、音乐剧演员，韩国男子组合 Super Junior 及其子组合 Super Junior-K. R. Y. 、Super Junior-M 成员，在队中担任主唱、领舞。

2005 年，亲亲歌谣节获铜奖，后加入 SM Entertainment，练习三个月后出道。2006 年 5 月 27 日，作为第 13 位成员加入 Super Junior。2011 年，首次主演音乐剧《三剑客》加入 S. M THE BALLAD。同年底，获 MBC 演艺大赏歌手特别赏。2012 年至 2013 年，主演音乐剧《Catch me if you can》，并获得第七届韩国音乐剧大赏音乐剧人气明星大赏。2014 年，发行首张个人迷你专辑《在光化门》获 MBC 演艺大赏音乐脱口秀类优秀赏。2016 年，凭借专辑《在光化门》获得金唱片大赏的音源本赏。

金范秀 金范秀，1979 年 1 月 26 日出生于首尔，韩国歌手。

1999 年 4 月，以专辑《A Promise》正式出道。2000 年，以 2 辑主打歌《一天》为大众所熟知，该首歌曲的英文版《Hello Good-bye Hello》登上美国 Billboard 榜单第 51 位。2002 年，发布三辑，主打歌曲《挂念你》被电视剧《天国的阶梯》选入 OST。2006 年 4 月 5 日，发行第五张专辑《Remember 5Th So Long》，5 日，作为军人入伍。2009 年，发表第 6 张专辑，并为爱情电影《比悲伤更悲伤的故事》演唱同名主题曲；10 月在首尔举办个人演唱会。2011 年，参加韩国版《我是歌手》。2014 年 3 月，在悉尼歌剧院举办个人演唱会。2015 年 2 月，出席《看见你的声音》制作发布会；6 月，在在巴西举办个人演唱会，这是韩国歌手首次在巴西举办个人演唱会。

孝琳 原名金孝静，1991 年 1 月 11 日出生于韩国仁川，韩国女歌手、演员。毕业于诚信女子大学。

孝静曾参加 JYP 的选秀以第一名的成绩成为 JYP 娱乐公司练习生。2010 年 6 月 4 日，金孝静正式出道；同年加入由经纪公司 StarShip Entertainment 推出的女子流行音乐团体 Sistar。2011 年与尹宝拉合组成团员 2 人的子团体 Sistar 19。2013 年 11 月 26 日，发行首张个人常规专辑《Love & Hate》，专辑一经推出，双主打曲《One WayLove》和《Lonely》就获得多个音乐节目一位。2014 年 11 月 20 日将以混声组合回归。2016 年发行首张迷你专辑主打歌《Paradise》。2017 年 12 月，演唱 KBS2 水木剧《黑骑士》的第三个插曲《发条时钟》。

李孝利　李孝利（Lee Hyo Ri），1979 年 5 月 10 日出生于韩国，韩国女歌手、演员。

1998 年担任 FIN. K. L 组合的队长正式出道，2002 年 FIN. K. L 组合宣布解散。2003 年首次以个人歌手身份发行了自己的第一张专辑《Lee Hyo Lee Vol. 1》，8 月 7 日 SBS《人气歌谣》首次一个人站在舞台上公开演出，开始了 SOLO 歌手的生涯。2008 年李孝利在 KBS MUSIC BANK 以第三张正式个人专辑《It's Hyorish》，取得了 COME BACK 仅一周就获得了冠军的成绩，主打歌《U-GO-GIRL》在 KBS、SBS、MBC、MNET 四大电视台都蝉联 3 周冠军。

2013 年发行第五张正式个人专辑《Monochrome》，总共收录 16 首歌曲，其中 9 首歌曲均由李孝利亲自填词。

娱乐文化

韩国的娱乐节目具有较高的影响力，也存在着一些问题。娱乐节目或者所有的媒介，都需要跟上社会的发展和当前的经济、政治以及社会情况，更要了解观众的需求，唯此才能吸引大众，做出更好的节目。本部分内容重点介绍韩国娱乐节目基本情况。

● 韩国娱乐节目的种类

韩国娱乐节目的类型比较多，包括娱乐节目、综艺娱乐节目、真人秀等。著名的韩国情景短剧有《Nonstop》，还有一种名为反转剧的特殊短剧，是韩国的首创。韩国综艺娱乐节目中又有游戏、访谈、真人秀、配对等类型，其中游戏节目有《女杰-Six》《X-MAN》《无限挑战（Infinite Challenge）》等。音乐排行榜或演唱会类的节目有《万人召集》《SBS 人气歌谣》《M. CountDown》等。而《明星敲金钟》则是有名的益智类娱乐节目。另外，访谈、谈话类节目有《夜心万万》《想象 Plus》《黄金渔场（Gloden-Fish）》《Happy together friends》等。除了这些以外最近还有《RUNNING-MAN》《爸爸去哪儿》《SUPER STAR-K》《我是歌手》等很多节目，而且现在很多国家买了韩国这些娱乐节目的版权。像《爸爸去哪儿》，在中国就很受欢迎。此外，还有一些比较特别的节目，韩国每年或者每季都有奖，主要包括优秀表演奖、优秀歌手奖等，同时有发奖的节目，比如 KBS 的大赏，包括音乐、电视剧、娱乐节目、电影和电视剧的评奖等。

不同类型的韩国娱乐节目的策划特点

游戏类娱乐节目　在娱乐节目中，以游戏为主要内容（比如现在开播的 RUNNINGMAN 等）通过进行各种有趣、搞笑、竞赛、知识类型的游戏为观众制造笑点和欢乐的气氛，这种节目在韩国非常受欢迎，并且已经传到国外。在一般综艺节目中的固定游戏中，每一期参加的嘉宾不同，因此即便是相同的游戏，只要有不同的人参与就会带来新鲜感，每个人性格、个性、特点不一样可以演出多样的形象。还有一些体育竞技类游戏、舞蹈表演、情景短剧等游戏，还有俊男美女的登场，于是明星本身就成为了节目的看点。

访谈类节目　韩国的访谈类节目比较多，通常是在每期节目开始前，都会先确定两个话题，这些问题在普通人的生活当中都能频繁的遇到，具有普遍性和可讨论性。这种节目一般只播放 50 分钟到 1 个小时，每次节目有 5~6 个人参与话题的讨论。参与者囊括各年龄阶层的明星、嘉宾等，演艺明星的数量比较多，知名的歌手也会受到邀请。节目主持人一般有 1~2 位，有些特殊的节目主持人和嘉宾坐在一起，每个主持人承担一个话题。这样的模式使得嘉宾在回答问题时，主持人可以帮忙圆场，从而缓和谈话气氛，嘉宾们也会更加放松。

真人秀娱乐节目　近年来，无论是哪个国家的真人秀娱乐节目都得到快速发展，基本上都是仿效美国而来。如节目《万元的幸福》，每集节目都会给嘉宾提供一万元韩币（相当于人民币近 70 元），把一万元当作嘉宾生活一周的费用，每一期都邀请两位明星参与，一般是一男一女。除了《万元的幸福》外，《RUNNINGMAN》或者《爸爸去哪儿》等，节目的真人秀特点很明显。

韩国娱乐节目的制作特色

选人与环境的冲突　真人秀节目的参与者，包括演员、歌手以及主持人，一般都是比较出名的明星。相对而言，一般的真人秀节目的嘉宾都是以普通人为主，有几个主持人或者艺人。但是韩国却不一样，全部采用知名的歌手、演员等艺人。采用这些人会使节目有更大的吸引力。但是这并不代表是无条件的招人，首先要屏幕形象好，要具有代表性，还要有戏，也就是要具有独特的个性、魅力。韩国的很多娱乐节目以完成任务的形式来进行节目，比如 RUNNINGMAN。就完成任务而言，不同的身份，不同年龄和不同性格的人一起参与节目，肯定会产生一些冲突。从环境方面看，普通人、专业演员以及歌手在生活方面肯定会有一些冲突。除此之外，在节目中也会引发一些冲突。首先表现在奖品上，奖励诱发冲突，最重要的目的是产生竞争力。其次，围绕大奖安排了许多竞赛节目与项目。在竞赛过程中，冲突会自然表现出来。从冲突的类型方面看，主要是人与环境的冲突，还有人跟人之间产生的冲突。

节目与观众的互动　首先，要利用广告、杂志等强大的媒体宣传节目。韩国所有的节目包括电视剧、娱乐节目等，它们开播之前都会出预告广告，宣传片，开记者招待会等，这种广告方式非常吸引人，而且与收视率关系密切。其次，人际传播的效果非常大。真人秀节目的人际传播效果非常大，比如有人说这个节目真好看，身边的朋友只要有空都会去看一次，对这种节目来说这种宣传方式是传播效果最大的一种。另外，节目制作方也会将节目传至网上，大多数人会通过网络回顾以前的电视剧、娱乐节目。通常，很多人很难准时观看所有的娱乐节目，因此大部分的电视剧、各种娱乐节目都会放到网上或者各种能看视频的网页，App 等。韩国的统计显出用网络或者 App 回看节目的受众比用电视看的受众多。

设计及真实性 韩国的娱节目主要采用录播的形式，因此，他们的后期制作处理水平非常强大。在字幕处理上，增加字体和色彩运用的多样化，这样可以帮助受众理解，又可以增加特别效果，增强观众对此节目的印象。同时，韩国的娱乐节目背景音乐和音效的应用也较为恰当，这些音乐和音效主要根据韩国受众的特点而设置。韩国娱乐节目的音乐常常用于制造娱乐与欢笑，配合人的动作、表情来设置音效，韩国很多节目都会特意制作一个主题曲或者是能代表节目或电视剧的音乐。在画面播放方面，韩国的娱乐节目采用多机位拍摄、回放、多画面等的效果，增加吸引力与精彩程度。这也是韩国娱乐节目受欢迎的一大原因。在韩国娱乐节目的最后剪辑中，无一例外的都会把一些失败的拍摄片段播出，常常会出现某嘉宾或主持人大喊“这个地方要剪掉”“现在没有在录吧”“这里不算”等。但是为求节目的真实也为了增加笑料，有时候这些部分还是全部放出来，或者我们叫 NG 的场面也故意的最后放给我们看，这样观众会觉得更真实，搞笑、幽默等会有各种各样的反映。

● 韩国娱乐节目模式的不足点

与中国娱乐节目不同，韩国综艺娱乐节目受政府层面的直接管理比较少，节目通常依据韩国民众的喜好制作和播出，因此，韩国娱乐节目在尺度的控制上较差，尤其是一些公众明星，为了博得观众眼球和扩大知名度，不惜牺牲色相和形象，说出格的语言，做出格的动作和行为等，这样想出名的明星或者出名的公司比较多，就会把节目做的越来越刺激，比如女明星露的越来越多，男明星会越来越傻，或者装笨等。他们这样的行为确实有吸引力，而且好玩搞笑，但是对其个人的形象来说来肯定没什么好处的。此外韩国的节目类型单一，没有固定的话题；嘉宾几乎都是明星或者艺人，普通老百姓的参与度比较少等也是存在的主要问题。

韩国五大娱乐公司

SM 公司

SM 公司全称是 SMEntertainment，创办人是 20 世纪 70 年代韩国很著名的歌手——李秀满。关于 SM 缩写的正确解释应该不是其创办人李秀满的名字，而是 StarMuseum 的缩写，公司创立于 1989 年，第一个推出的歌手就是韩国当时最著名的男子 5 人组合 H. O. T，这也是韩流传入中国和日本的主力之一，随后他选出了女子三人组合 S. E. S 并也大获成功，由于当时 dance 曲风十分吃香，所以这时的 SM 公司也凭借这两个组合一跃成为韩国乐坛的老大，但客观的说绝不是独霸，此后也成功的推出了 ShinHwa、FlytotheSky、BoA、Dana、Isaknjiyeon、lackbeat、Thetrax、M. I. L. K、Shinvi（神飞）、东方神起、天上智喜、SuperJunior、张力尹、少女时代等歌手，其间推荐的几个组合也因为市场反映不好而被提早结束宣传并停止了活动，SM 之所以可以如此速度的冷冻歌手从侧面也可以看出其人才储备之雄厚，可以说想从 SM 正式出道是比较难的，需要很强的实力和出众的外貌，而且一般要歌、舞兼具，从 SM 离开的歌手也不鲜见。此外值得称道的就是 SM 可以说鬼斧神工的包装功力以及出名的“魔鬼式”训练，可以说 SM 出道的歌手一般都是工作时间最长的，近几年推出的歌手更是在演艺、MC、DJ 方面都有极强的实力，虽然是年轻人但是在如此强度的工作面前也有吃不消的时候。

DSP 公司

DSP 公司的全称是 DSPEntertainment，DSP1991 年创办，起初他们有 4 个创意，这也就是后来被大家所熟知的 IDOL、SECHSKIES（水晶男孩）、FIN. K. L、Click-B，1996 年在韩国没有一支是身为组合的十大歌手，在韩国最初企化十大组合的 DSP 在 1996 年建立了叫 IDOL 的十大 2 人组。之后的第 2 个创意便是水晶男孩（SECHSKIES）。DSP 为了建立一支十大女子组合便创立了 FIN. K. L，随后又推出了 Click-B。目前 DSP 的当家组合是 SS501，据说这个公司老板也是很厉害的，具体怎么厉害我也不大清楚，马雪曾在 BLOG 里写过 DSP 的明星都比较难访到。2006 年很有名的一部韩剧《MYGIRL》就是出自这个公司，还有旗下歌手李孝利曾在 2003 年一举拿下 SBS 和 KBS 的歌谣大赏，只可惜 MBC 大赏最后旁落而未实现满贯。

● YG 公司

YG 的全称是 YGEntertainment，它是韩国最大的 HIPHOP 唱片公司。公司于 1996 年 3 月成立，创办人杨贤石曾是创造了韩国 pop 音乐历史神话的“徐太志和孩子”的成员。由于对于 hip-pop 的巨大热情，在退出该组合后，他开始转到制作界。自 1996 年的“KipSix”组合后，他成功的推出了 Jinusean、1TYM 及其他很多歌手和组合，在韩国引起了不小的震动。韩国第一张 family 专辑“YGFamily”也引起了媒体大众的关注。2002 年他与以 R&B 著称的 M. Boat 携手，推出了辉星。2003 年又推出 BigMama，成为韩国 pop 音乐界最好的唱片制作人。作为歌手出身的他对音乐有敏锐的洞察力，集合了韩国最具实力的制作人、作词、作曲、歌手、具有创造力的策划团队以及强大的制作团队，使 YG 成为韩国顶级的娱乐公司。YG 娱乐公司拥有整套造星团队，包括录制、音乐发行、艺人的包装，等等。同时也具有最好的制作人、词曲作者、歌手和最具创造力的策划团队。YG 公司以 Hip-Pop 音乐为主流，推出过著名的艺人，有 JinuSean、1TYM、Lexy、MastaWu 等。他们引领着韩国的 hip-pop 界。除此之外，YG 还成功地推出了包括 SE7EN、Swi. T、辉星、BigMama、Gummy 等在内的 R&B 风格的歌手。目前在韩国众多的娱乐公司中，YG 拥有数量庞大的艺人。由于他们对每个旗下的艺人的事业都尽力做到支持，从策划到制作，所以成为许多新人的首选。

● JYP 公司

JYP 的全称是 JYPEntertainment，名字是老板朴振英的英文缩写，说起朴振英可能看过《XMAN》和《情书》的人都知道很多人会用他的歌去跳舞，他在当年可是号称韩国的杰克逊的……现在红遍全亚洲的 RAIN 当时还只是他的伴舞而已，RAIN 后来也当过朴志胤的伴舞，JYP 成功的推出了 GOD 组合、朴志胤、RAIN、星、Noel、WonderGirls，以及朴振英本人。在他的严格训练下，GOD、RAIN、星、Noel、林贞熙以及之前因《我是男人》

《成人礼》而走红的朴志润，早已成为韩国乐坛的中坚歌手或是最值得期待的新人。而由朴振荣一手创建的 JYPEntertainment 依然成为韩国最大的“梦工厂”之一。

● CJ 娱乐集团

CJ 和 LG 类似，是一个超级企业，CJ 下属的娱乐集团是韩国主要的电影制片、发行商。正规来说 CJ 娱乐公司只是 CJ 的下属部门，CJ 有很多下属公司，以前三星也是的，后来两者分家。目前 CJ 旗下 CJMedia 拥有 MnetKmTvNCGVO'liveXports 等 9 个电视频道，子公司及关联公司拥有 Mnet-Media（原 GM 企划）、SGWannaBe、SeeYa、超新星、BlackPearl、李孝利、玉珠贤、F&C-FTISLAND、CJ 娱乐、蔡妍、李正等众多歌手。

第三节　韩国影视

韩国电影

韩国电影一直是亚洲电影的重要组成部分，无论是在商业上还是在艺术上都取得了巨大的成就。回看韩国电影的发展，国家力量的支持对韩国电影的发展影响巨大。作为一个不到 5000 万人口的国家，其电影的发展潜力和可能性却很大。新千年以来，韩国电影一直呈现出良好的发展态势。2014 年的《鸣梁海战》以超过 1800 万的观影人次将《阿凡达》保持五年之久的 1330 万观影人次记录远远甩在身后。2011 年，以真实案件改编的电影《熔炉》的热映促成韩国国会特别通过“熔炉法”，加强了对残障人士的重视和性侵未成年人的罪犯的惩罚力度。这些都表明韩国本土电影的巨大发展势头和韩国电影创作自由度的提升及影响力的增强。

● 韩国电影简史

早期韩国电影的发展（1903—1969）　1903 年，电影第一次进入韩国（当时的朝鲜半岛），随后韩国就被日本占领。在此期间，韩国的电影一面追求民族独立，一面受到殖民者的严格监管和意识形态控制。

1.1 从电影诞生到民族独立（1903—1953） 1903年，从法国进口的纪录片《电影放映机》在韩国放映，电影正式进入韩国。1910年，朝鲜被日本占领。1919年10月27日，金陶山和民族资本家朴胜弼合拍的《义理的复仇》上映，标志着韩国电影的诞生。1926年，罗云奎执导的《阿里郎》上映。这是部富有韩国民族特色的里程碑式的作品，开启了韩国的默片时代[1]。在该片的带动下，从1926年到1930年，韩国拍摄了许多隐晦表达抗日情绪的默片电影（约70部）。从1930年起，日本人对韩国影片再度加大审查力度，韩国电影创作量从每年10多部锐减到2~3部。1935年，韩国电影史上第一部有声片《春香传》上映。然而很快便进入了漫长的朝鲜抗日战争和朝鲜战争时期，韩国电影便一直处于停顿状态。

1.2 战后电影的复苏与发展（1954-1969） 朝鲜战争结束后，韩国局势趋向稳定，政府开始制定政策刺激电影产业。1954年，李承晚政府颁布“国产电影入场税免税措施”，对影院放映国产电影免收营业税。从1960年起，政府对进口电影开始直接施行管制，“国产电影入场税免税措施”被取消。1962年，韩国颁布第一部《电影法》，并对其进行了3次修订，目的是加强政府对电影的管制，这促使韩国电影产业链的重组和新的产业结构的形成，并刺激了韩国国产影片制作量的快速增加，但是影片质量没有明显提升。由于看电影依然是民众主要的娱乐活动。从1961年到1969年，银幕数从302块增长到659块，人均观影次数从2.3次增长到5.6次，平均票价则从0.58美元增长到1.04美元。总之，尽管现实困难重重，韩国电影还是全面复苏。

2.1 政策管制和电视冲击（1970—1981） 韩国电影在复苏和发展的过程中，第一次受到国内电影政策的压制，并受到电视普及带来的冲击。1975年，韩国电视的普及率达到50%。KBS、HLKZ等电视台每天都会播出9部电视剧。此外，1973年，朴正熙军人政权统治下的政府进行《电影法》的第4次修订。①进一步加强了“双审制”的力度，电影创作自由更加受限；②将电影公司的准入制度由“注册制”改为“许可制”，只有被许可的特定的20家公司能够进行电影制作和进口外国片；③继1962年后再次对电影公司实施重组，政府完全控制了电影公司，导演完全失去创作自主权。

2.2　环境改善与电影振兴（1981—）　20世纪80年代之后，韩国国内的政治环境和电影政策同时出现转机，在韩国影人的努力下，韩国电影最终在当前的国际电影市场上和本土电影票房上都显现出傲人的成绩。

3.1　“电影振兴法”（1981—1998）　1984年，《电影法》实施第5次修订，电影市场彻底开放，独立制片和小制片公司获得发展机会。1986年，《电影法》实施第6次修订。电影“审查制”被废除，改为“公演伦理委员会”电影“审议制”。但在自由贸易大势和美国通商压力之下，韩国政府决定对外国彻底开放电影市场，电影进口完全自由化，并且允许外国电影公司在韩国直接发行电影，同时取消“国产电影制作奖励补偿措施”。不过，针对院线和影院的“一年至少放映国产片146天”的“银幕配额制”仍保留。1987年到1991年，韩国电影制作量从每年87部增长为121部，同时外国片进口量从1985年的30部飙升到20世纪90年代中期的每年300部以上。虽然拥有了创作自由，但20世纪70年代军人独裁政府的全面控制所造成的影响是长久的，缺乏实力和经验积累的韩国电影面临突然涌入的国外片毫无还手之力，市场份额从1984年的38.5%锐减到1991年的20%。由于影院很少执行，“银幕配额制”也形同于无。1993年，韩国国产片份额下滑至15.9%，达到历史最低[2]。面对困境，韩国电影人自发组织起“银幕配额监视团”，监督影院完成配额任务。1993年，文人总统金泳三上台。1996年，经过漫长的8年审理，宪法裁判所对《来！梦想的国度》一案作出裁定：①电影作为思想和观点的表达手段，依据宪法中的表达自由而得到保障；②审查机构“公演伦理委员会”属于宪法禁止的审查机构。此次判决裁定引起巨大轰动。同年，釜山国际电影节启动。1997年，金大中成为新任总统，朝鲜半岛紧张局势得到缓和，国内局势日渐稳定，这为日后韩国电影人的自由创作和产业腾飞铺平了道路。

3.2　强势崛起与千万级观影人次的本土电影的诞生（1999—）　1999年，更名为《电影振兴法》的电影法第二次修订，主要内容为：①坚持每年至少放映国产片146天的“荧幕配额制”；②彻底废除“审查制”，转为“分级制”；③成立民间电影管理协会“韩国电影振兴委员会”，以市场为主导，尊重电影产业自律权；④电影被选为政府的重点扶持对象，允许风投进入，并可以享受减税优惠。这一年，韩国国产片市场份额回升到35.8%，韩国电影正式迎来全面复兴。姜帝圭执导的《生死谍变》以620万观影人次打破1998年《泰坦尼克号》创造的450万人次观影记录，成为韩国电影史上最卖座电影。2000年，朴权泽重拍的《春香传》成为韩国电影史上第一部入围戛纳电影节主竞赛单元的作品。2001年，韩国国产片市场份额超过50%，郭在容执导的《我的野蛮女友》在亚洲地区刮起“韩流”风潮，全智贤成为风靡亚洲的电影明星。2003年，康佑硕执导的《实尾岛》在全国400多块银幕上同时放映，占当时全国总银幕数1/3，最终观影人次突破1000万（1108万），开启韩国电影千万级观影人次大片时代。2004年，韩国电影荧幕数增加到1567块，全年票房从1999年的3.11亿美元猛增到7.8亿美元。姜帝圭执导的《太极旗飘扬》以1174万观影人次创造新记录。同年，朴赞郁执导的《老男孩》斩获第57届戛纳电影节评委会大奖，金基德执导的《撒玛利亚女孩》和《空房间》分别斩获柏林电影节、威尼斯电影节最佳导演奖。2005年，韩国电影出口额猛增到7600万美元的历史高峰。2010年，李沧东执导的《诗》斩获戛纳电影节最佳编剧银熊奖。2011年，韩国电影公司增加到4947家。2014年，金汉珉执导的《鸣梁海战》以1800万观影人次打破尘封5年之久、由《阿凡达》创造的1330万观影人次记录。

韩国电影产业的运营模式

韩国的电影业运行体系由三个部分构成：一是制作方，即影视制作公司；二是投资方，即资本持有者，主要由大企业以及投资公司构成；三是发行和市场运作方，是专业的市场分析机构。只有将制作方的激情、投资方的理性以及市场运作方的专业结合起来，才能成功地将影片推上荧屏。在影片的具体运作过程中，韩国的民间及政府都制定了不同的支援政策，主要有以下四点。

一是制片人制度的确立。大企业参与到电影产业之后，韩国电影制作分化为“准学徒制作体系”“独立制片人体系”“大企业直接制作方式”。在这种体系下，韩国电影业的制作技术不断提高，并开发特效制作。

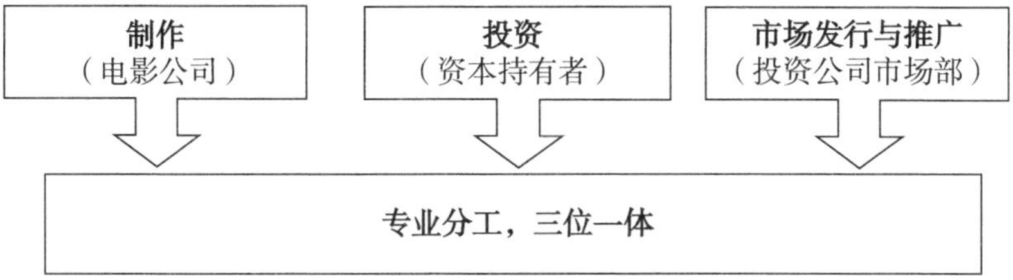

图 1　韩国电影产业三位一体的运行机制

二是投融资渠道的构建。韩国电影产业在 20 世纪 90 年代初期所做的最大调整就是对资本投资形式进行的变革。韩国政府鼓励三星、现代等大财团进军影视业，从而逐渐打破了韩国电影制作中论资排辈的僵硬体系，大大激发了导演、演员以及制片人的创作热情，使韩国电影市场开始逐渐显露生机。但在亚洲金融危机之后，韩国的大企业大量退出影视业，韩国政府由此开始调整政策，积极鼓励中小企业参与电影的制作与生产。1997 年，韩国通商事业部将电影业也划归到风投领域，鼓励民间资本的投入，并享受税收减免的优惠待遇，这就使得电影融资更加容易。政府在当时还出台了网络融资政策，通过互联网融资来获得大额资金而进行影片生产。此后韩国的影视投融资渠道便开始呈现了多元化趋势。

三是市场的发行与推广机制。第一阶段是对电影营销企划的相关信息搜集过程。在电影创作之初，与其相关的营销策划也就相应开始了，在这个环节里最重要的是要决定“制作一个什么样的电影”。因此首先要做的就是对广大受众的相关数据信息收集，如对消费者总数、消费心理特征、接触媒体的特点等资料的收集，以此为基础来选定目标观众以及制定宣发策略。接下来的第二阶段，随着电影的制作进展，开始对消费者进行大规模的宣发活动。在这个阶段，需要做的是如何赋予电影生命力，将其本身打造为一个品牌。为此，首先要凝练出品牌概念，并树立相应的细分战略，将品牌形象深深植入广大消费者的内心。其次要以品牌形象为基础，引导受众对品牌产生忠诚度，进而促使消费者开始有实际的观影行为。而在这个阶段里，最重要的是要保持各个环节执行的连贯性。最后是首轮播映后，对电影营销流程的整体把握与评价。这个阶段是要将所有的资料重新数据化，作为下一阶段的营销策略的基础资料。

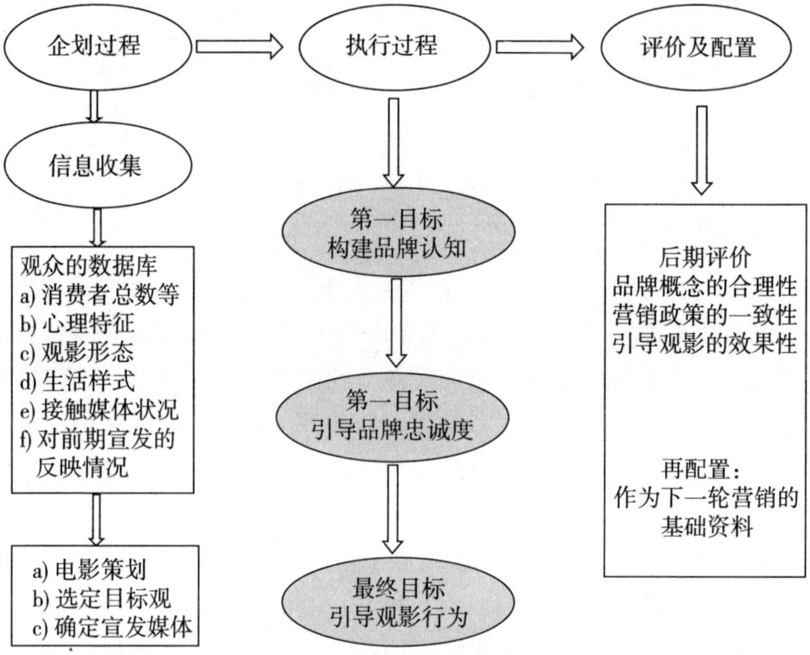

图 2　韩国电影产业营销战略

四是，韩国非常重视影视人才的培养体制。有很多电影人远赴美、欧等地学习影视创作，这批海归人才保证了韩国电影的运作质量和新鲜活力，他们学成归来以后，成为韩国电影事业发展的强大动力。当然以韩国本土教育为基础也培养了很多出色的电影人，如中央大学、东国大学等培养了电影管理和专业演员等各类电影人才。为增加年轻电影人的学习机会，提高他们的创新能力，韩国政府设立电影产业辅助基金用于影视学院的学生进行独立电影制片。在这个政府辅助基金及会展平台上，符合条件者都可申请到约 4 亿韩元的制作费用启动资金。

当然韩国政府的政策也支持对国产电影的保护。为提高国产片的竞争力，韩国政府开创了“义务上映”制度，这也保证了国产电影在上映档期上的配额；此外，对发行和放映韩国原创电影的公司和影院给予税收优惠政策，从而提升了国产电影的市场占有率；推进“电影分级制度”，以取代“电影剪阅制”，不限色情、恐怖和政治等敏感题材的电影制作，激发了电影制作人的积极性，促进了韩国电影的全面成长。

韩国电视

韩国电视剧的制作与运营

制作团队专业化

20世纪90年代，韩国开始推行文化立国战略，并配以一系列政策和措施。这一时期，很多韩国留学生从国外学成归来，并带着先进的制作理念投入韩剧制作中。《蓝色生死恋》和《冬季恋歌》的导演尹锡湖曾说，从事电视剧生产的人员大都受过专业教育，对工作十分敬业。无论是前期剧本创作、中期拍摄、后期制作，还是市场宣传、关联营销，都有专门的团队进行规划和执行，尽量做到尽善尽美。

在制作方式上，韩剧一般采取“边写、边拍、边播”的动态机制，这有别于中国电视剧的生产。“边写、边拍、边播”是由韩国与中国不一样的播出方式决定的。韩国主流电视台每个台每周播出电视剧30集左右，主要包括每日连续剧、周末连续剧两类。每日连续剧是在每周一至周五播出的电视剧，周末连续剧是在周六、周日两天内连续播出的电视剧，很少像中国一周七天连播一部剧。这样的播出方式，为电视剧实现“边写、边拍、边播”提供了时间保障。韩剧制作之初，并不确定剧集和剧情的发展，在播出期间，编剧会根据观众的收视反应来设计下一步情节的进展。观众欢迎，故事就一直发展下去，一旦观众对故事失去兴趣，电视剧就会及时打住。比如《女人天下》最初计划拍摄50集，由于受欢迎，最终拍摄了150集。在韩剧制作体系中，编剧处于核心地位。韩剧生产制作虽然也实行明星制，但编剧才是剧组的灵魂。一般情况下，导演、制片人要听从编剧的意见，编剧要介入演员的挑选，编剧的进度决定着电视剧的拍摄进度。韩国“边写、边拍、边播”的电视剧生产传播体制之所以能够存在，是因为韩国《广播法》里没有规定专门的审查机构与审查环节，各电视台对播出的节目有相当大的自主权和控制权。尽管如此，各电视台为避免出现严重问题，都设有相应的内部审查机制，但一般情况下不会影响和干扰节目的正常播出。

产业链完整化

在电视剧产业链条中，电视剧制作机构至关重要，企业对产业链的整合程度，可以提升个体企业乃至整个产业的竞争优势，使得一个国家或地区的电视剧在满足内生增长需求的同时追求外部经济增长。

韩国国内电视剧市场交易规模非常有限，一般情况下，主流电视台不播其他电视台制作的电视剧，电视台投资生产制作电视剧的首要目的，是为在自己的电视台网播出，通过收视率来赚取广告市场份额；其次是拿到国际市场进行交易，赚取外汇收入。目前，韩国的电视剧制作主要垄断在三大媒介集团 KBS、SBS、MBC 手中，与美国的电视产业格局类似（均由五大电视网制作），韩国的内容制作商与电视网也是融为一体。

韩剧一直奉行“制播合一”的管理体制，一是韩国广电业管理体制所致，二是生产制作电视剧可以让电视台获得一定的利润，更重要的是可以保有受众市场。体制与经济两方面的因素致使电视剧一直被电视台及其下属公司所垄断，独立制片商插手电视剧制作的可能性比较小。韩国三大电视台播出的电视剧大多由下属的影视制作公司制作，电视台与制作公司两者之间是定购关系。根据预算，电视台事先要付给影视制作公司整个拍摄资金的 35%～45%，所以制作公司一般没有资金压力，就想把剧本做好，以便电视台来定购。

产业链整合几乎涉及电视剧生产的各个环节，纵向聚合与横向协同已经不容易区分开来。韩国政府在相关法律中规定，影视制作公司不能获得 15% 以上的利润，目的是鼓励影视制作公司开发下游产品，公司把靠产品（电视剧）赚来的钱用于广告、市场推广、时尚产品、影视衍生产品等综合开发。另外，按照规定，公司不只是制作影视，还承担演艺人才培养、包装、广告、演唱会、影视衍生品的开发等业务，这样韩剧的知识产权就集中在制片人手里，制片人有权把除剧作以外的各种衍生产品推向国际市场。因此，在某种意义上，韩剧并不仅仅是电视剧，与之相关的旅游、服装、化妆品、手机、医药、餐饮、美容等行业，都可以借此机会走向国际市场，开拓海外空间。

宏观调控管理合理化

韩国政府是发展文化产业的倡导者，也是最有力的支持者。韩国政府清楚认识到，无论是获得信息的动力，还是拓展产业链的长度，处于市场第一线的企业更具有优势。为此，韩国政府并不是大包大揽，而是注意运用市场经济的规律，调动企业作为市场主体的积极性。可以说，韩国文化产业成功发展的深层次因素之一，正是处理好了政府和企业之间的关系，特别是把政府的推动因素放在了合理的位置上。在支持发展影视剧等文化产业方面，韩国政府的作用主要表现在两个方面：

一是“放宽”，即政府放宽对文化产业的规制。1998 年，韩国宣布以电影分级审查制度取代此前的电影剪阅制度。放宽规制后，电影电视剧题材大大放宽，电影人获得巨大的创作自由，创作热情高涨，这为文化产业发展提供了宽松的外部环境。

二是“扶持”，即政府出台大量推动文化产业发展的政策措施。首先是文化产业专门人才的培养。2002—2005 年，政府投入 2000 多亿韩元，重点培养电影、卡通、游戏、广播电视等产业的高级人才。近年来陆续建设了汉城游戏学院、全州文化产业大学、大邱文化开发中心、网络信息学院、传统文化学校等。截至 2010 年，韩国高校开设的文化产业相关专业达到 900 多个。国家对文化产业发展的资金支持也是一个重要方面。韩国设立了文艺振兴基金、文化产业振兴基金、信息化促进基金、电影振兴基金、出版基金等多种专项基金扶持文化产业发展。韩国政府还积极帮助企业开拓国际市场。早在 2000 年，韩国政府为促进文化产品出口，专门成立了影音分轨公司，对韩文翻译为外语和产品制作的费用几乎给予全额补助，开始了开拓国际市场的强大攻势。2001 年，韩国政府成立了文化产业振兴院，每年该院可得到政府资助 5000 万美元。目前该院已经在中、日、美、英等国设立了办事处，建成横跨亚、欧和北美主要市场的联络体系。另外，韩国对电视剧出口免税，出口电视剧的利润由电视台和制作公司五五分成，还设立出口奖励制度，构筑海外营销网。这些开拓国际市场的措施极为有力，取得了显著成效。

韩国电视剧的分类

历史剧

1. 弘扬传统文化

韩国与中国有着一衣带水的关系，历史上韩国与中国有着密切的交流与合作，并且深受中国儒家传统文化的影响。韩国对于传统文化的保护十分用心，不仅从近年来申报各种非物质文化遗产中可见端倪，在韩国历史题材的电视剧中也有所反应。《大长今》作为历史剧的经典代表，向我们展示了精美的韩服、韩国的传统饮食以及精湛的医术。剧作播出后，引起了一股穿韩服、吃韩餐的旋风，其发扬民族文化的创作目的开始显现。

2. 纪念历史名人

无论国家历史的长短，都会有英雄、名人的出现。为了让后世铭记他们的功劳并且将他们的精神继续传承、发扬光大，拍摄历史题材电视剧便是最好的方式，人们通过欣赏剧目了解史实，了解伟人的功绩及付出的艰辛，才能更爱自己的民族，更爱自己的国家。《不灭的李舜臣》改变自韩国历史上著名的民族英雄李舜臣在“壬辰倭乱”中的英勇表现，为我们展现了面对民族危亡时，其表现的英勇无畏、敢于牺牲的民族气节，对后世有积极的教育意义。

3. 创作空间更大

对于历史我们有着太多的不确定性，由于历史技术不发达，不能完整的将过去记录，同时流传下来的史实资料不够全面，很多事情都是靠一代一代口耳相传而传承下来的，难免与事实有出入。因此依靠仅有的一些资料，以其为基础进行故事的架构，加上艺术的加工创作，便能创造出众多剧作，其想象发挥得空间更大。《茶母》改编自漫画，讲述的是负责处理女性案件的捕快对权力、欲望的渴求，同时经历的感情纠葛，历史剧中的感情部分往往多是编剧创造出来的。

偶像剧

1. 韩流入侵影响

韩国歌曲以其独有的特色受到周边国家歌迷的追捧，随之而来的是韩流入侵，无论从服饰、饮食、音乐等方面都引起了人们的兴趣。偶像剧的出现让人们更好的了解韩国文化，人们可以从剧中角色的穿着了解今年韩国流行衣服的款式，剧中的主题曲、插曲都成为街头巷尾不断的旋律。在《冬季恋歌》热播后，年轻的男性喜欢效仿裴勇俊剧中的样子，穿着高领毛衣，外面搭配长款风衣，以及圆款的眼镜，韩流的影响力不容忽视。

2. 符合青年口味

随着网络的发展，年轻人也在追寻符合自己口味的作品，而偶像剧便是为其“量身定制”，偶像剧中主角们穿着时尚，成为年轻人效仿的对象。以爱情为主线的偶像剧必然会选择俊男美女担任主角，这便满足了青年男女对未来另一半的幻想。同时剧中的人物设定往往是“王子灰姑娘”式，而投入的看剧往往会有代入感，男性便会将自己假设为“王子”过着奢华的生活，而女性更倾向于自己是“灰姑娘”，终有一天会找到真正的“王子”。《我叫金三顺》是典型的“王子灰姑娘”式偶像剧，满足了青年人的幻想。

3. 周边产业受益

韩国电视剧的热播往往能带动周边产品热销。最显而易见的便是韩餐在各个国家、各地区的增长，以及赴韩旅游的人数逐年增加，尤其是热播韩剧的取景之处，一定会成为人们游玩的必经之地。实物方面，音响产品也会随之热卖，剧中人物的同款衣物、首饰、配饰，甚至玩偶、饮食等都会成为人们选择。《来自星星的你》席卷亚洲后，剧中千颂伊同款口红全球脱销，教授枕边读物《爱德华的奇妙之旅》更是一书难求，韩国电视剧的热播对周边产业发展有着积极的推动作用。

家庭剧

1. 女性编剧主体

由于历史和社会等方面的原因，韩国电视剧多为女性编剧，而韩国的女性知识水平很高，女人的情感细腻，写出的作品往往能读懂观众的心。以女性为视角的编剧，最拿手且最熟悉的便是家庭生活了。她们每日处在家庭生活的核心，处理着各种鸡毛蒜皮的琐事，调节着各种关系，以家庭为背景进行艺术创作，对于题材的选取和情节的设定，她们信手拈来、轻而易举。《澡堂老板家的男人们》中一大家子的生活琐事、爱恨情仇既真实又亲切，既可爱又温馨。

2. 迎合女性需求

虽然韩国女性的受教育水平较高，但还是有一部分女性的知识层面不足以欣赏严肃的历史剧，活泼时尚的偶像剧也不是符合年龄的最佳选择，因此，家庭剧孕育而生。不需要 e 文化素养，深入了解历史，没有青年人在镜头中卿卿我我，经常上演生死别离。家庭剧中有的只是最真实的生活，最朴实的对话以及最符合情理的剧情发展。在剧中主妇们往往看到自己的影子，引发共鸣，同时缓慢的叙事节奏也是消遣时光的最佳选择。

3. 合家欢共观看

家庭剧的播放时间多为合家欢时间，一家人其乐融融坐在一起共同欣赏，没有历史剧的严肃压抑，没有偶像剧的露骨尴尬，家庭剧不仅是一个消遣的产品，更是维系家庭的情感纽带，家人们与剧中主角同命运、共生死，进行激烈的讨论。相比其他，家庭剧赋予的教育意义更为深刻，弘扬三纲五常儒家道德伦理精神，教会我们如何为人、如何处事，如何更好的生活。没有什么比家人围在一起共同欣赏一部隐含着教育意义的剧作更幸福的事了。

韩剧的艺术特色

以“情感”为主题架构全剧

无论是一部电视剧还是一篇文章都要有其内核所在，而韩国电视剧的核心是“情感”，无论是《澡堂老板家的男人》中的亲情，还是《搞笑一家人》中的友情，亦或是《蓝色生死恋》中的爱情，都通过特定的情节设置，引发观众的感情共鸣，从而将广泛的观众群牢牢锁定。“以情感人”的设定，让韩国电视剧凭借着其强大的感情攻势，俘获了大批粉丝的心，同时能够满足不同年龄段观众的情感需要核对感情的诠释。

重视格调的提升

任何艺术作品都来源于生活而高于生活，韩国电视剧亦是如此。纵观韩国电视剧的取材，都是日常生活中的小事堆砌起来的，许多鸡毛蒜皮的琐碎细节，让我们感受到了韩国电视剧内容的朴实与人物的平凡，贴近生活，让观众感同身受。但在艺术的表现上，韩国电视剧在格调上往往有很大的提升。其方式通常表现的唯美画面、悠扬的音乐、青春靓丽的主人公及故事设置的跌宕起伏。

情感模式的多样性

爱情永远作为韩国电视剧的最基本元素出现，其情感模式也能大致归为以下三个类型：绝症模式、王子灰姑娘模式、多角恋爱模式。

绝症模式跌宕起伏的故事情节赚尽了我们的眼泪，我们为剧中的角色离去感到不舍，对上天的不公表示愤怒，对有情人不能终成眷属感到惋惜；王子灰姑娘模式让我们往往将自己代入角色中，幻想着自己也能有一段非凡的“奇遇”；而多角恋爱式的最终结局，通常都是男二或者女二默默付出但终未得到主角的真爱，我们在剧情发展的同时，一边叹惜一边对他们的结局表示遗憾。

韩国三大电视台

韩国广播公司电视台（KBS）

韩国历史最悠久的国家电视台，由韩国广播局出资扶持的国营机构，是最有资历和最具权威的电视台，类似于中国的中央电视台。共有两个频道——KBS 1 以新闻和实况报道为主；而 KBS 2 则重于娱乐及综合节目，KBS 2 主要针对年轻人是综艺娱乐台，也有少部分新闻内容。韩国 KBS 的体系与中国的电视台不同，他们是从中央到各道（相当于省）、市、县都是 KBS 放送局，而且是广播和电视一体的放送局。

他们制作的电视剧显得很有青春朝气。其代表作是：《冬季恋歌》《夏日香气》《蓝色生死恋》一系列赚人眼泪没花什么银子，因为就地拍摄本土风光，还为韩国旅游创收立下汗马功劳，其他还有《尚道，上学去》《白雪公主》《爱情的条件》《必胜奉顺英》《新娘 18 岁》《对不起，我爱你》《浪漫满屋》《豪杰春香》《花样男子》《学校 2013》几部剧集给 KBS 挣足了面子，而《18：29》改编自池秀贤的小说《天使之吻》，剧情另类搞笑也很受欢迎。CCTV 引进的《黄手帕》也是该台作品，还有《九尾狐外传》这样魔幻题材的作品出现，而且他们也制作一些历史剧，如《明成皇后》《张禧嫔》《武人时代》《不灭的李舜臣》《海神》等优秀作品。

韩国文化广播公司电视台（MBC）

MBC 是韩国三大电视主流媒体之一，是一个公营股份制电视台，于 1961 年成立。MBC 拥有完备的现代化设施，其分支机构遍及全国，新闻触角已伸向全球各主要城市。MBC 是韩国东部沿海的重要地方电视台，办有一套地方电视节目和两套广播节目，均已实现数字播出，主要节目类型有新闻、体育、讨论、纪录片等，每天有三次直播的地方新闻报道。MBC 以东海市、太白市、旌善郡等三市一线为主要播放城市。

MBC（大部分高收视的剧集均是MBC出品）是民营的，由独立系商业广播局出资，节目内容繁多是最大特点，有《星梦奇缘》《爱上女主播》《屋塔房小猫》《罗曼史》《红豆女之恋》《恋爱机会1%》《火鸟》好像都有点梦幻般的故事，2005年春《美妙人生》及《我的名字叫金三顺》也是类似的。《我的名字叫金三顺》是韩国MBC电视台积蓄已久的作品，欲借此剧重塑昔日辉煌。该剧在中国也受到欢迎，在韩国的收视率更是突破了50%的大关。另外，MBC又以拍摄长篇剧、历史剧见长，像《爱情是什么》《人鱼小姐》《看了又看》《加油金顺》《茶母》《大长今》《医道》《商道》……《拥抱月亮的太阳》更是收视突破了40%，成为又一部国民历史剧。

这些长篇每日剧拍摄手法细腻，剧情虽然有些拖沓但还是很吸引人的，最主要是生活化，像进屋脱鞋换衣这些细节也不放过，凸现了韩国历史文化特点的。

首尔广播公司电视台（SBS）

韩国SBS电视台（Seoul Broadcasting System）是韩国三大电视电台网络之一，出产大量娱乐综艺节目以及电视剧，符合年轻人的口味。代表电视剧有：《爱在哈佛》《不良主妇日记》《我的女孩》《城市猎人》《信义》《听见你的声音》《主君的太阳》《继承者们》《来自星星的你》《Three Days》《匹诺曹》等。

● 影视明星

十大男星

1. 宋仲基

宋仲基，1985年9月19日出生于韩国大田广域市，韩国男演员、主持人。2008年凭借出演电影《霜花店》而进入演艺圈。2009年，担任音乐节目《音乐银行》主持人；同年，成为艺能节目《Running man》的固定嘉宾。2010年出演电视剧《成均馆绯闻》受到关注。2016年，凭借主演的电视剧《太阳的后裔》一举成名，凭借该剧获得第52届百想艺术大赏电视部门最佳人气男演员奖、第11届首尔国际电视节最佳男演员。2017年，主演战争电影《军舰岛》。

2. 金秀贤

金秀贤，1988年2月16日出生于首尔，韩国男演员。2007年进入演艺圈。2011年首次担当男主角的电视剧《Dream High》位居韩国年度月火迷你剧收视率冠军。2012年主演电视剧《拥抱太阳的月亮》收视率达42.2%，凭借此剧获得百想艺术大赏最佳男演员奖；同年，凭借电影处女作《盗贼同盟》获得韩国青龙电影奖人气明星奖。演艺事业外，担任南京青奥会和仁川亚运会开幕式表演嘉宾；2014年主演电视剧《来自星星的你》，在韩国最高收视率达28.1%，网络最高收视率达73.4%，双双位居2013年迷你剧首位，并迅速在亚洲引发现象级热潮，仅中国地区网络播放量就达到了40亿，成为第一部百度指数破400万的电视剧，被认为是“中国拥有社交媒体以来最被热议的韩剧”，不仅在两会受到关注，还登上了美国《华盛顿邮报》头版和《华尔街日报》首页，得到中韩两国最高领导人的青睐和联合国秘书长潘基文的瞩目，在重要场合被广泛提及。金秀贤凭借该剧再度入围百想艺术大赏最佳男演员奖，并囊括了电影和电视部门人气奖，成为百想50年历史上首位影视人气双料得主。

3. 李敏镐

李敏镐，1987年6月22日出生于首尔，韩国男演员。2006年，以电视剧《秘密的校园》正式出道。2009年因电视剧《花样男子》被亚洲观众广泛熟知，并凭该剧获得第45届韩国百想艺术大赏最佳新人奖。2010年凭借电视剧《个人取向》获MBC演技大赏优秀演技奖。2013年10月9日，主演的电视剧《继承者们》在韩国SBS电视台正式播出，李敏镐亦凭在剧中的出色表现获得2013年度百度沸点“最佳亚太演员”奖、第2届美国“DramaFever-Awards”最佳男演员奖、第16届SBS演技大赏最优秀演技赏、十大明星赏、最高人气赏、搜狐网“2013最受欢迎国际男演员”奖等诸多奖项。2014年1月30日献唱2014年中央电视台春节联欢晚会，成为春晚历史上第一位登台表演的韩国艺人。此外，李敏镐自出道以来一直致力于社会贡献活动，多次向联合国儿童基金会等机构进行捐赠，创立了慈善平台“PMZ”，并获得“幸福分享人奖”。

4. 赵寅成

赵寅成，1981年7月28日出生，毕业于全南科学大学模特学系、东国大学戏剧电影学系，韩国演员、模特。1998 年 12 月，赵寅成作为服装品牌 ZIOZIA 的模特出道；2000 年，参演青春校园剧《搞怪高校生》进入影视圈。2006 年，主演电影《卑劣的街头》获第 5 届韩国映画大赏最佳男主角。2013 年，通过与宋慧乔合作的电视剧《那年冬天，风在吹》重返演艺圈。2014 年，主演心理剧《没关系，是爱情啊》，获得第 3 届大田电视剧节大赏。2017 年，1 月主演剧情片《The King》。

5. 玄彬

玄彬（Hyun Bin），本名金泰坪，1982 年 9 月 25 日出生于韩国首尔，韩国男演员，毕业于韩国中央大学。2003 年出演第一部电视剧《保镖》出道。2004 年，参演电视剧《爱尔兰》，获得 MBC 电视台的演技大奖新人奖。2008 年，主演爱情剧《他们生活的世界》。2010 年玄彬出演《秘密花园》，收货更多人气，并获得第 47 届韩国百想艺术大赏电视部门最高大赏。2011 年 3 月 7 日正式入伍，开始为期 21 个月的兵役。2014 年，主演古装片《逆鳞》回归。2017 年，主演动作片《共助》。

6. 朴海镇

朴海镇，1983 年 5 月，出生于韩国釜山，韩国男演员。2006 年，凭借《传闻中的七公主》出道，并获得 KBS 演技大赏的新人奖和最佳银幕情侣奖；2007 年，主演电视剧《比天高比地厚》；2008 年，反派出演 MBC 年度大戏《伊甸园之东》，获得 MBC 演技大赏最佳新人奖；2011 年，出演电视剧《钱多多嫁人记》《另一种灿烂生活》；2014 年，出演电视剧《Doctor 异乡人》《坏家伙们》；2015 年 10 月，朴海镇凭借《坏家伙们》获得 2015 韩国电视剧大赏 KDA 奖。

7. 李钟硕

李钟硕（Lee Jong Suk），1989 年 9 月 14 日出生于京畿道龙仁，韩国男演员、模特。2010 年 3 月参演律政剧《检察官公主》，以演员身份正式出道；9 月出演浪漫爱情剧《秘密花园》。2012 年主演校园剧《学校 2013》。2013 年 6 月首次担纲男主角的奇幻爱情剧《听见你的声音》夺得水木剧年度收视冠军，并凭借该剧入围第 50 届百想艺术大赏电视部门最佳男演员奖；9 月出演古装电影《观相》。2014 年 1 月主演电影《热血青春》；4 月主演的医疗谍报剧《Doctor 异乡人》位列月火剧年度收视亚军；12 月凭借职业爱情剧《匹诺曹》获得第27届画梅奖最佳男演员奖。2015年3月，名列福布斯韩国名人榜第十二位；5月获得第51届百想艺术大赏电视部门人气男演员奖；10月获得韩国大众文化艺术奖国务总理表彰奖。2016年2月主演年代爱情剧《翡翠恋人》；7月主演悬疑爱情剧《W-两个世界》，凭借该剧获得MBC演技大赏最高大赏。2017年9月主演奇幻悬疑爱情剧《当你沉睡时》。此外，李钟硕还积极投身各项公益慈善事业，2016年2月他向联合国儿童基金会驻华办事处捐款1亿韩元，用于支持中国贫困地区开展教育项目。

8. 张根硕

张根硕，1987年9月26日出生于韩国首尔，韩国男演员、歌手、主持人。汉阳大学硕博连读、汉阳大学慈善教授。1997年，张根硕出演HBS情景喜剧《幸福也贩卖》。2001年，张根硕与BOA一同拍摄了SK电信的电视广告。2003年，他出演了情景剧《nonstop4》。2006年出演古装剧《黄真伊》的初恋情人金恩浩一角，并凭借电影《快乐人生》中的表演获得第44届百想艺术大赏电影部门最佳男新人奖。2007年9月，张根硕主演的《快乐人生》在韩国上映。2009年，出演《原来是美男》。2010年，出演《玛丽外宿中》。2011年，他在日本发行的首张专辑《Let me cry》，并获得ORICON公信榜冠军。2012年，张根硕出演的《爱情雨》开播。2013年6月，张根硕出演电视剧《漂亮男人》。2016年3月出演SBS电视剧《大发》。

9. 宋承宪

宋承宪（Song Seung Heon），本名宋承复，1976年10月5日出生于韩国首尔市。韩国男演员，毕业于韩国京畿大学。1995年，为休闲服装品牌Storm拍广告加入模特行业。1996年，参演情景剧《三男三女》，正式踏入影视圈。2000年，主演爱情剧《蓝色生死恋》，该剧最高收视率达54.4%，为2000年度韩国电视剧收视冠军。2001年，拍摄爱情片《夕阳天使》。2003年，主演爱情剧《夏日香气》。2004年，6月主演爱情片《那小子真帅》，11月参军入伍。2006年，8月正式退伍。2008年，主演爱情剧《伊甸园之东》，获得MBC演技大赏大赏。2009年，建立Storm.S公司，作为自己的经纪公司。2011年，主演爱情剧《我的公主》。2012年，主演古装剧《仁医》。2014年，主演爱情片《人间中毒》，获得第35届韩国青龙电影奖人气奖。2015 年，主演爱情片《第三种爱情》和《Miss Wife》。2017 年，1 月主演古装剧《师任堂：光的日记》，10 月主演悬疑剧《Black》。

10. 元斌

元斌（Won Bin），本名金道振，1977 年 11 月 10 日出生于韩国江原道旌善郡。韩国男演员，毕业于韩国龙仁大学。1995 年，参加第一届韩国有线电视台新人选拔赛，进入演艺圈。1999 年，凭借爱情剧《爱我好不好》获得 KBS 演技大赏最佳新人奖。2000 年，主演爱情剧《蓝色生死恋》，获得第 37 届韩国百想艺术大赏最佳新人男演员奖。2002 年，主演日韩合拍剧《命运之恋》。2004 年，2 月主演战争片《太极旗飘扬》，该片总共创下累计 1174 万观影人次，为 2004 年度韩国票房冠军。2005 年 11 月 29 日，入伍服役；2006 年 6 月 7 日，退伍。2009 年，主演犯罪片《母亲》，正式回归演艺圈，该片获得第 47 届韩国百想艺术大赏最佳影片奖。2010 年，主演动作片《孤胆特工》，获得第 47 届韩国电影大钟奖最佳男主角奖、最佳人气奖以及第 31 届韩国电影青龙奖人气明星奖。2011 年，蝉联第 48 届韩国电影大钟奖人气奖。

十大女星

1. 李英爱

李英爱（英文：Lee Young Ae，韩文：이영애），1971 年 1 月 31 日出生在韩国首尔，韩国女演员，有“氧气美女”的称号。1993 年参与演艺事业，曾参与 30 多部连续剧及 5 部电影演出，其中在 2003 年凭借电视剧《大长今》获得 MBC 演技大赏最高荣誉奖。2006 年，凭借电影《亲切的金子》获得第 42 届韩国百想艺术大赏电影类最佳女演员奖。2015 年 5 月 28 日，李英爱复出后的首本图书《李英爱的晚餐》（简体中文版）在北京举办首发式。

2. 金泰熙

金泰熙（Kim Tae-Hee），1980 年 3 月 29 日出生于韩国釜山广域市，韩国女演员。2003 年凭借《天国的阶梯》走红。2004 年主演电视剧《爱在哈佛》，获得百想艺术大赏女子人气奖和 SBS 演技大赏十大明星奖及人气奖。2006 年出演电影《中天》，获得百想艺术大赏电影部门女子人气奖。2009 年金泰希参演电视剧《IRIS》，获得 KBS 演技大赏女子优秀演技奖及最佳情侣奖。2015 年 10 月 8 日，凭借《龙八夷》获得 2015 韩国电视剧大赏“女子最优秀奖”。

3. 全智贤

全智贤，1981 年 10 月 30 日出生于韩国首尔江南区。韩国影视演员、模特，毕业于东国大学。1997 年从事模特行业出道。1999 年主演爱情电影《白色情人节》，获得百想艺术大赏最佳女新人奖。2000 年主演爱情电影《触不到的恋人》，凭借此片提名第 38 届韩国电影大钟奖最佳女主角奖。2001 年爱情喜剧电影《我的野蛮女友》，获得韩国电影大钟奖最佳女主角奖。2006 年主演爱情电影《雏菊》。2012 年主演犯罪动作片影片《盗贼同盟》。2013 年主演谍战动作影片《柏林》，同年主演爱情剧《来自星星的你》，凭借此剧获得第 50 届百想艺术大赏电视剧部门大赏和 SBS 演技大赏演技大赏。2015 年主演年代动作影片《暗杀》，凭借此片获得韩国电影大钟奖最佳女主角，同年获得韩国大众文化艺术奖总统表彰。2016 年主演 SBS 奇幻爱情剧《蓝色大海的传说》。

4. 宋慧乔

宋慧乔，1981 年 11 月 22 日出生于韩国大邱广域市，韩国影视女演员。1996 年，宋慧乔通过模特大赛出道。1997 年，出演长篇喜剧《顺风妇产科》。2000 年，宋慧乔出演了《蓝色生死恋》，并获得了 KBS 的最上镜头奖和人气奖。2001 年，宋慧乔出演了《情定大饭店》及《守护天使》两部电视剧。2004 年，她转型出演了《浪漫满屋》。2005 年开始，宋慧乔开始专注于电影方面的发展，出演《我和我的女友》。2007 年，出演的电影《黄真伊》。2008 年，她出演电视剧《他们生活的世界》。2009 年，她参演了中国电影《一代宗师》。2013 年的《那年冬天，风在吹》是宋慧乔阔别荧屏四年之久的又一电视剧。2014 年参演吴宇森执导的电影《太平轮》。2016 年 2 月与宋仲基搭档主演 KBS 水木剧《太阳的后裔》，凭该剧获第 52 届百想艺术大赏电视部门最佳人气女演员奖及合作媒体人气奖。

5. 孙艺珍

孙艺珍，1982 年 1 月 11 日出生于韩庆尚北道大邱市，韩国女演员。2000 年，孙艺珍凭借奇幻悬疑片《秘密》初登大银幕。2001 年，主演爱情剧《善姬与真姬》，获 MBC 演技大赏新人女演员奖。2002 年，因主演《向左爱向右爱》获得第22届韩国影评奖最佳女新人奖。2003年，主演爱情电影《假如爱有天意》，获第39届韩国百想艺术大赏和第40届韩国电影大钟奖的最佳新人女演员奖。2004年，主演爱情电影《我脑海中的橡皮擦》，创下当时韩国电影在日本上映的最高票房记录。2005年，主演电影《外出》，获第51届亚太电影节最佳女主角。2006年，主演电视剧《恋爱时代》，获第43届韩国百想艺术大赏电视剧类最佳女主角。2008年，主演电影《妻子结婚了》获第29届韩国电影青龙奖和2013年，主演惊悚电影《共犯》，入围第35届韩国青龙电影奖最佳女主角奖。2014年，主演古装动作片《海盗》，票房突破866万人次，入围第51届百想艺术大赏最佳女主角，并获第51届韩国电影大钟奖最佳女主角，完成个人韩国三大奖项影后大满贯。2016年，凭借电影《没有秘密》获第25届韩国釜日电影奖最佳女主角、第36届韩国电影评论家协会奖最佳女主角和2017韩国春史电影奖最佳女主角等多个奖项。同年，主演电影《德惠翁主》，票房突破559万人次，并获第53届韩国电影大钟奖最佳女主角和第53届百想艺术大赏最佳女主角及2017年度电影奖最佳女主角等。

6. 朴信惠

朴信惠（박신혜，Park Shin Hye），1990年2月18日出生于韩国光州，韩国女演员，毕业于首尔中央大学戏剧电影学系。2001年，11岁的朴信惠拍摄了李承焕的第一部MV《爱吗》。2003年拍摄其另一部MV《花》，正式出道，并于同年首度参演电视剧《天国的阶梯》，并因此获得SBS演技大赏童星奖。2004年，朴信惠接拍KBS短剧《如果再等一班车》。2006年参演首部电影《传说的故乡》。2009年以《原来是美男》回归荧屏，开启演艺事业的新篇章。2010年，她凭借《恋爱操作团》中的表演获得第8届韩国电影大奖最佳女配角提名。2013年，凭借《7号房的礼物》获得韩国电影家协会最佳女配角。2012—2014年连续四年蝉联百想艺术大赏女子部门人气赏。2013年，朴信惠以《继承者们》中的出色演技在SBS演技大赏中获得十大明星奖、中篇电视剧优秀表演奖和最佳情侣奖。2014年，朴信惠在韩国SBS电视台水木剧《匹诺曹》中饰演崔仁荷，同年SBS演技大赏荣获中篇电视剧最优秀女演员奖、十大明星奖和最佳情侣奖。2015年5月26日，以电影《尚衣院》再获电影部门人气奖，达成百想史上最初的人气五

连冠。2016 年，朴信惠出演 SBS 月火剧《Doctors》，成功展现了从流氓女学生到医生的演技转换，收视率突破 20%完美收官。8 月，朴信惠加盟电影《沉默的目击者》饰演律师，搭档崔岷植。

7. 韩佳人

韩佳人（Han Ga In），本名“金贤珠”，1982 年 2 月 25 日出生于韩国首尔市。韩国女演员，毕业于韩国庆熙大学。2002 年，通过拍摄韩亚航空的广告进入演艺界。2003 年参演电视剧《黄手帕》。2004 年 1 月主演动作片《马粥街残酷史》，获得第 40 届韩国百想艺术大赏人气奖。3 月主演家庭剧《爱情的条件》，该剧以最高收视率 45. 4%成为年度收视冠军。2005 年 3 月主演浪漫喜剧《新进职员》，该剧平均收视率接近 30%。4 月与演员延政勋结婚。2007 年，出演转型之作《魔女幼熙》之后为了家庭暂时隐退。2010 年，通过爱情剧《坏男人》回归电视荧屏。2012 年 1 月主演古装剧《拥抱太阳的月亮》，获得 MBC 演技大赏最优秀演技奖。3 月主演爱情片《建筑学概论》，该片累计突破 400 万观影人次。2016 年，4 月产下女儿。2018 年，4 月主演周末剧《情妇》。

8. 宋智孝

宋智孝（송지효，Song Ji Hyo），本名千成林（천성임，Cheon Seong Im），1981 年 8 月 15 日出生于韩国庆尚北道浦项市，毕业于韩国京文大学，韩国女演员、模特、主持人。2001 年，宋智孝凭借“KIKI”的封面杂志正式出道。2003 年，她凭借电影《女高怪谈 3：狐狸阶梯》在韩国影视界崭露头角。2006 年，因出演偶像剧《宫》而受到关注。2008 年，主演剧情片《霜花店》，获得第 45 届百想艺术大赏最高人气女演员的提名。2010 年 7 月起，担任 SBS 周末综艺节目《Running Man》的固定主持人。2012 年，主演喜剧电影《胡狼来了》，获得第 49 届百想艺术大赏最高人气女演员的提名。2014 年，主演浪漫喜剧《急诊男女》，获得第三届 Drama Fever 最优秀演技奖。2015 年，主演爱情剧《前女友俱乐部》。2016 年，主演青春励志电影《708090 之深圳恋歌》；12 月，主演动作喜剧电影《超级快递》。

9. 孔孝真

孔孝真，1980 年 4 月 4 日出生于首尔，韩国女演员。早期以模特身份出道，拍摄杂志目录、电视广告。1999 年以电影《女高怪谈 2》进入演艺圈。2007 年参演电视剧《谢谢》，获得 MBC 演技大赏最优秀女演员奖。2010 年起跨足时尚设计界。2010 年主演电视剧《Pasta》，凭此获得 MBC 演技大赏最优秀女演员奖、最佳屏幕情侣奖。2012 年主演电视剧《最佳爱情》，获得了百想艺术大赏最佳女演员奖。2013 年在《主君的太阳》饰演太恭实一角。2014 年，孔孝真与赵寅成联袂出演 SBS 新水木剧《没关系，是爱情啊》。2015 年与金秀贤合作的 KBS2TV 新金土剧《Producer》于 5 月 15 日首播。同年出演新片《Missing：消失的女人》。2016 年，和李秉宪合拍新片《单身骑士》并主演 SBS 电视剧《嫉妒的化身》。

10. 秋瓷炫

秋瓷炫（Choo Ja Hyun），1979 年 1 月 20 日出生于韩国大邱市。毕业于韩国檀国大学戏剧系，影视女演员。1996 年，秋瓷炫主演偶像剧《成长的感觉 18 岁》，从而正式进入演艺圈。2003 年，出演偶像剧《恋香》。2006 年，主演动作电影《生死决断》，获得第 43 届韩国电影大钟奖“最佳新人女演员奖”。2007 年，主演武侠剧《大旗英雄传》，正式踏入中国影视圈。2011 年，秋瓷炫在都市情感剧《回家的诱惑》中饰演家庭主妇林品如，而她则凭借该剧获得了亚洲偶像盛典亚洲偶像最受欢迎海外演员奖。2012 年，主演民族古装剧《木府风云》。2013 年 3 月，出席中央电视台 2012 中国电视剧年度明星盛典，获得“国际合作奖”。2014 年，主演古装剧《长安三怪探》。2015 年，主演抗战剧《最后一战》。2016 年，主演都市情感剧《幸福在一起》；5 月 20 日，出席韩流商品博览会，担任韩流宣传大使。2017 年 2 月，主演动作片《游戏规则》。

第三章　韩国文化输出政策

第一节　韩国文化战略

韩国自20世纪90年代末提出“文化立国”战略，将文化产业发展作为落实这一战略的重要推动力量。因此，在韩国文化立国战略逐渐聚焦为文化产业立国战略。

1960年起开始推进现代化的朴正熙政府（1963—1979）强调，随着经济发展的现代化步伐加快急需更新国民观念，因此也更加重视文化、教育和传媒的作用。朴正熙政府尤其重视文化，认为文化是第二经济，文化与经济发展有着密切的联系。这种认识持续到了1980年以后。1983年，政府制定的《第五次经济社会发展5年修改计划》中就包含了对文化部分的阐述，文化政策成为国家的社会发展战略之一。1986年，政府制定的《第六次经济社会发展5年计划文化部分计划（1987—1991）》中“国家发展动力文化化”被制定为国家政策目标。1993年，金泳三政府（1993—1997）确立的《文化畅达5年计划》中作为重要的政策目标强调了“文化产业的开发”，1994年5月为综合、整体推进文化产业而新设了“文化产业局”。1996年，政府颁布的《迈向21世纪的韩国文化蓝图与战略》中“文化的产业化及信息化”成为主要的政策理念。此外，1997年颁布的《文化蓝图2000》将文化产业作为新文化的模式，提出“文化产业与产业的文化性”概念。作为立国战略，文化产业蓝图与国家中长期发展计划的确立是从金大中政府（1998—2002）执政后正式开始。

内容韩国蓝图 21（2001 年）

内容韩国蓝图的制定过程

1998 上台的金大中政府从国家发展的高度明确文化的战略价值，从而树立并推进了相关的综合性政策。金大中总统在其职演说中强调文化的经济性价值，指出“文化产业是 21 世纪的基干产业，是旅游产业、影视产业、文化特产等具有无限发展可能性的产业的代表，是财富的宝库”。1998 年 10 月 20 日政府颁布了《新文化政策》，内容包括：第一，通过文化的力量创造经济性高附加值，凝聚国民的力量实现“第二次建国”；第二，追求 21 世纪文化占据社会所有领域中核心价值地位的知识信息社会；第三，通过文化主义建立成熟的文化公民社会与民族共同体的基础；第四，确立韩国文化追求体现普遍化世界主义，以“体现开放文化”作为政策方向。金大中政府以“文化是国家发展的核心原因”作为前提，强调文化是通过与社会各领域的直接互动而积极奉献于国家发展的核心因素。金大中政府制定了推动文化产业快速发展的多项政策措施。1999 年，首次颁布了文化产业相关的长期发展计划《文化产业发展 5 年计划》，实现了对文化产业概念与范围的具体定义，政府各项文化产业振兴政策也由此正式启动。后来很快成立了“文化产业振兴委员会”。2000 年 2 月，颁布了《文化产业蓝图 21》，以“文化产业成为 21 世纪国家基干产业”“文化产业成为知识经济中的领先产业”为发展目标。此外，随着文化产业数字化的加速及媒体融合等内容市场的急剧膨胀，金大中政府也意识到为应对灵活市场环境而急需整编政策支持系统的必要性。2001 年 2 月 14 日，金大中总统通过文化观光部的年报指出，“以文化观光部为中心，以国运之名推进相关措施”以来，为了确保数字时代文化内容各领域的实质性竞争力，特制定了具体的实践计划，这就是《内容韩国蓝图 21》。

内容韩国蓝图的目标与任务

《内容韩国蓝图 21》以“实现 21 世纪文化大国、知识经济强国”为蓝图，“为 2003 年进入文化内容核心生产国行列建立基础”作为发展目标。

这一蓝图的制定是基于如下的认识：第一，世界经济的流向从资本、劳动为中心转向知识与创意为主导的知识经济，文化内容产业成为核心产业；第二，文化内容产业在全球范围快速发展的前景下，主要发达国家将文化内容产业视为国家战略性新兴产业积极培育；第三，韩国当时的文化产业规模只占世界市场份额的1%左右，专门人才与投资力量薄弱，急需得到快速发展；

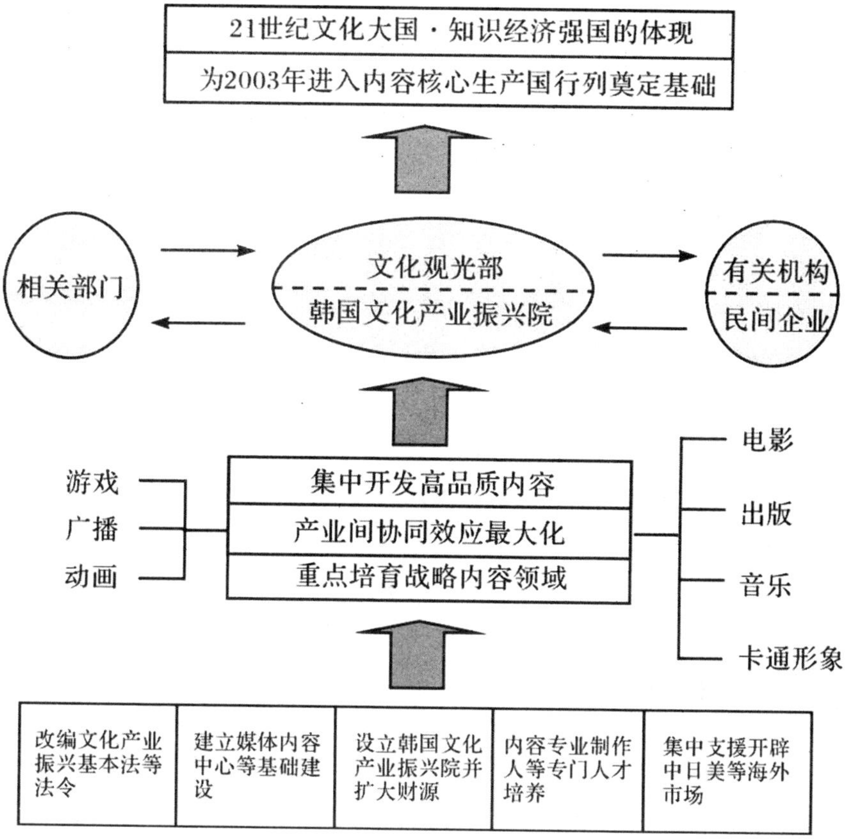

图1　《内容韩国蓝图21》的推进体系图

第四，1999—2000年，随着政府对文化产业的大力推动，韩国文化产品的制作力量加强，对电影、动画、游戏等领域的民间投资开始活跃，海外市场开发顺利，开始显现一系列的有利条件。换句话说，金大中政府意识到培育文化内容产业是激发经济活力、促进社会发展的具有国家性和时代性的重大课题。而此后的政策推进再次确认了发展的可能性。《内容韩国蓝图21》为达到这一目标，制定了三大推进战略与五大核心项目。三大推进战略为：第一，支持开发高品质文化内容；第二，最大限度地扩大文化内容产业之间的协同效应；第三，集中培养战略内容产业领域。

● **内容韩国蓝图的具体实践**

《内容韩国蓝图21》的五大核心项目的具体内容如下：

第一，为适应数字时代的发展，对相关法令及制度进行调整。以文化内容为中心全面修订《文化产业振兴基本法》，即从传统的文化产业支持为中心转为（1）面向21世纪数字经济的线上（on line）线下（off line）内容产业综合支持体系为中心，为培育及振兴数字内容产业扩大各种扶持规定。（2）调整各领域文化产业相关法规以适应数字时代的需要。（3）全面修订《著作权法》。

第二，扩大文化内容创作力量。（1）通过设立“韩国文化产业振兴院”，作为引领内容创作的基础平台。具体包括为文化内容产业提供综合性、系统化的支持系统；支持文化原型的数字内容开发以及原创内容的制作；加强文化内容研发力量，开发文化技术（Culture Technology）等。（2）扩大文化内容财源，活跃内容制作市场。（3）支持原创文化内容的制作开发。扩大创作扶持资金及建立不同阶段的支持体系，扩大对低预算的数字电影、独立电影、学生电影等非商业性基础领域创作的支持力度。（4）加强对战略内容各领域的支持。

第三，创建产业发展基础。（1）通过设立“媒体内容中心”确立媒体教育平台。（2）以活跃文化内容流通为目的建立互联网基础环境。推进“著作权综合信息网络”建设、影视相关综合信息系统及互联网的建设，以活跃文化内容的流通为目的建设基础环境等。（3）分地区和产业合理布局地方文化产业发展集聚园区。（4）发展各产业基础设施，改善流通体系。

第四，培育引领知识经济的专门人才。（1）大力加强战略内容领域的专门人才的培养。（2）培育文化内容专业制作人才及营销专家。（3）为培养高端专业人才而改进教育课程。在正规教育课程中增设内容特性化科目，利用现有教育机构推进文化内容产业的专业教育等。

第五，扩大国际市场的战略市场营销。（1）在战略地区设立海外市场据点。（2）挖掘具有竞争力的“明星项目”并给予集中支持。（3）通过举办世界性的文化内容展会活动，推进内容分配的基地化。（4）支持文化内容项目的国际间共同制作。

内容韩国战略 2010（2005 年）

内容韩国战略的制定背景

金大中政府正式推进文化立国战略，一直持续到卢武铉政府（2003—2007）时期。对卢武铉政府的文化立国战略的理解，要从作为国家发展战略的综合性文化政策与作为文化性价值发源地的艺术振兴政策之间的关系出发来分析。卢武铉政府分别于 2004 年和 2005 年制定了《创意韩国》、《新艺术政策》以及《C-KOREA 2010》等中长期发展规划，为韩国文化立国勾勒出了总体的政策蓝图。2004 年 6 月，卢武铉政府发布了《创意韩国》，克服了以往政府的缺陷，为确立创造更美好未来为前提的国家发展战略，将文化确定为国家议题（agenda），提出了“创造性的文化公民、多元化的文化社会、活跃性的文化之国”三大发展目标。

《创意韩国》还规划了五大基本发展方向：（1）通过文化参与提高公民的创造性。（2）提高文化的独特性与创意的多样性。（3）让文化成为国家发展的新动力。（4）建立国家均衡发展的文化基础。（5）为实现和平与繁荣，加强文化交流与合作。此外，还提出了 27 项推进项目。《新艺术政策》以创造性艺术振兴为目的，提出了四大基本方向：（1）加强以享有者为中心的艺术活动；（2）增进艺术的创造性；（3）扩张艺术的自生能力；（4）构筑开放的艺术行政体系。此外，还提出了 14 项重点推进项目。

C-KOREA 2010 是以创意（Creativity）与文化（Culture）为基础，通过对文化、旅游、休闲、体育等各种内容（Content）的产业化运用，提前迎接 3 万美元国民人均收入时代来临的中长期发展蓝图与战略。卢武铉政府强调创意（Creativity）为“21 世纪国家发展动力”，文化（Culture）为“影响国际时代竞争力的核心力量”，内容（Content）为“不存在雇佣关系的时代发展突破口”。为实现创意、文化和内容的3C培育，提出以文化产业、旅游产业、休闲体育产业为中心的政策议题。

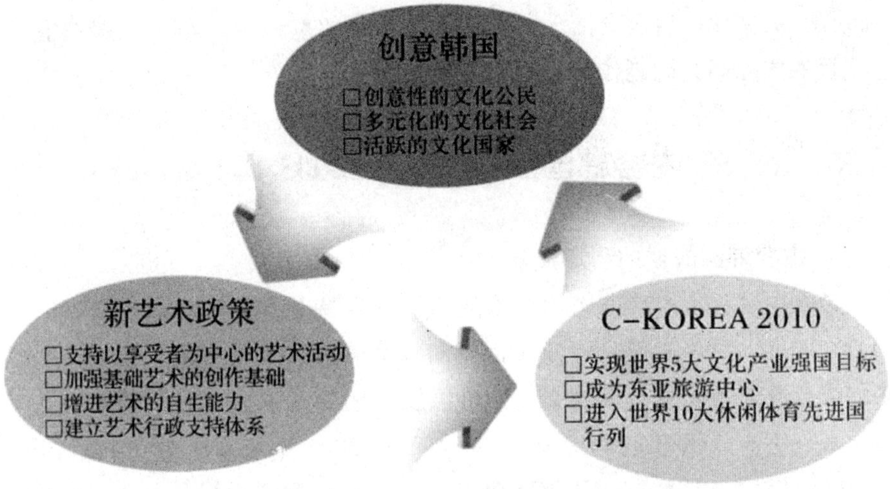

图2　卢武铉政府的文化政策结构图

● **内容韩国战略的目标和任务**

C-KOREA 2010以“文化创造富强幸福的大韩民国”为发展蓝图，制定了三大政策目标：第一，成为世界第五大文化产业强国；第二，成为东北亚的旅游中心；第三，进入世界十大休闲体育发达国行列。

具体的推进任务如下：第一，构建活跃的市场结构。活跃的市场结构是指最大限度地缩小政府的作用，同时活跃市场功能的市场结构框架。政府摆脱过去的家长制，担当起公正市场的裁判角色，政府的支持要使民间的创造性发挥到极致。此外，为加速创新（Innovation），将支持的重点放在制度性、间接性的支持环节上。第二，创造新市场与新需求的蓝海（Blue Ocean）战略。从传统角度看，政府不同于那些生存于激烈竞争环境中的民间企业，凭借自身的垄断地位就可以稳守自己的地盘，往往对于变化与创新都表现出消极的态度。随着全球化、高新技术、商业创新的频繁发展，主要国家都先后进入了国家间的激烈竞争状态，政府不得不放下当前的垄断地位，与其他国家及民间企业展开同等竞争。蓝海战略是指走出当前的领域与权力范围，挖掘新的政策领域与需求，创新价值，为国民提供新的附加值。第三，构筑协同治理（Governance）系统。加强企业、大学、研究所、政府之间的合作，通过政府内部相关部门之间签订业务合作协议等活动激活协同治理系统，最大限度地扩大政策促进的协同效应。

具体实施项目

C-KOREA 2010 中有关的文化产业政策与三大目标中“实现世界第五大文化产业强国”相关，具体包括四大核心项目：

第一，培育具有国际水平的文化市场。（1）集中培育数字融合时代的核心文化内容产业（游戏、电影、音乐、影视广播等）。（2）构筑文化产业核心人才培养基础。推进设立 CT 研究生院、指定“运营文化产业研究中心（CRCC，Contents Research Center）”，支持文化内容专业化教育培训机构。（3）开发文化产业核心技术。（4）营造文化产业投资环境。（5）建设地方文化产业集聚区等。

第二，文化产业流通结构的革新。（1）通过设立外包专门频道，培育影视广播内容产业。（2）建立及运营文化内容出口信息系统（CEIS）。（3）运营韩国音乐数字银行（KMDB）。（4）运营韩国文化内容数据库（Culturecontent. com）及网站。（5）创建数字内容产业发展协议组织，通过文化内容企业之间的有效竞争提升并丰富文化内容的品质，建立文化内容大企业与中小企业间的双赢（Win-win）战略。

第三，活跃著作权产业并建立相关基础。（1）为扩大著作权出口建立扶持体系，设立“著作权振兴中心”，组织“海外著作权保护协议体”。推动与中国、东南亚等主要国家的著作权保护与合作，促进实际项目协议的签署。（2）改善国内外产业环境，运营著作权管理信息体系化及非法内容追踪系统，通过制作和普及标准合同指南等措施，改善不合理的合同惯例。

第四，通过韩流世界化，加强国家品牌的国际推广力度。（1）设立韩国文化广场（Korea Plaza），作为韩流推广的前沿阵地。（2）推动“韩品牌”的世界化，建立培育传统生活文化内容的支持体系，通过市场功能集中发展各类“韩品牌”商品。(3)实施“万人亚洲文化伙伴”计划，邀请亚洲各国著名文化艺术人士，通过文化合作与亚洲各国建立伙伴关系和共存关系。

内容产业振兴战略（2011年）

● 内容产业振兴战略的目标及项目

李明博政府（2008—2012）文化政策集中体现在2008年12月发表的《文化蓝图2012》之中。该文化蓝图制定的文化战略目标为建设一个“有品味的文化国家———大韩民国”。具体目标为：(1)文化绽放的国家；(2)以内容（Content）实现富有的国家；(3)有故事的旅游国家；(4)通过体育而快乐的国家。李明博政府将文化产业视为加强国家竞争力的核心产业并大力培育。李明博政府积极响应数字融合的变化趋势，在包括创作流通等内容产业价值链在内的整个领域中，加强具有世界水平的文化产业竞争力的提升。2011年5月，李明博政府制定了《内容产业振兴基本计划》。《内容产业振兴基本计划》以“体现智慧内容的韩国（Smart Content Korea）”为战略目标，制定了2015年进入国际内容产业5大强国行列的具体计划以及5大核心促进战略和15大重点项目。

5大推进战略	15大重点课题
一、创建国家化的内容产业培育体系	1. 确立内容产业培育推进体系 2. 对内容产业投资财源史无前例的扩充 3. 推动政府融合的内容（开辟新市场）创新
二、通过提高国家创造力实现青年就业	1. G20创意人才的培养 2. 扩大以内容产业为基础的青年就业 3. 改善制作环境
三、扩大国际市场	1. 根据不同地区的特点加强战略化市场开辟 2. 建立国际网络 3. 集中扶持能国际化的优秀内容（killer content）

续表

5大推进战略	15大重点课题
四、构建协同发展生态系	1. 引导设备-服务-内容的协同发展 2. 加强著作权保护并灵活运用 3. 创造企业之间、企业与消费者之间的公平竞争环境
五、加强制作、流通、技术等核心基础建设	1. 扩大内容制作的基础环境 2. 建立先进的流通基础渠道 3. 研发下一代内容先进技术

● 内容产业振兴战略的主要内容

内容产业振兴战略的主要内容有：首先，为创建有效的推进体系，通过促进部门之间的合作及产业间的融合，建立以国务总理为委员长，由11个部门及8位民间专家组成的“韩国内容产业振兴委员会”，并将政府预算中内容产业中长期目标的比重定在了1%左右。在法制方面，积极制定并实施符合本土内容的国际化、智能化和整合化的法规制度，扩大民间对内容开发的投资。建立专门人才培养基地，改善创作环境，开辟国际市场，制定了由文化部、外交部、知识经济部和广播通信委员会等相关机关以及民间专家组成的“韩国文化内容产业出口协商会”以及“韩国文化内容产业国际内容基金”等专项计划。

韩国文化产业立国战略的特点

从金大中政府时期以“使文化产业成为21世纪国家骨干产业”为目标、正式确立并推进文化产业振兴政策以来，到卢武铉政府、李明博政府时期韩国文化产业立国战略的表现呈现出如下几个特点：

● 韩国政府的文化产业振兴政策特别集中在极力提高文化产业的经济价值方面

这与金大中政府将文化产业立国战略作为国家性战略、克服亚洲金融危机有着密切的关系。在当时的环境下，21世纪初的韩国在整个社会的价值角度方面，新自由主义政治经济理论占据了重要的位置。在以培育文化产业为目的的法制调整过程中，金大中政府的文化政策方向以“缓解规制”为基础，直到卢武铉政府时期也坚持这一方向。卢武铉政府的文化产业立国战略，在培育国际水平的文化产业市场、创新文化产业流通结构、活跃著作权产业的基础环境等方面推动的产业政策比金大中政府更为实用、更为实际。李明博政府批评金大中政府和卢武铉政府为“左派政府”，表现出新保守主义理念性倾向，进一步强化自由市场主义观点来推动韩国文化产业的发展。

● **韩国文化产业立国战略着重于制定文化产业的法律制度以及政府扶持的相关规范**

金大中政府2000年制定了《文化产业振兴基本法》提供了文化产业发展与振兴的法律依据，卢武铉政府通过持续修订完善，发展出文化产业丰富、专业的具体形态˜瑏瑣。李明博政府2009年修订了《文化产业振兴基本法》，2010年通过了《内容产业振兴法》，为振兴内容产业提供了法律依据。《文化产业振兴基本法》明确规定了以文化观光部长官为委员长、由8个行政部门的次官（副部长）及民间专家组成“韩国文化产业振兴委员会”。李明博政府为实现部门间及产业间的有效融合，成立了以国务总理为委员长、11个行政部门及8位民间专家组成的“韩国内容产业振兴委员会”。

● **韩国的文化产业立国战略从一开始就集中扶持重点的战略领域**

对具有成功可能性或竞争力的发展领域提供集中扶持，培育韩国文化产业的领先行业及对外出口的优势产业。金大中政府为了培育游戏产业，从2000年起连续三年投资1500亿韩币设立了“游戏综合支持中心”“游戏产业园区”，为培育游戏专门人才还成立了游戏学院（Game Academy）。卢武铉政府将游戏、电影、音乐和影视广播确定为核心文化内容产业，进行集中培育。李明博政府也制定了集中培育面向世界开发优秀内容的国际战略，重点发展在世界市场中具备成功可能性和衍生附加值的电影、电视剧和动画。

● 韩国的文化产业立国战略将文化内容的海外市场开发作为核心目标并持续推进

《内容韩国蓝图 21》以“为 2003 年进入文化内容核心生产国行列提供基础”定为目标，C-KOREA 2010 以“实现世界 5 大文化产业强国”为目标，《内容产业振兴基本计划》以“进入 2015 年内容产业 5 大强国行列”为目标。这些战略与 1960 年现代化以来着力推进集中出口型发展模式的韩国经济结构有着密切的联系。特别是 20 世纪 90 年代中期以来，这些战略作为发达国家的文化产业培育政策及文化交流开放政策而被积极推进。当然，这些战略反映出 20 世纪 90 年代后期开始的“韩流现象”，急需政府针对社会需求提出应对措施。

● 韩国的文化产业立国战略分体系推进

韩国文化产业立国战略大体分为 5 个领域，即法律法规的制度完善、创作力度品质的提高、产业基础环境的营造、专门人才的培养、海外市场的开辟。相比金大中政府主要集中于文化产业法律制度的制定、为建立文化产业发展基础而着力于基础环境的构筑，卢武铉政府则集中于人才的培养、地方文化产业的培育、数字文化内容的打造等领域。虽然各政府之间不无差异，但从整体来看，韩国历届政府都是从以上 5 个领域出发制定战略目标并推进实施。

韩国的文化产业立国战略除了上述的共同特点以外，也会依据各政府不同的国政理念表现出不同的特点。金大中政府着力于为培育文化产业建立基础，也取得了一定的政策成果，如引发了对文化产业振兴的社会共识，为振兴文化产业调整法律制度，确立产业相关财政，为发展文化产业设立并重组支持机构等。卢武铉政府一方面继承了金大中政府的政策，另一方面追求文化产业与纯粹艺术的均衡发展，为符合地方均衡发展这一国家的课题，扩大了对地方文化产业培育的支持力度，并摸索文化与旅游、体育之间的协同效应。此外李明博政府对于过去政府的政策理念采取了否定的态度，更多倾向于市场主义的发展。在文化产业政策方面，李明博政府确立了选择与集中、事后支持、间接支持的支持体系，特别强调对实用与效率的重视。

自金大中政府以来，韩国的文化产业在政府积极培育政策的推动下取得了良好的成绩，这是韩国政府积极应对急速转变的时代特征、产业环境的发展趋势的结果。当然，韩国政府的文化产业相关政策依然存在许多问题与缺陷，尤其是在缺乏对文化产业政策的社会性意义和文化性价值的政策前提下，以经济主义观点为依据的扶持政策未能确立文化艺术与文化产业之间的联系性。此外，预算分摊式的政策持续和反复、评价系统的缺失和不足，导致政府行政机构及产业基金的效率低下和分散运营、对文化产业创作者及劳动者的政策排挤等问题也依然存在。战略的确立与实际的推进之间存在很大的鸿沟。

过去近二十年来，持续推进的韩国文化产业立国战略如今已到了进行全面检讨并进入新阶段的关键点。因此，我们有必要对卢武铉政府发布的《文化宪章》给予重新的关注。2004 年“文化宪章制定委员会”通过数次听证会、讨论会以及专家座谈会，收集若干意见整理修改，于 2006 年 5 月 21 日公布了《文化宪章》，其理由是让韩国公众认识到保障文化权利（cultural rights）是制定文化政策的根本目的。在《文化宪章》第 11 项“文化产业的均衡原则”中特别指出，文化产业既是产业性活动也是影响公民精神生活与文化性的活动。文化产业要在经济性价值与文化性价值之间的适当均衡中提高国民的文化生活水平，促进精神生活的发展，通过文化的国际交流为增进国与国、公民与公民之间的相互尊重与理解以及世界和平与安定做出贡献。对于在公民的文化生活中发挥着重要的作用，同时又处于市场竞争劣势当中的文化领域以及无法只依靠市场而存在的特殊领域，要提供适当的社会支持。

当文化产业立国战略最终将“国家的发展”定为目标时，从《文化宪章》的角度来说，“发展”的意义扩大了包括经济发展在内的提高“生活品质”的范畴。从经济主义的发展概念来说，文化是谋求发展的“工具”。但从这一新的发展观念去理解，文化并非发展的“工具”而是发展的“目的”，这已经证明了新的发展观的意义所在。

第二节　韩国非物质文化遗产

韩国非物质文化遗产名录

截至目前，韩国拥有 19 项世界非物质文化遗产，分别是：宗庙祭礼及宗庙祭礼乐（2001 年）、板索里（2003 年）、江陵端午祭（2005 年）、圆圈舞、男寺党表演、灵山斋、济州 Chilmeori 堂灵登巫术、处容舞（以上 2009 年）、传统歌曲、大木匠、鹰猎（以上 2010 年）、传统武术跆根、传统技艺走绳、韩山苎麻纺织工艺（以上 2011 年）、传统民谣《阿里郎》(2012 年)、越冬泡菜文化（2013 年）、韩国农乐（2014 年）、拔河（2015 年）和济州海女文化（2016 年）。

序号	非物质文化遗产	申请年份
1	宗庙祭礼及宗庙祭礼乐	2001
2	板索里	2003
3	江陵端午祭	2005
4	圆圈舞	2009
5	男寺党表演	
6	灵山斋	
7	济州 Chilmeori 堂灵登巫术	
8	处容舞	
9	传统歌曲	2010
10	大木匠	
11	鹰猎	
12	传统武术跆根	2011
13	传统技艺走绳	
14	韩山苎麻纺织工艺	

续表

序号	非物质文化遗产	申请年份
15	传统民谣《阿里郎》	2012
16	越冬泡菜文化	2013
17	韩国农乐	2014
18	拔河	2015
19	济州海女文化	2016

韩国非物质文化遗产保护机制

政府高度重视非物质文化遗产保护

将非物质文化遗产保护上升到国家战略措施的高度 韩国政府认为，非物质文化遗产保护是维护本民族文化整体性的重要国家战略措施。非物质文化遗产保留了韩国民族“原汁原味”的文化，是不同历史时代其民族精神的体现，是一个民族历史的活态传承。韩国把“文化产业”视为21世纪的经济支柱产业之一。非物质文化遗产保护不仅可以保存历史文化，还可以有效促进韩国经济发展。因此，韩国各级政府都非常重视非物质文化遗产的保护和开发利用。

将非物质文化遗产保护视为提高国民生活质量的途径 韩国政府认为，随着经济社会的发展，交通设施的不断完善，国民对各种形式的旅游观光和丰富多彩的精神生活的需求进一步提高。非物质文化遗产可以提供很好的精神文化产品。因此，韩国各级政府响应国民精神文化生活的追求，不断创造条件，通过开发和利用非物质文化遗产，向国民提供丰富的公共文化产品。

坚持科学和开放的原则保护和发展非物质文化遗产 韩国政府认为，非物质文化遗产的保护和发展既要坚持科学的态度，又要坚持开放的原则。一个民族的非物质文化遗产并不是一成不变的，也不是孤立的。韩国政府要求既要注意保护非物质文化遗产的“原汁原味”，确保其真实性，又要尊重非物质文化遗产在新时代背景下的演化和发展，不能故步自封。

● **非物质文化遗产保护制度比较完备，保障体系健全**

组建以“文化财委员会”为核心的管理机构 文化保护，立法现行，如韩国学者所指出，没有人可以否定韩国的无形文化财保护制度在拯救和保护濒危无形文化财方面的巨大贡献，依法治理是韩国在非物质文化遗产保护方面的首要经验。1962 年，韩国颁布了《文化财保护法》，以法律的形式保护和发展非物质文化遗产，其中明确规定了非物质文化遗产保护的管理机构，由文化财厅组建的“文化财委员会”是其核心管理机构。根据韩国《文化财委员会规定》的规定，文化财委员会委员须由德高望重、学识深厚的专家和学者组成，政府官员不得介入，从而确保非物质文化遗产保护指导工作的专业性和科学性。该委员会总人数不超过 60 人，由负责全面咨询的文化财委员和负责小范围专业咨询的文化财专门委员共同组成。

采取积极的保存和传授教育措施 1. 建设非物质文化遗产传授和教育会馆。为了拓展非物质文化遗产传授和教育的平台，韩国各级政府建设了诸多重要无形文化遗产教育馆。如 1997 年，韩国汉城建成了重要无形文化遗产综合传授会馆，作为进行非物质文化遗产传授教育的重要场所。借助各类传授和教育会馆，广泛开展非物质文化遗产的演出、展览等活动，普及和宣传非物质文化遗产保护的理念。2. 明确个人项目展示及传承的义务和责任。根据韩国《文化财委员会规定》的规定，凡是被认定为技艺能保持者的个人，如没有特别的理由，须每年至少一次向市民公开展示其技艺能。通过技艺能保持者的定期展示，既可以全面检验技艺能保持者的技艺能掌握状况，避免其技艺能退步，又有利于在国民中宣传和普及民族传统技艺能。

科学有效的传统技艺能认定制度 1. 认定制度体现标准原则。通过各种渠道发现和挖掘传统技艺能后，韩国非物质文化管理机构在判断其具有认定的价值后，会组织委员或相关专家实地考察，确认其技艺能的传承历史和现状，最终决定是否将其指定为重要无形文化遗产。韩国已经把诸多在历史和艺术上值得保护且具有浓厚地方色彩的项目指定为重要无形文化遗产进行保护。2. 认定制度体现择优原则。自 1958 年起，韩国政府开始举办全国民俗艺术演出比赛大会。1964 年，该活动改称为全国民俗艺术欢庆，此后每年举办。通过举办全国民俗艺术欢庆活动，较好地进行了传统文化项目的展示，也促进了传统文化项目之间的竞争。一些项目在该活动中脱颖而出，然后被政府列为重要无形文化遗产。3. 认定制度体现动态原则。传统文化的传承需要保存，也需要进一步发展。如韩国民俗剧，是根据时代发展不断变化的。以假面具为例，不同的表演场所和时间，台词会发生变化。因此，韩国在非物质文化遗产认定上，根据不同的项目，既尊重非物质文化遗产的原生态，又体现不断继承发展的思想。

创设特色鲜明的“人间国宝”制度　1964 年，韩国启动了“人间国宝”工程，为具有重要价值的非物质文化遗产的保持者或团体授予“人间国宝”的荣誉称号，韩国中央政府和地方政府均给予“人间国宝”大力保护和财政支持。韩国的“人间国宝”制度一方面给予保持者资金补助，生活及医疗等诸多保障，另一方面赋予保持相关的义务和责任。韩国的“人间国宝”制度是对世界非物质文化遗产保护的一大创举，对韩国的非物质文化遗产保护和发展推动巨大。

● **非物质文化遗产保护观念深入人心，全民积极参与**

非物质文化遗产保护民间组织众多　随着 1962 年韩国《文化财保护法》的颁布，非物质文化遗产保护的理念逐渐深入韩国。20 世纪 80 年代，韩国发起了一场复兴民族文化的运动，随后，韩国各地纷纷建立了旨在保护文化遗产的民间组织和社会团体。此外，韩国文化财厅还组织了“无形文化财与企业对接”活动，借助政府力量，将非物质文化遗产项目与有关企业对接，激发企业为非物质文化遗产保护和发展做贡献。

非物质文化遗产传播设施向全民开放　韩国重视非物质文化遗产的传播设施保障，建设了大量的非物质文化遗产传授和教育会馆，并且要求所有传播设施向国民开放。同时，利用传播设施，韩国组织了大量的非物质文化遗产的展览和演示活动，既有民俗场景，又有实物展示，充分满足广大民众参观和学习的要求。在韩国，丝绸刺绣博物馆、农业博物馆、瓮器博物馆、泡菜博物馆……可以说韩国传统文化的东西，应有尽有，丰富多彩。

非物质文化遗产节庆活动频繁　韩国每年都会举办丰富多彩的民俗节

庆活动，这些活动形式新颖，吸引了大批民众参与。这些节庆活动有的是民众自发组织的、民间世代相传的村俗活动，有的是由政府倡导和组织的节庆活动，如民俗文化节、民俗博览会等。民俗节庆活动对于非物质文化遗产保护和发展的作用巨大，如韩国学者所提出，通过节日与非物质文化遗产结合的途径，能更好地保护非物质文化遗产。可以说，经过长期实践，韩国非物质文化遗产保护已经由少数专家的关注和呼吁变成全民参与的保护体系。

● 非物质文化遗产保护融合旅游观光，商业运作成熟

发展至今，韩国已经形成了一套比较成熟的物质文化遗产保护商业运作机制。通过商业化运作，为非物质文化遗产的保护和发展注入了新的活力。

首先，韩国重视非物质文化遗产相关商品的开发和销售。在韩国，与非物质文化遗产相关的商品众多，介绍非物质文化遗产的广告也随处可见。其次，韩国通过影视作品传播非物质文化遗产。前些年，韩国电视剧《大长今》在中国热播，剧中展现了很多韩国民族传统饮食、医药、服饰等非物质文化遗产的要素。再次，韩国将非物质文化遗产保护与旅游观光业相结合。韩国重视通过非物质文化遗产开发和利用促进旅游观光业的发展，同时借助旅游观光业的发展，非物质文化遗产能得到保护、传播和发展。在韩国，丰富多彩的非物质文化遗产展示资源和平台是吸引游客的重要途径，许多旅游观光地都建有民俗村，受到游客的广泛喜爱和欢迎。首尔有一个民俗村，只要游客一进民俗村，就会被丰富多彩的民俗实景和展示吸引。在那里，游客可以看到李朝时期的韩国先民的衣食住行、建筑景观和祭祀活动，非物质文化遗产表演类项目经常在酒店等场所为外国游客表演。可以说，韩国的非物质文化遗产已经有序地纳入到了商业运作的体系。

● 非物质文化遗产海外宣传力度较大，重视国际传播

非物质文化遗产既是一个民族的遗产，又是人类的共同财产。韩国政府非常重视非物质文化遗产的国际传播，早在1993年，韩国政府就针对世界各国对于非物质文化遗产缺乏深入认识的状况，在第142届联合国教科文组织的理事会上，提出了“关于普及无形文化遗产制度”的提案，最终这一提案被采纳。此外，韩国政府采取措施，积极推动《保护非物质文化遗产公约》会员国之间的合作，向世界推介其非物质文化遗产保护制度。联合国教科文组织为了使会员国迅速实施非物质文化遗产保护制度，在 1988 年设立了世界口传无形文化遗产奖，并在 1999 年 4 月将这个奖的名称确定为阿里郎奖。此外，韩国政府积极推动本国非物质文化遗产走向世界。如 2011 年，被列为世界非物质文化遗产的韩国太古宗《灵山斋》，在我国无锡灵山梵宫上演了一场视觉盛宴，推动非物质文化遗产国际传播。《灵山斋》创作于 1200 多年前，再现了释迦牟尼在灵山会上见诸佛菩萨、演说《妙法莲华经》的情景，由韩国太古宗奉元寺的 40 名法师和 150 余名韩国信徒参与，整场表演庄严而宏大，促进了韩国非物质文化遗产的国际传播。

韩国非物质文化遗产保护工作起步较早，其保护力度和发展水平走在了世界的前列。韩国在长期非物质文化遗产保护和发展实践中积累的经验和形成的机制，值得我们学习和借鉴，可以为我国非物质文化遗产保护工作提供有益启示，促进中国非物质文化遗产的保护和发展整体水平的提升。

第三节　韩国文化申遗案例——泡菜文化

2013 年韩国泡菜申遗成功，又将韩国泡菜文化推向了国际舞台。韩国泡菜不仅种类丰富，制作工艺也在不断改进，其营养价值也已得到科学认证，因而获得“未来的食品”的称号。韩国人通过一种餐桌上的辅佐食材打开了经济发展的又一扇大门，并以饮食文化的方式逐渐将泡菜渗透到全世界。

● 韩国泡菜及泡菜文化概况

韩国泡菜的发展史　上古时代并没有关于泡菜的记录。但有关于“菹”的记载，即用蔬菜、盐、酒、食醋、酱油等，或者是用米或者其他谷物搅拌在一起发酵，使味道更好，这就是一种腌渍型的泡菜。泡菜在三国时期由中国传入韩国。随着蔬菜的种植技术提高，高丽时期的泡菜中加入了韭菜、水芹菜、竹笋等新鲜的蔬菜，并出现了泡菜汤。到了朝鲜时代，泡菜的制作方法更加丰富，原料也更加多样，开始在泡菜中加入各种鱼、虾、蟹等海产品。到朝鲜时代末期，由于大量种植的白菜成为最主要的原料，此时外来的辣椒使泡菜的制作出现了革命性的变化。因辣椒可去除鱼类制作泡菜时产生的腥味，并使色彩鲜艳让人有食欲，所以它被认为是绝佳的泡菜调味品，从而取代了中国传入的用盐腌制的传统方法。现代的泡菜保持了古代泡菜的特色，同时又出现更多的品种，制作工艺也不断改进，营养价值在不断提升。

韩国泡菜的特点　在韩国，不同地域所吃的泡菜各不相同，韩国泡菜种类颇多，口感不一，各具特色。韩国泡菜所取的原料都是新鲜的各种蔬菜，含有丰富的维生素和钙、磷等无机物，既能为人体提供充足的营养，又能预防动脉硬化等疾病。韩国泡菜因热量低，水分含量高，碳水化合物和脂肪含量低，不会因为营养过剩而导致各种疾病发生。韩国泡菜制作过程中所使用的很多辅助材料，本身就是药用植物，含有不同的功效成分，而且在乳酸发酵过程中会产生很多活性物质，起到多种保健作用：提高钙、铁的体内利用率，促进维生素 B1 的吸收；引起食欲，有助于消化；洁净肠道，调节肠内微生物态平衡，预防便秘；预防疾病，提高免疫力，有抗菌消炎的作用；预防成人病，如肥胖、高血压、糖尿病、心脑血管疾病等；调节体液酸碱平衡；抗突变，具有抗癌作用。

韩国泡菜的市场状况　据韩国文化财厅 2011 年的问卷调查显示，95%的韩国人一天至少有一餐会吃泡菜，64%的韩国人一日三餐都会吃泡菜。不仅在国内市场，在国外市场泡菜的影响力也不小。可见泡菜已经不仅仅是出售给韩国人的商品，已经成了具有国际化意义的商品。韩国泡菜的知名度在不断提升，商品化程度也在大大提升。

韩国泡菜文化发展的新思路　随着生活水平的提高，大众对饮食的要求逐步提升，拥有“kimchi”，“辛奇”以及“ALZZABEGI（优选）”等特有标识的韩式泡菜也不断推陈出新，全新概念的泡菜衍生品也陆续被开发。在饮食行业，泡菜被加工成不同形状的小菜，作为其他主食的搭配材料。泡菜比萨、泡菜意大利面、萝卜块泡菜沙拉等各种韩国特有的新式安全美食也应运而出。为了适应核心家庭方便携带少量的泡菜的要求，在光州泡菜大庆典中，各个团队通过比赛形式推出了方便携带而又造型独特的泡菜容器。泡菜的商品化是传播泡菜文化较为理想的方式，而泡菜的商品化需要一定的载体，以泡菜为主题的玩具、假面具等相继出现，以泡菜制作原材料为角色的泡菜故事也被推出并被大众所接受。在让人们产生共鸣的泡菜主题公园——Making Zone 中，人们可以亲手制作泡菜，而在展示有多样的泡菜制作原料的展示厅内，人们可以通过视觉感受加深对泡菜制作原料的印象。为了增强泡菜文化的活力，泡菜博览会运营提案也被提出。泡菜博览运营提案会旨在让游客们亲身体验和观光泡菜的原材料的科学化的生产过程，以及韩国全国不同地方泡菜生产过程，最终达到弘扬泡菜文化的目的。总之，泡菜发展的新方案，在韩国国内逐渐变为现实，韩国也在为泡菜未来的发展在推陈出新，不遗余力。

● 泡菜文化的发展之道

科研技术的武装，让韩式泡菜更有生命力 韩国泡菜被美国权威健康杂志《健康》列为世界五大健康食品之一，也逐渐成为世界上认可的健康发酵食品。韩国科学家们通过各种实验佐证“泡菜”的营养价值：泡菜不仅含多种维生素、矿物质以及人体所必需的十余种氨基酸，而且还有明显的减肥作用。营养学家认为，腌透的泡菜含有丰富的乳酸菌，能增强食欲，并抑制小肠内的其他病菌滋生。同时，为了让这一传统美食文化继续在韩国发展，韩国人把目光投到了泡菜保存与储藏方面。将“电子控温”这一技术应用于泡菜的储藏与保存，研制出了专门用于泡菜保鲜的泡菜冰箱和“电子泡菜缸”。泡菜研究所的出现，更是提升了泡菜研究的科学力度，扩大了研究规模。

教育领域的努力，为韩国泡菜发展注入新鲜的血液 韩国釜山大学、韩国顺天大学、韩国清州科学大学等学校结合当地特色，建立了专门性的泡菜研究所。以韩国釜山大学研究所为例，该研究所建于 1994 年 10 月，并于 1997 年被金泳三总统指定为法定文化研究所，主要从事与泡菜相关的科学技术的研究和泡菜文化发展的探索。具体而言，釜山大学泡菜研究致力于韩国泡菜的品质改善和科学化、产业化发展，同时也在泡菜的科学制造技术和健康食品的意识普及方面在国内外起到了重要的宣传作用。同时，为了改进和完善泡菜的工艺水平，提高正宗泡菜的竞争能力，以技术为突破口，促进泡菜生产技术的进步和产品创新，韩国在各大学中设立了与泡菜有关的专业。例如，韩国清州科学大学从 2000 年度开始增设了泡菜食品科学专业，首批 40 名学生有幸成为世界上第一批专门学习研究泡菜的大学生。韩国在高等教育这一环节上使泡菜研究领域有了专门的高等技术人才的保证，这样是韩国泡菜产业发展源源不断的动力之一。通过文献检索，查阅关于韩国三大知名高校的图书网站，从中发现，三大名校有关泡菜书籍以及与泡菜有关的影视资料数量不少。三大高校关于泡菜的藏书量达 1400 本左右，藏书类型多样，语言种类多样。教育是立国之本，为发展泡菜文化，设立泡菜研究所，开设泡菜学专业，提供多样的图书资源，为泡菜的发展注入了新鲜的血液。

泡菜博物馆是韩国泡菜文化发展的重要载体，在韩国大大小小的泡菜博物馆分布于各个城市，并各具特色，以下是韩国最具有代表性的泡菜博物馆：

①首尔江南区三成洞 159 号 COEX MALL 泡菜博物馆：陈列不同地区的 70 多种不同泡菜；用模型分步骤说明腌制泡菜过程；除文字说明外，还可亲手摸，亲自闻。

②首尔 Pulmuone 泡菜博物馆：以韩国传统饮食文化的正确继承和发展为宗旨加以管理；收集泡菜相关论文、书籍以及相关信息，提供“信息库”；通过纽约时报、洛杉矶时报、英国 BBC 等外媒的报导，宣传泡菜文化。

③京畿道华城市汉江泡菜博物馆：古代的泡菜开始到朝鲜八道泡菜、寺庙泡菜、朝鲜泡菜等 90 余种特色的泡菜和相关食品展示；多样的展馆展示了不同层次、不同国家的泡菜文化。

韩国各地的各具特色的泡菜博物馆成为泡菜事业发展的最重要的载体，承载不同的泡菜文化的特色，使其历久弥新。

传媒的推销手段成为提升韩国泡菜的影响力的重要手段。泡菜是韩国电视剧《大长今》出现频率最高的韩国饮食之一，可以说被视为韩国饮食文化“国粹”。泡菜申遗，韩国在各国主流媒体与国际都市的核心地带策划了一系列形象广告。2012 年年底，纽约时报广场连续几天播出一则由韩国 MBC 电视台赞助，宣传韩国泡菜的广告片。在韩国每年各地都会举行的越冬泡菜盛典也通过报纸、电视、网络等各种传媒方式报道。以韩国朝鲜日报为例：介绍泡菜相关的报道五个月中出现的总次数为 12 次，每个月出现的平均频率是 7.98%，报纸中关于泡菜报道不少，反映出韩国对于泡菜知识的普及极为重视。在历史文化板块中，通过对朝鲜王朝饮食文化的介绍，阐述了泡菜的制作工艺，以及在当时饮食中占有的重要作用。在生活娱乐板块中，以明星全智贤为形象代言人，对专门储存泡菜的冰箱的功能、特点等做了简单介绍。同时，也邀请了韩式料理研究员韩福仙介绍其代言的金牌大白菜价格、种类、销售、派送等相关信息。在经济板块中，出现了韩国乐天超市的泡菜的销量状况以及未来韩国泡菜的市场动态。在新闻报道板块中，CJ 集团、韩亚金融集团、LG 集团等多家韩国名企，以“分享爱的泡菜”等为主题，动员全社会成员献爱心，参加泡菜志愿服务活动，为社会的弱势群体腌制“分享爱的泡菜”。在外交板块中，报社记者采访了驻韩泰国大使馆常务官对于韩国饮食文化发展之路的见解，表明了要推进韩泰两国在教育、饮食文化方面的交流的决心，他表示韩国泡菜申遗是韩国饮食文化之路的里程碑。在政治生活板块中，韩国政府代表卢武铉财团的李斌万社长在首尔某社会福祉院为独居老人送腌制好的泡菜。通过报道内容，不难发现韩国在各个领域都对泡菜知识普及以及泡菜文化的宣传极为重视。

韩国政府是韩国泡菜文化和泡菜产业发展的主力军之一。韩国政府于 2013 年 3 月正式向联合国教科文组织提出了关于“泡菜及越冬泡菜文化”人类非物质文化遗产的申请。12 月 5 日，韩国泡菜文化，正式列入联合国教科文组织人类非物质文化遗产代表作名录。韩国政府一直致力于向世界宣传“泡菜文化”，设立了以泡菜命名的国家节日。从 1994 年起，每年的 10 月韩国政府在被誉为韩国的“文化之都”和“泡菜之乡”的光州举行“泡菜节”，持续时间长达一个月。2011 年 9 月 5 日，韩国政府发布了《提高泡菜产业竞争力》的文件，并制定了详细的发展规划。同时，韩国政府也通过一些经济政策促进泡菜的国际化推广。也通过不断降低泡菜以及与泡菜相关的进出口关税，为泡菜运输开通绿色通道。同时驻外大使也通过外交手段，推广本国的泡菜文化。

体育赛事推动韩国泡菜文化迈向国际市场　首先充分抓住了奥运会等

国际体育赛事等时机，向世界各地展示泡菜的风采。2000 年悉尼奥运会组委会指定了韩国生产“宗家泡菜”的斗山食品公司和生产“农协泡菜”的农协泡菜公司为奥运会期间的泡菜供应企业，这两家企业共向奥运会提供了 4000 公斤泡菜。“宗家泡菜”曾被指定为 1992 年巴塞罗那奥运会、1994 年日本广岛亚运会和 1998 年日本长野冬奥会的正式食品；“农协泡菜”也曾被指定为 1996 年亚特兰大奥运会和 1998 年法国世界杯足球赛的正式食品，而 2002 年韩日世界杯，韩国泡菜更是借此向“国际化”迈进了一大步。

国际品牌及国际化促销战略是韩国泡菜文化发展走向国际化的重要砝码　韩国泡菜生产已开发出生产流水线，实行批量化、规模化、标准化生产，并形成了“宗家泡菜”和“农协泡菜”等一些著名品牌。韩国自称“泡菜宗主国”，其泡菜在欧美、日本市场占有绝对优势。国际化推广使韩国泡菜得到了广泛的认可。韩国水产品流通公司在中国当地调查机关的协助下，在北京、上海、广州、大连四个城市中对大型商店、打折店的消费者进行了问卷调查。对“提到韩国你首先想到什么”的问题，有 30.5%的人回答是泡菜。韩国泡菜通过质量以及品牌优势，获得了消费者的支持。韩国泡菜的支持率也证明了其商品化程度之高。

● 韩国泡菜文化传播与发展经验

注重美食背后的文化　韩国泡菜所蕴含的文化内涵是泡菜发展的源泉。韩国泡菜不仅是传统意义的一道菜肴，更是融入了独特文化元素的符号，这是韩国泡菜具有文化生命力的体现，也是泡菜文化发展的内在动力。韩国泡菜文化正式列入联合国教科文组织人类非物质文化遗产代表作名录，让世人感到泡菜文化的历史与现实的存在感，也使得国内外具有类似饮食习惯的群体之间的对话更为活跃。韩国人腌制越冬泡菜体现了邻里之间的互帮互助、共享的精神，并且增强了韩国人的纽带感、认同感和归属感。韩国泡菜的腌制也成了家人之间代代传承的技艺，因此韩国泡菜也被称为“用母爱腌制出的亲情”，岁月愈久，味道愈浓，以至于韩国人把泡菜的好味道称为“妈妈的味道”。正是出自对母亲的挚爱和感激之情，韩国人才把泡菜称作“孝子产品”。泡菜不仅仅是一道道小菜，更是一种力量、一种文化的体现。我们要充分发挥饮食文化作为一种软实力的潜在影响力。

科学与教育提供保障 韩国在泡菜的制作源头上设置了与泡菜相关的专业，并在某些大学中还设立了泡菜研究所，这是对研究泡菜技术的支持和保证。科技是确保食品安全的基础，提高食品安全科技，才能有效管理好食品安全。高科技检测手段确保食品安全，通过科技提高食品原料本身的安全性能，改善食品生产加工工艺。保证科技源源不断发展的动力，就要保证科技研究人员充足，科研经费的不断投入，只有这样，我们才能做到用科技解决中国的饮食安全问题，让科技与教育结合，成为解决中国时下突出的饮食安全问题的重要手段。

文化宣传与商业活动结合 要保护好一国的文化遗产，需要建立完善的文化保护制度。在这点上，韩国的做法很值得借鉴。在该国经济开始起飞的 1962 年，韩国颁布第一部文化遗产保护法《文化保护法》，明确提出文化遗产的保护问题，并着力于传统民族、民间文化的搜集和整理。韩国“汉江奇迹”经济高速增长的同时，就伴随着对自身民族文化传承和文化遗产保护意识的觉醒。经过几十年的努力，韩国已经积累了较丰富的经验并引导全民参与保护活动，成功地把文化保护与泡菜产业的商品化活动很好地结合在一起。

巧妙利用大众传媒 影视传媒，在文化传播中起着不可忽视的作用。韩国在泡菜宣传上就充分利用了其作用，增强了泡菜的国际化影响力。其实中国也有不少以饮食为主题的影视作品，以纪录片《舌尖上的中国》为例，它不只是通过影视的方式传递出食物，而且是通过记录的方式，以中国不同地域的特色饮食为代表，用不同地区食物的味道传递出中国的味道。广阔的地域，孕育着不同的文化，饮食文化就是其中一个重要的体现。在此基础上中国需要开发更多的饮食文化影视作品，加大宣传力度。

注重政府层面统筹推广 韩国政府通过一些经济政策、外交手段，促进泡菜的国际化推广。韩国政府不断降低泡菜以及与泡菜相关的进出口关税，为泡菜运输开通绿色通道。1988 年，韩国政府不仅推出“泡菜妈妈”等名人，还把所有的泡菜品牌归在韩国泡菜一个旗号下，制定统一的标准，通过官方媒体广泛宣传打造出国际化的食品。2009 年，当时韩国第一夫人金润玉和到访的日本首相夫人鸠山幸在首尔的韩国传统饮食研究所一起做泡菜。2011 年，韩国政府发布了《提高泡菜产业竞争力》的文件，并制定了详细的发展规划。政府政策的支持与自身实践是推动本国文化国民化、国际化的重要一步。

加快申遗步伐　泡菜在中国起源，但被韩国申遗成功。反观韩国泡菜申遗成功的事实，我们可以发现韩国将一种文化元素融入韩国的泡菜中，把文化特色发扬光大，并且在国民间也有高度的认同感，并可以长久地保留秉承下去。韩国泡菜文化、日本和食申遗成功，我们也受到启示，作为申办主体今后将加紧申遗规划、调整申办思路、收缩申办范围。中国饮食在世界上有广泛影响，建议申请项目可以定为“中国美食”，中国烹饪是美食的一部分，更多地从文化角度去考虑烹饪技艺和产品。多讲美食背后的故事，而不是仅仅停留在味道与工艺层面。中国美食具有文化多元性，在多元文化方面寻找美食给人们带来的和谐和共识，中国传统文化通过美食有广泛的传承，这种文化的延续是人类共同的财富。

树立品牌意识　相比韩国，有着悠久泡菜历史的中国，却没有自己的泡菜品牌，在品牌国际化方面更是缺乏规划和举措。品牌的积累是一个长期连续的过程，不能固步自封，更不能盲目跟风、朝令夕改。泡菜企业要结合自身的资源优势、产品优势、市场优势等多种要素，对品牌资产进行积累与整合。我国具有良好的泡菜生产环境，又有着广大消费者喜爱饮食泡菜的习惯，故而我们泡菜生产厂家应该将各种优势积累起来，再创自己的品牌，在消费者心目中树立一个国人自己的品牌，炒概念与跟风都是短期市场行为。目前国内一些泡菜企业，在品牌资产的积累方面大都认识不足，因此，中国的泡菜生产商在泡菜的生产环节应该把好质量关，以质量取胜。在品牌的建设上，应创本国品牌。泡菜产业要成功地运作出一个品牌，首先要有吸引经销商眼球的产品或服务。在许多产品日益同质化的今天，泡菜企业必须在开发产品时就立足创新，在运作过程中营造人性化优势，实现业务、产品和价格的优化组合，开创全新的市场格局。同时还要不断推出独具特色的新产品，开发潜在的消费需求，寻求新的顾客增长点，真正做到“人无我有，人有我优”，具备吸引消费者的优势和条件，这样才能形成真正的中国泡菜品牌，推动中国饮食文化更好的发展。

韩国泡菜延续了数千年的历史，蕴含着久远的传统，具有自己独特的风味和风韵，在韩国人的日常生活中不仅是一道佐餐菜肴，而是已经升华成了特有饮食文化，成了韩国人生活中不可或缺的部分。泡菜在韩国具有如此高的地位和影响力，一方面，在某种程度上说明韩国美食种类不多，另一方面也说明韩国能物尽其用，善于保护和宣传传统特色文化。本论文尝试通过借鉴和吸收他国饮食文化传播中的成功经验来更好地发展我们的饮食文化，取其精华，弃其糟粕，更好地弥补我们传统饮食文化后天不足之处，让中国饮食文化站在一个新的起点上，更好地走向世界。

第五部分

中韩文化比较

2

第一章　中国的文化传统

第一节　江 河 文 明

古代中华民族一直以来就被认为是一个极为重视“江河”的民族。从正向来看，江河为古代中国提供了生存所需、粮食给养、运输之载，正是这样，江河对中华民族孕育成长起到举足轻重的作用，为历来统治者和人民所重视；而从反向来看，中国古代，江河往往又是重要自然灾害之源，无论是洪水泛滥，还是干旱缺水，江河之水的调剂不顺，往往又会引发大量的连锁效应，也使领袖和人民不得不对之加以关注。

江河文明呈现

江河文明的呈现，主要在于由江河而兴政权、兴经济、兴城市、兴精神，从而形成了带有江河水文化特质的政权文明、经济文明、城市文明、精神文明。

● 江河政权文明

江河政治文明主要是由江河而兴政权。应当说，中国古代的中央政权和江河是有密切关联的。黄仁宇先生在《中国大历史》一书中曾对此进行了这样的分析：“有一个最好坐落于上游的中央集权，又有威望动员所有的资源，也能指挥有关的人众，才可以在黄河经常的威胁之下，给予应有的安全……所以中国的团结出于自然力量的驱使。”事实上，江河政权文明，不仅在于因江河兴起了中央政权，对于中国古代大分裂、大动荡时期的地方政权也同样如此，地方政权能够偏安一方，或由一方勃兴，江河支撑也是重要原因。例如，春秋时期吴王夫差为北上称霸，就专门在淮河和长江间开拓邗沟，以运输兵员、粮草，甚至将国都由苏州移到了扬州，以此为北上大本营。应当说，中央政权、地方政权由江河而兴在中国古代不胜枚举。

江河经济文明

这主要是指由江河兴经济。中国古代有几大盛世——汉武盛世、盛唐盛世、康乾盛世。一直以来，学者都对盛世的生成机理有多种解读。有部分学者在对盛唐盛世的考察中，曾经指出了唐朝与大运河间的关系，认为唐朝以往一直不能解决粮米运输的问题，直到费耀卿提出的“分段运输法”，进一步韦坚开通广通渠旧河道，使通济渠经黄河由此可直达长安之后，唐朝才变为盛唐，因此认为“是大运河促进了唐都经济的发展，大唐帝国也因此而成为世界瞩目的强国，从而也使唐朝成为我国封建社会中最为辉煌的历史时期”。而从区域经济来看，沿江河地区，物产富饶，交通便利。因而，往往成为农业和商业的发达地带，由此，经济往往能得到迅速发展。例如，黄河岸边的河套平原，与黄河流经此地得到农业灌溉水源是有很大关联的。古代四川，被称为天府之国，与李冰父子开都江堰，通过宝瓶口将岷江水引入成都平原有极其密切的联系。这就形成了由江河而兴经济的现象。

江河城镇文明

这主要指由江河而兴城镇。城镇是人类生活的高级聚集状态。中国古代有大量城镇的产生与江河有联系。一方面，一些城市的兴起，主要与江河关系密切，甚至可称因河而兴。例如，北宋东京汴梁（开封），其兴起即在其处汴河和黄河的航运转运点，属于漕运重镇，商业繁荣。其有四条河流，在《清明上河图》中，我们就可看到，汴梁城市沿汴河由城郊及城内的繁华景象。再如，北京城在元朝的兴盛，也与郭守敬当年主持修建通惠河，疏浚积水潭，将西北山区之水引入北京城 从而构筑北京城内水系有重大关系。不仅如此，另一方面，江河还兴市镇。在古代，越是河网密布，就越易产生城镇群落，例如，江南河网密布，因此，在明清之际在此率先产生了大量市镇，例如苏州府的盛泽镇、平望镇、同里镇、黎里镇、周庄镇，松江府的朱家角镇、枫泾镇，湖州府的双林镇、菱湖镇、南浔镇，喜兴府的乌青镇，杭州府的塘西镇都处于运河水网周围。因此，城镇文明也因江河而兴起。

江河精神文明

一些文化精神本身和水是相关的，例如，江南的吴文化，一直都可以被认为是“水文化”。从某种意义来看，其他特征都由水而生，吴文化在本质上是一种水文化。故而在精神上普遍造就了吴人性格柔和，说话斯斯文文儒弱，吴侬软语。在心态处事上，则以柔带韧，善于运筹帷幄。这中间就吴语而言，“其温婉、清丽”，“调类达七八个，还保留了入声韵”，“一幅典型的水磨腔调”；“而至于心态处事，吴人则柔中有韧”，“水性民众心如止水，保持沉静的特点，一般待人处事善于沟通，能够发挥自己的所长，行动较善于把握时机”。因此，江河在一些地方不仅造就了政权、经济、城镇，在密布的地方还造就了精神状态。精神文明也是江河文明的重要组成。

正是这样，在中国古代“江河兴”能形成“文明兴”，“兴江河”也是“兴文明”。从某种意义来看，中国古代的大陆文明框架中，江河文明是重要的支撑点。

中国主要的江河文明

黄河文明

黄河文明的形成期大体在公元前 4000 年至公元前 2000 年，前后经历了两千年之久。黄河文明的发展期是它的升华阶段。从时代来说主要是夏、商、周三代。这时的黄河文明主要凝聚在黄河中下游的大中原地区，以今天的河南省为核心，大中原地区文化即中原文化是黄河文明的中心。

长江文明

长江文明，是长江流域各区域文明的总称，始于公元前 5000 年，距今已经 7000 多年，并与黄河文明并列为中国文明的两大源泉。长江文明中的”稻作文明”，甚远地影响着东亚文明乃至世界文明。长江文明有史前文明，如：人字洞遗址、黄山轩辕黄帝文化、《千字文》诞生地、中华瑰宝文房四宝诞生地，还有环太湖的良渚文化，浙江的河姆渡文化，江西的吴城文化、神农洞文化，湖南的炭河里遗址、彭头山文化，湖北的屈家岭文化、石家河文化，四川的大溪文化等。长江文明中包含楚文化、越文化、吴文化、江右文化、三星堆遗迹。长江文明与黄河文明等中国各大古代文明长期相互影响融合，最终形成中华文明。

● **珠江文化**

珠江文化，是中国第三大母亲河——珠江水系及其相邻江河所抚育的流域文化。年代则从史前时代、先秦时期一直到近现代、当代均有涉及。例如，隋唐五代时期的珠江文化，就包括了隋至初唐的汉俚文化融合，丝路文化、佛教文化、科举制度与诗文创作、贬谪文化、民间传说与民俗文化、工艺文化及南汉国文化等；现代和当代前期的珠江文化，则包括历史转折中的珠江文化风涛、地方自治条件下的“自治文化”“救亡文化”“解放文化”“运动文化”等

● **黑龙江文明**

黑龙江文明是指依托于黑龙江、乌苏里江、松花江、嫩江等水域兴起发展的区域文明。黑龙江文明包括古代的土著文化（如原始文化、渤海文化、金源文化)，近代的移民文化，现代社会主义文化。黑龙江文明概括起来有其鲜明的特征：一是文化气质上的雄健性；二是兼收并蓄的容纳性；三是交流互动的高频率性；四是远离传统文化中心的边缘性；五是文化积淀的浅表性。

第二节　以文化为中心的民族主义

“民族主义”，即以自我民族的利益为基础而进行的思想或运动。美国学者汉斯·科恩认为：“民族主义首先而且最重要的是应该被看作是一种思想状态。”英国学者爱德华·卡尔认为：“民族主义通常被用来表示个人、群体和一个民族内部成员的一种意识，或者是增进自我民族的力量、自由

或财富的一种愿望。”

中国的民族主义是一种具有千年根柢的族群文化与政治观念。中国传统民族主义特质在于富有文化普世主义意识的“天下主义”观念。在近代中国，民族主义中所具有的传统“天下主义”文明秩序逐渐为受西方影响所致的“民族国家”范型所掩蔽。而当代中国民族主义却因其所具应激性的特征而常常为“爱国主义”所表达。

多民族体制

中国是一个历史悠久的统一的多民族国家。这个统一的多民族国家是经过长期历史发展而形成的，是中华各民族人民共同缔造的。在远古时代，活动于黄河流域的主要有夏族，在北方主要有肃慎，在东部主要有东夷，在南方长江流域主要有三苗，在西北主要有羌族。约在公元前 27 世纪，黄河流域的各部落族群，就为活动于今陕西境内的部落联盟首领黄帝所合并，逐步奠定汉族祖先华夏（或称华、夏、诸夏）的基础。从夏商周到春秋战国（约公元前 21 世纪至公元前 221 年），当华夏族开拓黄河流域的时候，各少数民族也在辽阔的边疆地区进行开拓而做出巨大的贡献。如肃慎、东胡等族开发了东北地区，“鬼方”“ 猃狁”“狄”匈奴鲜卑等族开发了包括蒙古大草原和华北北部以及西北的一些地区，羌、氐、戎等族开发了青藏高原，南方的三苗、濮、“南蛮”诸族开发了长江流域和川滇等广大地区，东夷诸族开发了江淮流域，岛夷开发了今沿海地区诸岛屿。

公元前 221 年，秦始皇顺应历史发展的潮流，结束了长期诸侯割据的局面，统一了战乱频仍的中国，建立起多民族的中央集权的封建国家。从秦朝以后，2000 多年来，特别是经过汉、唐、元、明、清几朝的努力，统一不但继续维持，而且不断地发展和巩固。从秦朝统一到清朝结束，在这漫长的 2000 多年的历史上固然存在过几次分裂，但分裂时期总共不过六七百年，国家统一时期共约 1300 年，统一的时间大大长于分裂时间。而且，即使在分裂时期，无论是汉族，还是少数民族，都认同自身是炎黄裔胄或中国境内的民族；都把自己建立的王朝视为中华正统；所建立的王朝制度，均以继承秦汉制度为基础，实现农牧民族“胡汉分治”，以汉人农业经济为立国之本，以汉文化为主导的农牧文化相结合；都以中国分裂为变态，统一为常态，各种政治势力总以统一中国为己任，并确实酝酿着更高层次的统一。从发展的趋势来看，分裂的时间越来越短，规模也越来越小；而统一的时间则越来越长，范围也越来越大，制度越来越完善，参与统一事业的民族越来越多。元明清 3 个朝代的连续大统一就足以说明统一是中国历史发展的主流。所以说，中国自古以来就是一个统一的多民族的国家。

重文轻武的社会传统

重文抑武或重文轻武是宋朝建立后的国策，由于宋太祖赵匡胤通过陈桥兵变夺权建立了宋朝，且当时五代时期下属推翻上司夺权称帝的现象相当普遍，所以对武将非常不放心，采用杯酒释兵权的方式，用丰厚的待遇以解除他们对中央皇权的潜在威胁。

重文轻武的传统对中国历史发展和人文性格形成具有较大的影响，其产生与发展是一个夹杂着文化学与社会学的复杂过程。

在中国历史发展过程中，由于维护社会需要的不同，文化知识（下文中简称文）和体力武艺（下文中简称武）在社会的地位一直是在发生着变化，大体经历了以下几个阶段。

● 武重于文

在人类生活早期的原始社会乃至奴隶社会，由于生产力低下，人在与自然界及对手的抗争中，胜负一般取决于两个因素：一是总体数量的多少，二是个体身体的强壮程度；在这一时期，体力发达的一方在竞争中总是占据一定优势。所以，发展人的体力是关系到早期人类生存的第一要务，无论在生活中还是在教育中，身体的发展在当时都占有一定优势。中国历史上早期的帝王许多都称得上是体育能手，五帝时期的轩辕黄帝，身高体壮，勇猛善战，通过武力打败了以勇武著称的蚩尤，后又经板泉之战战胜了炎帝，统一了华夏，被视为中华民族的共同祖先。史书中也有“夏桀殷纣，手搏豺狼，足追四马，勇非微也”的记载，而周武王姬发也是亲自率领将士东征西讨，通过武力推翻了没落腐朽的商王朝。其实，在人类社会早期，不仅中国如此，国外的帝王也有许多长于武功，埃及狮身人面像前竖立的《斯芬克斯碑》上就记载了埃及法老阿门诺菲斯二世勇力超人，能连续开硬弓 300 次，一箭洞穿四个铜靶；还能用 20 英尺长的桨一口气划 3 英里；另一位法老托拉姆斯三世，一次出猎就猎杀大象 120 头。这些都说明在这一时期，由于生产力不发达，为了获取更多生产和生活上的优势，在与自然和外部进行斗争中，人的体力是起主要作用的。而“武”由于具有较大的实用价值而受到重视。

文武并重

周朝建立后，周公制定礼乐制度以教化国人，并设立国学和乡学对人民进行教育。至春秋时期，出现了“国之大事，唯祀与戎”的局面，战争与祭神祀祖成为天子和诸侯们最重要的事情。这一时期产生了一个新的社会阶层——士，士人们不仅具有文的能力还要具备武的能力，他们既能在各级祭祀活动仪式中参与礼乐，又能够在国家需要时拿起武器保家卫国。所以，鲁国就有“吾国之士，皆武士也”的说法，表明当时的士人都是能武的。在火器尚未发明的冷兵器时代，军人的体力与军事技艺是决定战争胜负的重要因素，体力的发展由于具有相当的实用价值而不敢被轻视。周朝的教育最终形成了以礼为中心，以射御为主要内容、堪称当时世界先进水平的“六德”“六行”“六艺”以培养“完人”的教学体系。被尊为儒家先师的孔子就是继承了“六艺”教学体系，培养出了众多身通六艺，文武全才的弟子。而当时盛行于士大夫阶层的礼射活动就是一种既讲究礼节，又具有体育行为的社交活动。在这一时期，国家的教育思想是文武并举，培养全面发展的人。

文武分途

到了战国时期，由于社会分工更细，对人才的需要更加专门化，士人也就有了文士与武士之分，文士以著书立说及游说四方以报效国家，武士以拓展疆土或抵御侵略来为国效力。举国之士“皆武士”的状态不复存在。这一时期的文士如孟轲、荀况、苏秦、张仪便是以其著书立说及口舌之功著于四方，而廉颇、白起则是以其武力技艺和英勇善战名扬天下。由于文士需要花费大量时间读书和思考，所以对体育活动就不能像以前那样积极参与，从而造成了对体力的忽视，以至于在士人间作为礼节的礼射在文士中推行也出现了困难，因而演变成了另一项更符合文士身体特点的“投壶”游戏代替礼射来表达礼节。而武士也需要大量的时间进行武艺操练和兵法练习，所以他们读的书也不如以前全面，基本限定在兵法典籍之类，社会的分工导致了通才教育转化为专才教育，人才的专门化导致了文士专文，武士专武的局面，学文和习武由于各自都能在某一方面为国出力而具备一定的地位。

● 重文轻武的开端

自秦统一六国以来，就加强了中央集权。为防止人民对政府构成威胁，秦王朝建立以后，秦始皇“收天下之兵（器），聚之咸阳。销锋、镝，铸以为金人十二，以弱天下之民。”，武的开展在全国开始受到了限制。而真正使中国出现“重文轻武”现象始于西汉，自从汉高祖刘邦建立起了中央集权的国家，战争减少了，“文”在社会发展中的作用日益突出；另外，为了维护封建一统政治秩序的需要，民间尚武的风气一定要削弱。继秦始皇焚书坑儒后，经过近百年的徘徊，封建地主阶级最终选定了儒学为其统治思想，汉武帝刘彻采纳了董仲舒“罢黜百家，独尊儒术”的建议，从而确立了儒家思想的正统地位。国家设立太学以研究儒学，并且以《五经》作为选拔人才的依据，自此中国学风大变，读书成为普通人进入上层社会的唯一途径，而民间的“习武”活动则变得一蹶不振。

汉代儒家正统思想把维护等级名分制度看作是立家治国的思想根本。汉代儒生提出：“去武行文，废力尚德”，他们认为当时深受人们喜爱的蹴鞠活动费力劳体，不合“君子勤礼”的古训，而主张用其他合于礼仪的雅戏来取代。虽然此后的南北朝时期由于北方少数民族执政及唐朝宽松的文化政策曾使武的地位略有一些提高，但重文始终是社会的主流。

● 重文轻武现象的加剧

北宋太祖、太宗两朝逐步确立了“重文轻武”的国策，提高文官地位、抑制武将权力、降低武将地位，通过“重文轻武”，北宋统治者巩固了皇权，中央集权的程度超过了秦汉和隋唐。南宋时期产生的“理学”思想应为“武”进一步衰退担负着更大的责任。宋明理学，也称程朱理学，代表人物是宋朝的程颐和朱熹。如果说孔子是中国早期儒学的权威代表者的话，那么朱熹则是中国后期儒学的集大成者，他的著作被宋、元、明、清四朝定为开科取士的必读之书；其哲学观点影响我国封建社会长达 600 多年，迄今仍对中国传统文化的影响起到举足轻重的作用。冯友兰将“程朱理学”称为“新儒家”，认为其思想以儒学为核心，吸取佛、道两教的思想而形成。程朱理学认为“理”是宇宙的本原，主张通过“持敬”和“格物”而达到“致知”“穷理”，进而要求人们“存天理、灭人欲”达到“天下大同”的最高境界。鼓吹儒家的纲常伦理是“天理”，是“人性”，要以这种天理来战胜违背纲常伦理的“私欲”。因此程朱理学重视内心修养的功夫，方法是“穷理”和“主敬”，“穷理”就是读书，“主敬”便是反省。程朱理学导致了文人闭门死读书。十年寒窗，成为肩不能挑，手不能提的文弱书生，“书中自有黄金屋”的教诲加深了社会重文轻武的观念。

东亚文化圈

在人类历史的不同时期，总是存在着若干个文明与科学的中心。以这些中心为内核，在文化地理学上便出现若干个板块，文化史家称其为“文化圈”。中国是四大文明古国之一，由于地理的、民族的和历史的诸方面综合原因，长期以来，以中国为中心，渐次形成包括现今中国、日本、朝鲜、韩国在内的东亚文化圈。东亚文化圈的基本要素为汉字、中国式律令制度与农工技艺、道教、中国化佛教。这些要素给东亚诸国的语言文字、思想意识、社会组织结构、生产力发展水平以深刻影响。

东亚文化圈是世界各文化圈中历史最悠久的。其所以最悠久，一是因为它的起点早，二是因为它的连绵不断、至今不绝。因此，东亚文化圈的形成发展过程至少有 4000 年以上的历史。

东亚文化圈的发展过程分为五个阶段：

第一阶段，东亚文化圈的形成期——从远古起到汉魏止。中国文化向东亚各国的传播，开始非常早。在远古时代中国的一些陶器、水稻等就开始向周边各国传播；商周之交，箕子去朝鲜，教其礼仪、田蚕织，朝鲜已开始进入东亚文化圈；徐福去日本也带去了中国的科技及文化；越南至晚到公元2世纪也已接受了汉文化。朝鲜、越南更在汉代纳入了中国的政治体系，设置了郡县；日本也正式建立了藩属关系，因此，可以说到汉朝东亚文化圈已基本形成了。

第二阶段，东亚文化圈的鼎盛期——两晋到隋唐。这是东亚文化圈各国文化全面交流时期，也是东亚文化各共同文化要素在东亚各国全面确立的时期，东亚文化发展最为繁荣时期。两晋到隋唐，是东亚各国在前一时期接受汉字基础上，学习汉字创制本国文字的时期，是东亚各国律令制度进一步发展时期，中国式佛教不仅传入并已开花结果，在各国文化中发生重大影响。因此，不能认为此时还属东亚文化圈的形成期。

第三阶段，东亚文化圈的发展期——宋元明清。这一时期是东亚各国在吸收中国文明基础上创立发展本国文明的时期。家永三郎在所著的《日本文化史》中说日本的片假名、平假名“是8世纪以后长达几百年的期间，许许多多人为了便于实际使用而逐步简化汉字并固定下来的结果”。在中国文学影响下，物语产生并发展起来。在美术上也在10世纪起在接受中国影响基础上开始写实地描绘起日本的风景和风俗，在中国佛教影响下日本新佛教形成，大陆文化的影响首次广泛地表现在日本人的饮食社会方面、衣着社会方面。越南也正是于此时开始建立独立国家，健全政治制度、颁布各种刑事和民事法规，对中国文化、文学、服饰及行为规范高度模仿等。朝鲜也在这一时期首次建立了统一的国家，并建立了汉式的政治模式，新罗吏读文字的发明，到最后朝鲜文字的形成也是在这一时期。从中国传入的佛教在朝鲜社会中占有极重要的地位。因此，西屿定生说唐以后进入东亚世界的崩溃，可能是仅从东亚政治的中国统治模式的瓦解而言，东亚文化圈则是向更高更深入发展。

第四阶段，东亚文化圈的中衰期——18世纪初至19世纪初。从18世纪以来，由于受到西方文化的巨大冲击，东亚文化圈确有分崩离析、摇摇欲坠之势。东亚各国纷纷接受西方文化，中国在文化上的优势地位也动摇了，日本作为西方文化的传播者在东亚文化圈中扮演了重要的地位。但是，东亚文化并未完全被西方文化所代替，在传统道德礼仪方面已深入人心，仍旧是东方各国人民的道德规范，中国式的佛教也仍有巨大的影响，并未被西方宗教所替代，汉字仍在各国有相当大的应用范围。总的来说，此时的东亚文化圈是受到冲击，但并未崩溃，并未完全解体。

第五阶段，东亚文化圈的复兴期——“二战”以后至现在。从“二战”后日本、韩国的经济复兴到中国的改革开放、经济的飞跃发展，中国的传统文化经过长期冲击，也重新开始复兴，正在重新形成一种以东方传统文化为基础，吸收西方优秀文化的新的东方文化。

随着东方和西方文化的冲击，具有共同文化的东亚各国会互相靠近、互相支持，最终形成一个文化圈。而东亚各国经济上的互补，更促使东亚各国在经济上互相依存，成为形成东亚文化圈的强大推动力。这样一个新的东亚文化正在逐渐形成中，它的核心与基础仍是东亚的传统文化，但是它又吸收了大量西方文化的优秀成分，适应东亚各国现代化发展的要求。在这一东亚新文化的发展中，中国虽仍起着重要作用，但已不是像过去那样起着绝对主导作用。东亚各国都在创建东亚新文化中发挥了重大作用，如新加坡、韩国、日本等。同时，未来的东亚文化圈范围也比以前有所扩大，增加了东南亚许多国家。这是与古代的不同之处，主要是由于晚清以来中国大量移民逐渐在东南亚各国中形成了一个在各国占有重要地位的华人文化，他们促使各国认同于东亚文化圈，并使东亚文化圈增加了新的血液。东亚文化圈复兴后，还将继续发展，它的发展方向将可能成为欧盟那样的共同体，在经济文化上更加一体化，并不断向全球化发展。

❖拓展阅读

世界古代的四大文明区与五大文化圈

一般而言，世界划分为四大文明区：一是东地中海文明区，包括埃及、巴比伦、亚述、腓尼基、希腊等国家或地区；二是南亚次大陆文明区，包括印度及其周边地区；三是东亚文明区，包括中国、韩国、朝鲜、日本、越南等；四是中南美印第安文明区，包括玛雅、阿兹特克、印家等。

在人类历史的不同时期，存在着若干个文明与科学的中心。以这些中心为内核，出现了若干文化地理板块，叫作“文化圈”，即由主要文化特质相同或相近、在功能上相互关联的多个文化群体（民族文化、区域文化）共同构成的有机文化体系。由于不同民族、国家、地区间“文化位势差”的存在，导致先进文化自然向落后文化一方传播，落后文化一方主动吸纳、消化先进文化。前者称为“内核文化”“原型文化”和“辐射文化”，后者称为“边缘文化”“变型文化”和“受容文化”。两者的统一就形成了文化圈。

通常把世界划分为五大文化圈：东亚文化圈、西方基督教文化圈、东正教文化圈、伊斯兰教文化圈、印度文化圈。

中国文化由于历史悠久、源远流长，因此很早就开始向世界各地传播，这是中国对世界文化发展和进步的贡献。东亚文明区亦称中国文化圈，是指在中国文化的深刻影响下，形成的文化群体，其基本要素为汉字、儒学、中国式律令制度以及农工技艺。

第三节　大一统传统

大一统

大一统观念源远流长，古代史上，在经过长期的战乱和纷争后，都曾经建立过地域辽阔的大帝国，大帝国不仅给后来的政治家以无限幻想的空间，也给了军事家们以驰骋疆场的追求目标。高度统一不仅在历史上发挥了极其重要的作用，而且在现实生活中仍有着相当重要的影响。

现代人把大一统理解为“自上而下的君主专制统治”，从中央到地方（以至四夷）建立庞大的集权体系，“大一统”的“大”被现代人理解为大小的“大”，即理解为一个形容词；“一统”则被理解为政治上的整齐划一即“统一”。

中国“大一统”一词的正式提出，始见于《春秋公羊传》的第一句话，即隐公元年："何言乎'王正月'？大一统也。"这里的"大"字不是形容词"大"，而是动词"尊大"之"大"，"一"是元，"统"是"始"，"一统"就是"元始"，"元始"就是万物（包括政治社会）的本体，"一统"的本义是指政治社会自下而上地归依于一个形而上的本体，从而使这一政治社会获得一个超越的存在价值，而不是自上而下地以一个最高权力为中心来进行政治范围的集中统一。因此，最初的"大一统"概念不是现代人所认为的自上而下地建立一个地域宽广、民族众多、高度集中、整齐划一的庞大帝国。

"大一统"强调受命改制的根基，即重视重建国家政统和法统的根本。也就是说，"大一统"一词最早主要是解释王朝更替的理论，是对王朝由以建立的理论基础所做的说明，是中国早期国家建立之理念。后来才引申为国家在政治和文化上的高度统一。

中国关于国家统治观念，起源于我国的夏商周三代，由民族血缘关系凝聚而成的王朝世系，即在某一王朝内王统是靠父子相继的嫡长子继承制来延续的，当最高权力是掌握在一个特定的王室成员手中的时候，人们可以、也才会认为这个最高权力是合法的；反之，人们便可以指责它为非法。中原文化夏朝建国后，由它所控制的地域逐渐成了标志国家主体的不可分割的内容，在我国历史上造成了一个重要的政治传统，即建立一个真正的、被承认的国家，就必须占据特定的地域，并有相应的中央权力。这一特定地域便是中原地区即"中国"。占据中原地区便获得一种强烈的自尊意识，就可以向四周发号施令，进行征伐；所以只要中原统治势力稍弱，四周势力强者就会千方百计跻身中原，攫取中原主宰权。商代夏、周替商都是在取得了中原之后才赢得正统地位的。但是，三代时期的"大一统"观念只是人们的一种模糊意识，所谓"普天之下，莫非王土；率土之滨，莫非王臣。"的天下大一统的概念还没有系统化、理论化。

春秋战国时期，中国社会虽然分裂动乱，却是一个"百家争鸣"的思想繁荣时代。诸子百家不仅将原有的"大一统"观念系统化、理论化，而且还增加了新的内容，即加强调国内政治秩序的统一问题。孔子针对"礼乐征伐自诸侯出"的混乱局面，提出了"礼乐征伐自天子出""君君、臣臣、父父、子子"的"天下有道"的理想的秩序社会。孟子主张"君仁臣义，君民同乐”天下“定于一”，认为“天无二日，民无二王”。荀子则认为“天地生君子，君子理天地。君子者，天地之参也，万物之摠也，民之父母也”。韩非子认为“一栖两雄”“一家两贵”“夫妻共政”是祸乱的原因。《吕氏春秋》言：“王者执一，而为万物正。……一则治，两则乱。”管仲说：“主尊臣卑，上威下敬，令行人服，治之至也。”“使天下两天子，天下不可治也。一国而两君，一国不可治也。一家而两父，一家不可治也。夫令不高不行，不专不听。尧舜之民非生而治也，桀纣之民非生而乱也，故治乱在上也。”管仲甚至还提出了具体制度上的大一统，即“天子出令于天下，诸侯受令于天子，大夫受令于君，子受令于父母，下听其上，弟听其兄，此至顺矣。衡石一称，斗斛一量，丈尺一綧制，戈兵一度，书同名、车同轨，此至正也。”墨子说：“上之所是，必皆是之；所非，必皆非之”，“天下之百姓，皆上同于天子。”显然这都是对国家政治秩序的“大一统”观念的不同表述，但他们都强调自上而下的政令统一。这一理念最终由“海内为郡县，法令由一统”的秦朝变成了现实。从秦始皇开始，“天下之事无大小皆决于上”。真正系统发挥《春秋》大一统思想的是汉代董仲舒。他说：“《春秋》大一统者，天地之常经，古今之通谊也。”这是说，封建的大一统是天地古今之道，是不可改变的。有了大一统的国家，必须具有适应这种大一统国家的统一思想，只有上下统一，才能保证法制号令规章制度的畅行。

“大一统”是天经地义的观念和思想，一经提出，便得到统治者的强烈认同，同时逐步灌输给人民，成为中华民族维护国家统一，民族团结的神圣不可侵犯的理想和信念。随着近代以来民族意识的觉醒，这种意识越来越强烈。康有为的“大同世界”，孙中山的“天下为公”等都是这种大一统思想的继承和发扬。中华人民共和国成立后，毛泽东等老一辈革命家都把统一中国看成自己的历史使命。第二代领导人邓小平说，“我们都是炎黄子孙，应该实现统一，前人没有完成的，我们去完成，后人会怀念我们，否则，就要受责备”。第三代领导人，实现了香港、澳门的胜利回归，关于台湾问题，江泽民多次发表讲话，全力促进海峡两岸的和平统一。这种追求统一的愿望，深深积淀在每个人的内心深处，凝聚成一种中华民族的理想和信念，对中华民族的政治统一起着极其重要的促进作用。

王朝的正统性

正统性是一种政治理念或者政治理想。自历史上政权产生之日起，正统性概念也就随之产生。正统性既衡量社会对政权的接受程度，也体现出政权自身的稳固性。一个具有良好正统性的政权，必然是稳固持久的政权；而政权开始丧失正统性之日，也就是它即将崩溃瓦解之时。所以，正统性是政治理论的核心概念。

在中国，学者们很早就注意到论述正统性的重要意义。孔丘曾说，“大道之行也，天下为公”（《礼记》）。同时他又说到，“为政以德，譬如北辰，居其所而众星共之”（《论语》）。可以看出，孔丘主张道德政治，提倡为政以德；统治者的道德水平，是维持正统性的关键。在具体实践方面，孔丘说，“夫礼，先王以承天之道”（《礼记》）。所谓“礼”，即“君君臣臣，父父子子”，既是一种社会秩序，更是一种政治秩序。古代法家则秉持另一种正统观。韩非认为，“上古之世，人民少而禽兽众，人民不胜禽兽虫蛇，有圣人作，构木为巢以避群害，而民悦之，使王天下”（《韩非子》）。又说“文王行仁义而王天下，偃王行仁义而丧其国，是仁义用于古不用于今也”（《韩非子》）。在法家看来，正统性的来源并非一成不变，仁义用古不用今，若墨守陈规，反而有丧失正统性的危险。在具体实践方面，法家认为“民弱国强，民强国弱，故有道之国，务在弱民”（《商君书》），主张以削弱国民力量，来增强政权势力，巩固正统性。同时，法家主张以军事扩张来加强正统性，“兵起而胜敌，按兵而国富者，王”（《商君书》）。

古典儒法之辩，一目了然。在时间尺度方面，儒家强调历史因素，主张从周制的礼乐制度引入正统性来源；而法家侧重当下，不拘泥于陈规。从这一点来说，古典法家比儒家更具有革新精神。但是，在客体范围方面，儒家强调道德政治——仁政，隐含地认为国民是正统性的认知者，意在扩大认知客体，而法家反其道行之，主张愚民政策，以让民不知有国，意在缩小客体范围，避免正统性风险。因此，相比于儒家理念，法家的政策必然会高度压制社会自由。更有甚者，法家认为，“儒以文乱法，侠以武犯禁”，乃“邦之蠹也”（《韩非子》），对于社会精英也要严厉管制，以避免对政权造成冲击。

历史上，统治者也为自身正统性引入神秘主义的因素。汉代儒者董仲舒认为，“道之大原出于天”（《汉书》），因此天是终极规律的支配者，是终极正统性的来源。同时，“唯天子受命于天，天下受命于天子”（《繁露》），皇帝是天子，是上天在凡间的代理，因此享有支配天下的正统性。此即所谓“天统”。

在政治实践方面，中国皇帝们的正统性有三个重要来源。第一条，是暴力正统性。首先，暴力表现为武力统一，即通过军事斗争统一全国。不是得民心者得天下，而是得天下者“得”民心。其次，暴力表现为皇权登基后对社会意识的压制，重点在于对异见智识阶层的打击，如历朝历代的文字狱。此即“内法”之法。

第二条正统性来源，是掌握对儒家学说的解释权。皇帝在尊孔的同时，也成为圣人在尘世的化身，成为普天之下民众顶礼膜拜的对象。而以儒家思想为根基的官僚政治体系，也成为从普通智识阶层晋升到上层的重要渠道。此即“外儒”之儒。

第三条正统性来源，是维持国民基本生活水平，亦即所谓民生。实际情况是，只要满足国民食可果腹，衣可蔽体，皇帝们大可统治无忧。几乎所有王朝的崩溃，都是在民生极端恶劣情况下发生的。掌控暴力，控制智识阶层，满足国民最低生活水平，这三条就是实践中皇权正统性的主要来源。

第四节　地域观念浓厚

中国人有着浓重的地域观念。孙中山在其《三民主义》一书中提到：“中国人对于国家观念，本是一片散沙，本没有民族团体……中国有很坚固的家族和宗族团体，中国人对于家族和宗族的观念是很深的。譬如中国人在路上遇见了，交谈之后，请问尊姓大名，只要彼此知道是同宗，便认为同姓的伯叔兄弟……此外还有家乡基础，中国人的家乡观念也是很深的。如果是同省同县同乡村的人，总是特别容易联络。”

地域观念的根源是小农经济。古时，受农耕文化，和长期的“重农抑商”思想及政策的束缚，人员的流动受到严重的抑制。中国古代的帝王，往往害怕流民，因为当时的国家机器远没有现在发达，朝廷对流动人口的控制能力很差。统治者害怕流民“滋扰生事”，最终变为“流寇”，甚至农民起义。在这种情况下，朝廷希望老百姓留在土地上，生于此，死于斯。于是有了各种早期的户籍制度，到抗日战争的时候，日本人也用了同样的工具——良民证，直至今天，身份证制度仍然在用。

除了统治者的统治需要外，古时落后的交通工具也是一个重要的原因。纵观我国的地理地貌，除了东部不多的几块冲积平原外，大部分国土都是山地，高原和丘陵，人们被各种各样的地理屏障相隔。日积月累，这种地理上的界限就成了人们心理上的界限，人们在同自然搏斗的过程中，左邻右舍，乡里乡亲互帮互助，老乡的概念便生根、发芽，成长到变成文化中的重要组成部分。一般来说，越是偏僻的地方，人们的地域观念越是强烈，这一点我们可以在生活中发现。

这种长在土地上的生活方式，决定了中国人具有浓重的地域观念，且古代的各种政策也加剧了地域观念的产生及影响，如科举考试也是按照地域进行名额分配的。

第五节　宗教意识淡薄

中国宗教起源

同世界其他早期国家一样，中国的夏、商时期，是神控制、主宰一切的时期。当时人们将自然界和社会中一切都归结“天之明命”（《尚书·太甲》），认为人间的吉祥或灾祸以及政治权利皆来自天，“作善，降之百祥；作不善，降之百殃”。

通过殷商卜辞和《尚书》等古籍可以看出我们古人的宗教信仰气氛非常浓厚。“帝令雨足年”“今二月帝不令雨”；“帝其降祸”；“王作邑，帝若”。从这些辞来看，殷人无可争议地信仰了“帝”。“帝”这位天神具有极高的权能，它主宰着风雨雷电，水涝干旱，决定着禾苗生长，农产收成；它还管辖天时，既可赐福赐祥，亦可降饥降灾。那时的人们对“帝”还有极其复杂的祭祀仪式，殷王在一年三百六十五天中几乎无日不举行祭祀，其中多数由殷王亲自主持。殷人的“帝”确实不像普通的原始部落的部落神，它那种统管自然与国家的气质，正如陈梦家先生所说的“与《旧约圣经》希伯莱人之上帝吻合”。夏、商的这种有神论观念，是华夏祖先由自然崇拜向图腾崇拜、祖先崇拜逐渐演化的必然结果，也是进一步发展成为古代中国人宗教观念的精神源头。

周朝的时候，情况开始有了很大的变化。随着社会生产力的发展，人们认识自然、解释自然和驾驭自然、征服自然的能力有了很大提高，人们对神畏惧和讨好、迎奉的程度大不如前，神的地位下降了，神与人的关系也疏远了，随之，人们的宗教观念也淡薄起来。这样，整个社会从尊神转向了尊礼，神下降到了次要地位，从而使宗教礼仪向社会礼仪的转化成为可能。这种变化的实质在于宗教神秘性的日趋淡化和政治性、伦理性等世俗因素的日趋增强。政治与宗教也开始分离，即从注重神事的典型神权政治逐渐转向注重人事的王权政治格局。其例证之一即是由绝对的卜筮权威（无事不卜，一切听命于卜）逐渐转向“卜以决疑，不疑何卜”。

中国宗教意识淡薄的原因

● 中国古代在宗教发展尚不完备的情况下较早地出现了理性化思潮、无神论观念

西周时期已经出现了无神论思想的萌芽。西周人鉴于商人虔诚祭祀鬼神，仍难逃覆灭命运的事实，对神的权威性展开了质疑。周人说：“天不可信。”（《尚书·君爽》）表明了对天的怀疑。周人还认为神是否保佑一个朝代，根本的原因是看君主是否反映了百姓的意愿，“天视自我民视，天听自我民听”，（《尚书·泰哲》）说明已把人的力量摆在首位，神处于服从的地位。

在中国宗教的理性化方面，有两位伟大的人物做出了贡献。一位是周公，他总结了夏、殷灭亡的历史教训，提出了“敬德保民，以德配天，制礼作乐”的思想，即“德治”的理念，并认为德才是能否“受天命”的唯一根据。于是，周公将人神沟通的根基，从巫术性的神秘力量转为君王人

性中的德治能力；将不可捉摸的、魅力型的通灵能力，转变成可以规则化、系统化的道德力量。而“德”的主要内容又是：保民、听民、爱民。这样，又进一步将人与神之间的关系转换为君王与人民之间的关系。于是，君与神的关系在很大程度上取决于民与神的关系。这标志着人的主体意识的苏醒，这种主体意识是依赖道德能力的。另一位就是孔子，他不认为某些特殊的人可以直通神意，动摇了巫术、宗教的基本架构，并开始了以“天人相分”的方式来谈论神人关系，谈论人类自身问题。

● 儒家思想的成熟与完美，为人们提供了终极关怀的最高哲学

冯友兰先生在他的名著《中国哲学简史》的开篇就把答案告诉了我们。冯先生认为，无论是什么民族，同为人类，内心深处都有一种共同的渴望，那就是，人不满足于现实世界而追求超越现实世界。超越现实世界主要有两条心灵途径，即宗教和哲学。在世界上另一些人选择通过宗教实现超越现实世界的时候，中国人选择了通过哲学达到心灵的彼岸。

儒家思想的基本特点是重人事，轻鬼神；重人伦，轻物理；并没有以神灵或天命作为其理论中心，也没有以一个超越的神作为他们最高的信仰对象。

正是由于儒家思想自身的成熟和完美，其实用主义精神和现实主义态度，以及严密完善的政治学说和伦理规范，造就了中国文化政治人伦化的特色。与此同时，儒家思想也就成为古代中国政治和国人人生哲学的指导思想。这样以来，完善的儒家思想几乎完全能满足人们的精神需求，没有给宗教留下空间。

● 先人而后神的人本主义文化传统，削弱了人们的宗教情感，先人后神，人情高于神意

纵观历史，以人本主义思想为主导的中国传统文化在中国社会的发展进程中所产生的影响，大到社会的意识形态和政治经济结构，小到个人的思维走向和行为模式。所谓天地之间人为贵，在宇宙万物中，以人为中心，强调人的价值的至高无上性，强调人有参天地、赞化育的能力，是中国传统文化的基本倾向。人本主义之所以成为中国文化传统的基本特征，是由中国哲学中以人为本、以人为目的和以人为尺度的思想倾向所决定的。这种人本主义文化传统表现在人与神的关系上，倡导先人而后神，带有典型的中国文化色彩。

祖先崇拜在很大程度上抵消了人们对其他神灵的信仰与崇拜

所谓祖先崇拜是指对祖先亡灵的崇拜，在本质上是一种以血缘关系为基础，受血缘观念支配的宗教意识和活动。我国奴隶制社会和封建社会属于宗法制社会，整个社会也是由无数的亲族血缘关系为基础的宗族集团按宗法制度构成，祖先崇拜，在古代的各种宗教形态中占有极为重要的地位，任何一种宗教观念也不能与祖先崇拜相比拟。

孝道的实际意义在于巩固家族的血缘关系，继承和发扬祖先的余泽，使家族延绵发达。祖先崇拜在加强氏族和家族成员的凝聚力、强化氏族和家族观念、维系其成员之间的团结方面曾起过巨大的作用。进入奴隶制时代以后，祖先崇拜对于巩固统治阶级地位，维护等级持续的重要性，是其他宗教所难以比拟的。中国人精神上的慰藉往往通过祖先崇拜即可满足，而不需刻意地对其他神灵加以顶礼膜拜。

皇帝拥有至高无上的权力，宗教仅仅是一种可有可无的工具

专制统治对中国民众宗教意识的影响是借政权的力量实现的。自从夏王朝建立以后，历代王朝统治者拥有了至高无上的权利。他们不仅在政治上压迫、经济上剥削被统治者，而且还从思想上、文化上控制、操纵、毒害被统治者，“圣人以神道设教而天下服”。（《周易・现卦》）王朝统治者不断强化着神权统治，自称是“天子”，受命于天，代表上天的意志来到人间管理国家。他们宣传君权神授，从而为其统治天下蒙上神秘的面纱。历代王朝统治者绝不容许任何宗教势力同皇权分庭抗礼，这使历史悠久的中国从未出现过政教合一的中央政权。尽管佛、道二教在历史上（南北朝、唐）曾经显赫一时，但作为一种社会组织或社会势力，始终没形成与皇权相抗衡、甚至凌驾于世俗权力之上的力量；道教、佛教等宗教的兴废也完全是由皇帝的好恶来决定的。

对于统治者而言，宗教不过是为皇权辩护的工具，这一方面使中国长

期以来形成了以封建皇权为中心的统一体；另一方面又使皇权成为不受约束的绝对权力。宗教在这样的文化和社会氛围中难以真正进入人们的心灵，熔铸成一种对权威敬畏的情感——宗教情感。

古代中国人注重现实的功利主义思想

中国人执着有限的世俗人伦秩序，漠视个人生命终极价值的追求，没有对超验世界的神性困惑，中国宗教（道教与佛教）没有此岸世界与彼岸世界的截然分立，中国人的作为“天人合一”中最高存在者的天道是理性与存在、价值与现实合一的实用理性，天道与人是同处在一个等级的现实存在物，并非是高于现实人生的另一种不同质的绝对存在。这种实用理性的思维模式，只能让人们满足于现世生活的享乐，倾心于人伦关系的和谐，这就从根本上断绝了指向未来的终极思想和绝对价值，用无限的理想来支撑有限的存在的必要性，这样，就不会产生对超世的天启的企盼和对上帝的崇拜。

中国本土宗教

五斗米教

道教早期的重要流派，又称天师道、正一道。由道教创始人祖天师张道陵所创立，并著写《老子想尔注》。正一道的创立使道教开始以教的形式出现，区别于以前的巫教，奉太上老子为最高崇信，奠定了几千年的道教历史。

白莲教

中国民间宗教，渊源于中国佛教净土宗。北宋时，净土念佛结社盛行，多称白莲社或莲社，主持者既有僧侣，亦有在家信徒。南宋绍兴（1131—1162）间，吴郡昆山（今江苏昆山）僧人茅子元（法名慈昭）在流行的净土结社的基础上创建新教门，称白莲宗，即白莲教。假借“弥勒下生”的民间秘密宗教团体。盛行于元、明、清。教派名目繁多，教内等级森严。常被用为农民起义的组织工具，如元末红巾起义，清嘉庆白莲教大起义等。

● **天理教**

白莲教的一个支派，是18世纪中叶白莲教武装起义失败后，由部分教徒组织起来的，曾在北京、河南发动起义。又称八卦教。天理教提倡神乐歌与跳圣舞的祭拜方式、宣扬仁慈、爱人、能医百病等教义。

第六节　重农抑商的经济传统

中国地大物博，长久以来依靠土地等自然资源，构建起了自给自足的经济体系，不需要与外界进行食物交流，能够以本土物产解决人民群众基本生活问题。中国古代的对外贸易，基本上是以朝贡的形式进行的，从根本上讲也没有形成互相弥补的经济交流。中国传统社会重农抑商，农业一直是国家发展的经济命脉。

重农抑商概况

重农抑商是中国历代封建王朝最基本的经济指导思想，其主张是重视农业、以农为本，限制工商业的发展。

中国封建社会的经济基础是自给自足的自然经济，对于人们来说拥有土地可以榨取巨额财富，且地租收入较稳定，是发家致富的最好手段；同时对封建国家而言，农业的发展可使人民安居乐业，人丁兴旺，使国库粮仓充盈，既可内无粮荒、动乱之虞，也可外无侵扰之虑。因此历代统治者都把发展农业当作“立国之本”，而把商业（有时也包括手工业）当成“末业”来加以抑制。

在封建帝王看来，私人工商业主一方面通过商品交换与高利贷盘剥农民，另一方面商业活动丰厚的利益回报又吸引着相当一部分农民“舍本趋末”，从而大大削弱了王朝的统治基础。

此外，最新研究认为：“重农抑商”政策的出现，除了其经济原因或物质方面的原因外，还有文化方面的原因，即“重义轻利”观念的影响。

重农抑商在各个历史时期的表现

春秋战国时期——重农抑商理论形成阶段

一些思想家的言论对商人和商业的态度是很苛刻的，荀况“工商重，则国贫”，主张“省工贾，众农夫”。韩非把商工之民列为“五蠹”之一，把“商贾外积”和“耕战之士困，末作之民利”，看作是封建国家可能灭亡的两个象征。

秦、汉代至隋、唐——重农抑商理论法律化阶段

一般认为，重农抑商从理论上被统治阶级所接受并形成贱商、抑商政策和法律，应从秦（秦始皇时代）、汉时期开始。秦朝经过商鞅变法，使重农抑商政策形成，秦统一后，继续奉行重本抑末政策。法律规定的市籍制度，产生于秦朝，沿用于汉，延续几千年。汉代大力推行抑商政策和贱商措施。表现之一：宣扬“商业害国论”，汉代一些思想家继承了春秋战国以来关于“事末作”则“国贫”的传统，进一步宣扬，全盘否定商业。表现之二：贬低商人地位，并加以各种形式的人身侮辱。《史记》曰：“高祖令贾人不得衣丝乘车”，“贾人毋得衣锦绣绮縠絺纻罽，操兵，乘骑马。”再有商人及其子孙不得仕宦为官，“市井之子孙亦不得仕宦为吏。”表现之三：经济上抑商。1. 对商人“重租税以困辱之”。汉高祖四年（公元前 203 年）公布按人头进行收税的法令，对商人及其家族中妇女的税额加倍征收。2. 颁布经济法令，对利润丰厚的盐、铁行业实行官营垄断的“禁榷”制度，从富商大贾手中夺回盐铁和贸易的控制权，挤对、缩减商人的经营范围。3. 剥夺商人对土地的占有权，汉武帝时规定：“贾人有市籍者及其家属，皆无得籍名田，以便农。敢犯令，没入田僮。”

唐代至明朝末年——重农抑商政策反复调整阶段

隋唐时代，是我国商业发展的活跃时期，贸易物流，连接海内外；以隋炀帝之暴戾，尤有迁徙天下富商大贾营建洛阳大都市及开凿运河便商伟业。所以统治者也适应客观情况的需要，对商业和商人实行了“贱而不抑”

的政策。

● **清代——重农抑商传统观念化、理念化**

清王朝也依然奉行着重农抑商的政策，在清朝最主要的政策是对商业性农业发展的压制和对海外贸易的限制。1. 加勤劝农，“劝谕绅士百姓，凡田土在一顷以下，（种棉）应听其便；若在一顷以上，只许种棉一半，其余一半，改种稻田。”加上课以重税，“烟田一亩，佃课十金”。新会县葵园，“每亩（佃课）十四五两”。还有禁止烟茶的种植，这些对商业性农业发展的抑制意图十分明确。2. 在对海外贸易方面更是严令制止，并且多次开而复关。清廷多次颁布禁海令，对外国采“取非系贡献，概不准贸易”的态度。虽然后来开海禁，设海关，但还是严格限制，乾隆时“一口通商”，这时所出现的“公行”制度也是操纵在政府手中的。所以在对私营商业上是压抑和严格限制的。不过随着商品经济的进一步繁荣和资本主义萌芽的增长，这个时期的此项政策都有了一些新的变化。在前期，政府基本上放松了对私营手工业的压制政策，精简了商业管理机构，注意全面管理。在对手工业和商业管制上逐渐变的理性化，统治者能明智的理解商业活动了。

❖ **拓展阅读**

中国为何没有形成资本主义

台湾经济学家侯家驹，写过一本《中国经济史》，他指出中国经济史中分为五个阶段：“一、第一次一元体制：郡县制度——秦汉时期；二、第一次多元体制：坞堡经济——始于后汉末期，迄于隋之统一；三、第二次一元体制：府兵制度 ——隋唐时期；四、第二次多元体制：区域经济——始于唐玄宗天宝之乱迄于元之统一。五、第三次一元体制：中央集权——元、明、清代。”

中国人有顽固的大一统思想，无论统一还是分裂，中国历史上的政治制度都是君主一人专制的集权制度。统一是大专制，分裂是地区性专制。在专制体制下，经济是一种统制经济，或称权力经济。权力经济与资本主义是不相容的。

第七节　中国的士大夫

士大夫阶层

在西方社会，并没有士大夫这样一个特殊的阶层和群体，这是中国所特有的。“士大夫”这个词，其实包含两个词：一个是士，一个是大夫。在西周，士、大夫均是指贵族阶层，但是，“士”到后来成为一个读书人的泛称，而“大夫”是一个官员的泛称，“士大夫”合起来就是书生加官员。所以，士大夫翻译成英文就很简单，就是“学者—官僚”，士大夫既有文人学者的身份，是现在我们讲的文化精英就是这个阶层；另外他又是朝廷的官员，是官僚。除了这两重身份之外，士大夫还有一个特点，其实也是古代的经济精英，因为大家知道传统社会是农业经济，那么士大夫往往也都有一些田产，当时他们都是占有农业经济资源的一个群体。除此之外，士大夫还有一个特点，也是西方更没有的，士大夫往往兼有传教士的职责。西方社会也有官僚、有学者，还有一个群体就是僧侣，他们在社会基层从事道德教化。其实中国士大夫还要承担僧侣的道德教化功能。可见，士大夫作为社会阶层，要承担很多社会职能，仅仅是“官僚”或“学者”，还远远没有揭示出他的内涵和所承担的社会职责。

提出“士”的理论标准的是孔子。《论语·子路》子贡问：“何如斯可谓之士矣？”孔子答曰：“行己有耻，使于四方不辱君命，可谓士矣。”这就是说，只要严于律己、忠君爱国的人就能称为“士”。“士”和“君子”的概念有时基本上是重叠的，若细分，则“士”的德行修养要比“君子”略低，也可以说“士”是有志于成为“君子”的人。

士大夫的形成

欧洲中世纪有一个贵族阶层，它是封建制；中国古代早在夏商周的时候，也是一个典型的封建制。这个封建制不是我们后来讲的，从秦一直到清是封建制的社会形态。当时的“封建”只是一种政治制度，封侯建国。今天讲的贵族，在西周社会是非常突出的。贵族有五部分构成，即天子、诸侯、卿、大夫、士。贵族身份是由他们的血缘关系决定的，周天子有几个儿子，只有长子能继承他的天子之位，另外的儿子只能做诸侯，还有周天子的其他叔叔也只能做诸侯。诸侯也是只有他的长子能够继承他的王位，其他儿子就做卿。以此类推，到大夫和士。士是西周贵族社会中最低的等级，到了战国时期，士已经成为社会中的平民阶层，后来泛称民间的读书人为士。而大夫演变为官僚体系的官职，从战国时期一直延续到现在。在古代有很多官职，往往都是从西周贵族演变而来。

西周封建制解体以后，管理国家的官员不再是靠血缘继承。战国时代的诸侯形成养士的风气，士是民间的读书人，到战国时候已经演变为平民了，这些读书人通过他们的知识、才能，被选入到官僚体系，就变成了所谓“士大夫”。所以在春秋战国的文献典籍中，往往有两个说法，传统的说法是“大夫士”，战国以后就出现了另外一个说法——“士大夫”，反过来了，其实反过来是反映了这个社会阶层的一个重大变化。因为“大夫士”强调的是他的血缘关系，由此来决定政治特权、经济特权、社会地位，这就是贵族制度。战国以后发生了变化，出现了所谓士大夫，士大夫这一个阶层是靠有文化知识、靠道德修养、靠有能力才华，能够进入官僚体系治理国家，被国君所用。战国时期的诸子百家的社会身份很多都是士。士的理想是希望把他们拜为卿相，这样他们就成为国家的官僚，具有比较高的社会地位。

可见，中国的士大夫和西方的贵族是有非常重要的区别。中国的士大夫在以后的两千多年的历史中，成为中国思想文化、精神理念的创造者与主导者，他本身是由平民通过努力奋斗而上升为社会精英。两千多年来，所有的读书人都可以通过读书、科举考试进入到官僚队伍，他们没有任何先天的经济、政治特权，他们只有靠知识来改变命运，所以他们往往都有一种崇文精神。而西方的贵族基本上是靠先天的血统，而拥有着不同于平民的经济和政治特权。而且西方中世纪的贵族往往有一种骑士精神，欧洲中世纪的贵族，除了长子继承爵位以外，其他儿子只能做骑士；如果国与国打仗，贵族必须要亲自出马，所以西方贵族有一种尚武的精神传统。

士大夫作为独特的社会阶层，他们从事社会管理、文化创造、社会教化等多种社会职能，特别具有社会精英的精神气质，而且他们的生活地位与他们的出生无关，这样他们的文化特质就跟贵族不一样，他们能够形成一种特有的士大夫精神。

士大夫精神

士大夫阶层的形成是在春秋战国时期，士大夫精神的核心奠定阶段也是在春秋战国时期。春秋战国时期，“道”是士大夫精神的核心，由此产生了“士志于道”的士大夫精神。按照孔子的说法，士来到这个世界，其人生目标就是“道”，所以他说“朝闻道，夕死可矣”，而这个“道”就是包括文化理想和社会理想的一套价值体系。

魏晋是中国思想文化发展急剧变革的时代，同时也是士大夫的个性解放、个体自觉的时代。两汉建构起来的“天人感应”、君权神授的思想体系面临崩溃，面对人生无常，士大夫产生了强烈的“生命焦虑”，他们在诗歌、哲学中表达了对生命短促、命运无常的感叹。如何从“生命焦虑”中走出来成为追求率性自由的士大夫精神的动力。因此，这个时期出现了一种新的士大夫精神，即“率性自由”的士大夫精神。东汉士大夫那种追求道德节操，以死抗争的“匹夫抗愤，处士横议”的精神看不到了，“率性自由”的个体人格精神得以发展。

到了唐宋时期，中国的政治社会结构发展巨大的变革，士大夫如果仅仅具有“率性自由”的精神，那他们作为社会精英是有严重缺陷的。为了弥补这种缺陷，北宋初开始，士大夫们普遍倡导一种新的理想人格和士大夫精神，即所谓的“圣贤气象”。什么叫圣贤气象？用张载的名言概括，即“为天下立心，为生民立命，为往圣继绝学，为万世开太平”。可见在宋代士大夫的圣贤气象里面，是一种强调社会责任感，他们强调以天下安泰为己任，追求“先天下之忧而忧”的士大夫精神。于此同时，他们也特别注意追求“孔颜乐处”的人格自由和精神境界。

明清之际，社会动荡不安，历史急剧变化。许多士大夫认识到，只讲圣贤气象，很容易脱离实际而空谈心性，因此必须要有豪杰精神，提倡经世致用思想，才不会出现亡国亡天下的惨痛历史。经过强烈的反思和批判后，他们提出了“圣贤兼豪杰”的士大夫精神，即把圣贤的道德理念与豪杰的经世事业结合起来，王船山、黄宗羲、顾炎武就是其中的代表。这个转变很大，一直影响到清代中晚期，乃至影响到近代。如晚清主张经世致用的魏源，以及曾国藩、左宗棠、胡林翼等一批湘军将领，在他们身上，这种圣贤兼豪杰的士大夫精神都得到了继承和弘扬。

士大夫分类

从历史角度来看，士有谋生之士，有官宦之士，也有大夫（士大夫）之士。

士，最早是在士大夫和卿大夫家中担任谋臣的人。他们虽然谋事，却主要是为了谋生。其中虽然不乏有才华有能力的人，却以人身依附的方式，帮助主人做事情。这种士，是家臣，甚至是奴才。

西汉以后，尤其科举兴起后，“士”成了一个特殊的文化群体。士的主体是为官从政的官宦之士。他们通过学习和知识积累求得功名，成为官僚阶层的一部分。作为体制内的官员，制定和遵从规则，参与国家和社会公共治理，其中虽然也不乏“胸怀天下”者，然而他们主要的任务和责任是维护皇权体制。有些官宦为求私利，贪腐作乱，倒行逆施，成为奸臣与历史罪人。

第三种士，就是士大夫的士，是具有独立人格，始终以天下福祉为己任的士。孔子将“士”和“君子”连在一起，称其为“士君子”，他还说“行己有耻，使于四方，不辱君命”，也就是说，除了担任职位以外，还需具备道德修养。孔子又说：“士尚志”，意为有心的士就是有“志向”。荀子也说过“士从道不从君”，士要跟随道的规范，而不是遵从君主的意志。

从这个意义上来看，作为知识分子的“士”，被赋予了为社会建立道德标杆的责任和推动社会发展的使命。士不仅是知识分子，以专业立身，还要有气节和风骨，有独立人格和理性判断，并有担当，服务国家、引领社会发展方向。

中国历史上每个社会大转型、大变革的时代，我们都可以看到大批才识卓越、风骨傲然的士大夫活跃的身影。春秋战国时代的诸子百家、谋臣策士，他们周游列国，心怀天下与民生，用不同的方式传播、实践自己的政治理念，成就了中国第一个文化轴心时代。又比如，在中国北宋时期，中国民间经济和文化教育繁荣活跃，人均国民生产总值领先世界。一批积极推动社会改革、以天下为己任的士大夫也应运而生，如范仲淹、欧阳修、王安石等。他们不但政治才华和文学素养出众，更有挑战皇权的风骨和担当。在他们眼里，皇帝也不过是“生于深宫之中、长于妇人之手”的足不出户的“宅男”，见识和执政能力有限，把整个国家的前途命运都只放在这样一个人手中，并不保险，所以他们觉得自己要担负起“天下”的责任，“迭为宾主”、与统治者轮流做主人、“同治天下”。

士大夫与封建制度解体

从西周到清代的三千年的中国历史，曾经有过封建制、贵族制和王权官僚制三种不同的制度。西周是家国一体的宗法封建制，秦汉是有限的王权官僚制，魏晋南北朝到隋唐是中世贵族制，而宋元明清则是绝对的王权官僚制。在这三种不同的制度形态下，不仅国家与地方的关系迥然不同，而且士大夫精英也呈现出不同的形态：在宗法封建制之下，它们是封建大夫士；在贵族制下，他们是世家大族；而在王权官僚制下，他们是官僚士大夫。

先看第一阶段西周封建制。宗法封建制，乃是天子封诸侯为立国，诸侯分封土地和人民给卿大夫为立家，因而形成金字塔形的封建等级制度。所谓的家国天下，就是以这样宗法分封制联为一体的卿大夫、诸侯与天子。天子代表天下（相当于现代意义上的国），诸侯代表列国（相当现代意义上的地方），卿大夫代表采邑（相当于现代意义上的家乡），家国天下之间，通过层层分封与效忠而形成血缘-文化-政治共同体，既是亲戚，又是君臣，如同一个大家族。同时，受到分封的诸侯与卿大夫对自己的封地有绝对的自主权，不受天子的支配，因此诸侯国和采邑之间又是独立的，相互不隶属，各有各的特色。拥有独立采邑的地方贵族卿大夫只须对自己的宗主诸侯效忠，无须对天子承担义务；而最底层的庶民与士更是只知有家（采邑），效忠于家（卿大夫），不知有国（诸侯），更不知天下（天子）。

卿大夫及其所依附的士阶层，身为封建时代的地方精英，他们是自己封地的实际所有者。虽然“普天之下，莫非王土”，名义上属于周天子，但一方贵族可以独立决定地方的各种政治、社会与宗教事务，有强烈的家（地方）意识，至于国与天下意识，这将取决于不同层次贵族的相对位置。底层贵族大夫与士仅仅忠诚于家，国与天下不受其分封，显得何其遥远；一邑之主公卿则不同，其对宗主国诸侯有忠诚的义务，但周天子所代表的天下对他而言是天高皇帝远。真正对天下负有宗法与政治义务的，则是受周天子分封的各同姓和异姓诸侯。从士、大夫、公卿到诸侯、周天子所形成的宗法性分层网络，有一套严密而复杂的周礼得以维系。

待春秋战国时代，这套周礼礼崩乐坏，封建制度逐渐解体，到秦始皇时代，建立了车同轨、书同文、行同伦的大一统国家。秦朝的郡县制，权力高度集中在皇帝手里，地方毫无自主性可言，再加上前所未有的苛政，秦二世而亡。继之而起的汉朝，总结了秦政速亡的教训，在汉初融封建于郡县之中，这就是所谓的郡国制：郡县与诸侯国并行。虽然到文景两代诸侯削弱，郡县强化，但地方仍然有相当自主性，乡县三老，皆由基层选举产生，与县令有商有量，官民合作。太守、县令施政，必得照顾地方舆论，尊重地方意愿。

两汉的郡太守，如同古代的诸侯，只是太守不能世袭而已，其官吏皆忠诚于他。钱穆说：“当时的士大夫，似乎有双重的君主观念，依然摆不脱封建时代的遗影。”两汉的察举制度与后来的科举不同，不是自上而下选拔人才，而是自下而上推举乡里贤达，民间乡议是最重要的衡量标准。钱穆称赞说：“两汉人才皆从地方自治出，而地方自治则注重学校教育与乡邑清议，宜乎两汉吏治之美，冠绝后世。”而汉代国力之隆，治化之蒸，亦皆本于此矣。

为什么钱穆先生曾称赞两汉是古代各朝中最好的地方政治？因为当时的政治精英既是中央的，又是地方的；士大夫既忠诚于抽象的国之象征君主，又忠诚于一土之地方官，中央与地方之间有微妙的平衡。汉代的士大夫有循吏和酷吏之分，循吏亦吏亦师，教化百姓，化民成俗，致力于传播儒家大文化；酷吏是典型的官僚，承接秦政，奉行律令，统一了全国的法政秩序。在这里，同为士大夫精英，循吏与酷吏代表的是两个不同的世界，儒家循吏代表一个自律的、自组织的宗族乡里社会，而法家酷吏象征的是一个以行政律令为中心的他律的政治世界。这两个世界，也是家的世界与国的世界、家国在西周通过分封制获得封建式同一性，到了秦代法家当政，家国分离，国压制了家。两汉期间，寓封建于郡县之中，合文士与官僚于一体，家国再度统一。谷川道雄对此颇有见地："汉帝国的完成过程，是一个政治世界将自律世界纳入自身的过程。"

两汉政治，重心在下。到东汉末年，士大夫越来越看重地方的乡议和士林的清论，渐渐养成不仕为荣的风气，与其入朝当官，不如在野与宗族为伍。余英时说："在西汉末叶，士人已不再是无根的'游士'，而是具有深厚的社会基础的'士大夫'了。这种社会基础，具体地说，便是宗族。换言之，士人的背后已附随了整个的宗族。士与宗族的结合，便产生了中国历史上著名的'士族'。"

六朝中世是一个再封建化时代，但中世的封建与西周的封建不同，其没有后者那样的宗法分封制，而是有王权的贵族制。宫崎市定如此说："从三国到唐朝的中国社会，大体上可以称为贵族制度时代。这样说并不等于所有现象仅用贵族制度就能够得到解释。一方面，与之对立的君权森然存在，不断地瓦解贵族制，致力于将它转变为纯粹的官僚制。实际上，正是君权的存在，使得贵族制只能停留于贵族制上。如果君权进一步衰落，那么，贵族制或许就会进一步发展为割据性的封建制度。"在六朝年间，王权变动不居，多朝林立，但扎根于地方的世家大族却是稳定与连续的，他们与王权共治天下，甚至左右天下。根据阎步克的分析，六朝的世家，有三个来源，其一是乡里豪右，其二是官场形成的官族，其三是外戚与功臣。而按照宫崎市定的看法，其中又有地方豪强与国家贵族的区别。国家贵族与国家政权有直接的联系，有很强的世袭官位倾向，而地方豪强立足于庄园式农村，有自己的经济基础和乡间权威。魏晋之后，豪族势力不断壮大，越来越多的土地与民众被纳入豪族的统治之下，这些开发了南方的世家大族与皇帝共享政权，实现了豪族与王权的政治联盟。豪族最重要的不是拥有土地和人口，而是拥有读书人，各世家大族所争夺的，天下之精英也。而读过书的士人与地方豪杰不同，他们有王朝认同与国家意识，不满足于一方偏安和地方割据，总是要向中央政权渗透和靠拢。于是如谷川道雄所说的那样，士人与豪强结合的士族便逐渐转变为官僚贵族和教养贵族，六朝贵族最后逐一依附于趋向统一的王权，中世的贵族制缓慢转变为隋唐的中央集权制。

后来中国社会上“士”的角色日益扩展，成为突进社会变化的核心力量，成为中国社会、民间真正的领导者。

第二章　韩国的文化传统

第一节　半 岛 文 化

韩国具有与大陆和岛屿、陆地和海洋互相连接的所谓半岛性地理条件。所以韩国的文化也是位于南方文化和北方文化之间，具备特殊的地理条件和文化条件。北方文化又可以分为中国文化和游牧文化及西伯利亚文化，这些文化随着历史变迁，不同程度地与韩国的文化保持了密切的关系。所以在谈论半岛文化时，人们经常说“半岛文化是周边文化的融合体”。事实上韩国的文化就很好地体现了各种文化融合的性格。

如果想了解韩国文化的特征，首先要从地政学的问题开始探讨。地政学这种单纯的要素，不仅在韩国文化的形成上起到了决定性的作用，而且在理解今天的文化上，也是不可缺少的重要因素。但是如果只凭领土位置这一种因素，就能完美地决定一种文化的特征，对此表示同意的人可能不多。因为在领土上必然会发生民族和民族，文化圈和文化圈之间不断的交流，通过这种交流，使一种文化圈反复兴衰。所以很多人把历史看成是文化交流的产物。韩国的情况也不例外。因此，韩半岛与周边民族相比，能够保留下来比较多的古代文化。现在韩国所拥有的丰富的民俗艺术和民俗文化就证明了该事实。这种文化上的关系和地政学上的位置下所形成的韩国文化的特征如下。

第一，韩国文化所具有的停滞性。由于地理上的特征，无论什么文化，一旦进入韩国，不会轻易地出去，而是自然而然地固定下来。无论佛教、儒教还是巫术，曾经一度传入的文化形态，完全被传授，直到今天的高科技尖端社会，固守其原型的团体依然林立。

第二，由于韩国的领土所具有的局限性，韩半岛没能创造出独创的文化。这一点与第一个特征有相反的一面。结果，自然而然地形成了坚韧不拔地忍耐和等待的收纳和惯用的特征。这是因为来自与周边强国的关系的影响很大。这也是与韩国的语言和思考方式有直接关系的问题。韩国在谈论中国文化的时候，如果说与韩国文化的不同，或者说比韩国的文化优秀的话，韩国经常会说是因为大陆的气质，表现出肯定的反应。与此相反，在谈论日本文化的时候，经常把日本文化归结为岛国气质，用贬低的语气进行评价。那么，韩国也同样可以看成具有半岛气质，对此，韩国经常被认为是中国文化和日本文化的混合体或中间程度。

通常情况下，半岛气质这样的词语，在说什么也不是的大杂烩文化，没有主体性的文化时经常被使用。韩国的文化具有半岛气质，而半岛气质的用语主要被用作解释消极方面的手段。在这种消极的解释产生上，有各自的原因。特别是被用在韩国自行指责缺点的时候很多。某学者评价说韩国的民族具有一种自虐的气质。即使不引用该学者的评价，韩国平时的确是具有太轻易承认自己缺点的倾向。半岛气质虽然有什么也不是的大杂烩意义，从另一方面来看，也具有囊括一切的融合的意义。

第二节　韩民族优越主义

韩国人强烈的民族主义意识举世公认，他们为拥有数千年光辉历史的单一民族而自豪，津津乐道本民族血统的纯洁性。韩国中学历史教科书写道，“根据檀君神话，我们民族拥有五千年以上的悠久历史，作为世界史上罕见的单一民族国家延续着传统”。在这种理念的驱使下，韩国人历来对不同种族和多元文化共存于韩国并不持肯定态度。

韩民族优越主义又称为韩民族主义，是朝鲜半岛盛行的民族主义，建构在外侮、殖民历史的背景之上，期盼推动民族统一，抵抗外敌，这种意识在现代朝鲜半岛的政治、经济、社会、文化、新史观都扮演重要角色。这种思想以自我的角度，修改及解释朝鲜（韩）民族的历史、语言、思想与文化，并声称韩文化及韩民族是世上最优秀的古老文明。这种思想使部分韩国人（主要是青壮年男性）对周边国家及他国的人民、历史、文化都采取轻视的态度。这种情形从韩国的经济发展开始快速成长后日益严重。

韩国民族优越主义借助韩流之风越吹越盛，尤其体现在电视剧等媒体，如《大长今》以及《朱蒙》等传记式电视剧，都有对中华文化和历史进行窜改的内容并编撰为戏剧来宣扬韩文化的优越。

另外，韩国军方更是直接以捏造的大朝鲜帝国史为教科书来培养军人的民族优越主义，韩国的主要媒体，也不时灌输韩人韩民族至上思想，常公开在新闻内容中标榜或暗示韩民族优越于其他亚洲人，并对其文化及著名人物进行夸大描述。

形成背景

朝鲜的民族意识早年受日本的民族观启示，借着重建朝鲜历史、强调朝鲜民族的纯血论述而落实。自 1945 年两韩分裂后，双方仍透过强烈的同一民族观念，追求终极统一，并以民族观展现强烈的共荣共耻感觉，但由民族主义引申的新历史观、领土扩张主张、排外情绪、歧视国内混血公民等问题上，却长期成为韩国的外交和社会焦点。

纯血主义常在朝鲜半岛被奉为千百年的定律，但这种血统论仅在 20 世纪才植根于朝鲜半岛。最初源自西方有关雅利安人的主张，这一主张又演变成纳粹德国的教条，进入韩国后演变成种族优越论。这一主张施展同时，朝鲜反抗运动也一同展开。其中申采浩从朝鲜流亡中国东北三省、北京、上海等地，最终在 1924—1925 年发表影响深远的建构历史书《朝鲜上古史》，提出朝鲜族始于檀君。重朝鲜历史时，焦点放在高句丽王国，认为这是，形容当时的高句丽的军事实力强盛，既开拓大片疆土，亦抵挡中国（隋朝）的入侵，这正是朝鲜民族的共同骄傲，以此说明朝鲜民族有能力对抗外族入侵，反抗日本。申采浩又在历史中寻找朝鲜民族英雄，例如传统史学中，朝鲜王朝时日本丰臣秀吉企图吞并朝鲜时，史观中，整场反击战由李舜臣一手主导。

朝鲜历史认为其始祖在长白山降生。参照三国遗事（13 世纪）及东国通鉴（15 世纪）的记载，宣扬朝鲜王朝起于公元前 2333 年。

原因分析

在历史上，朝鲜民族一向以谦和温顺闻名。直到“二战”结束，朝鲜的民族性格才发生逆转。而之所以如此，与时势变化有着直接关联。

古代，中国是东方世界唯一大国，朝鲜无论是出于自保，抑或吸纳华夏文明的需要，都有必要向中国臣服。而这种臣服，体现在民族性格上，就是给其嵌入了温和的基因。不过工业时代来临，中国走向衰落，挟工业革命东风而来的欧美列强，以及经过明治维新的日本，成为东方世界的新当家，朝鲜半岛所面临的国际形势发生重大改变：

衰落的中国，已无力再像以前那样庇护朝鲜，一番争夺后，日本将朝鲜收入囊中。

“二战”后，日本一败涂地，韩国获得独立，不过此时的朝鲜半岛所面临的形势更加复杂，成为美日中俄地缘博弈的焦点旋涡。

这是一种不能再糟糕的局面。一旦四强双方的地缘冲突激化，韩国就首当其冲，必倒大霉。倘若不想沦为炮灰，韩国必须充实自身国力。当然，单靠韩国的那点子国家资本，不管它再怎么折腾，都不可能从根本上扭转自己的棋子处境。不过只要国力足够强，那在这场列强博弈中，它至少能够扮演一个比较有分量的棋子。只要韩国自身分量足够，那无论是中俄还是美日，都有必要充分尊重韩国的国家利益，这样韩国才有资格左右逢源，维护自身权益，否则必沦为列强倾碾的炮灰：

首先，一个强大的韩国，可以最大限度的阻止冲突在危机自身的处境下发生——任何一方若要拿重度侵害韩国利益，拿它做炮灰，都有可能激起韩国愤慨，引发它的反戈一击，进以使局势朝严重不利于自身的方向演化。

其次，即便最后冲突无法避免，韩国至少也有一定的实力来维护自身利益，起码不至于盟友失败后，自己就毫无对策，只能束手就擒——诸如当年日本打败清朝后，轻而易举征服朝鲜的情况，会因韩国实力的强大，而在一定程度上改变。

最后，一个强大的韩国，还可以为其主导半岛统一进程的地位提供坚强保障——美日自不必说，即便是中国，要想在跟美日缠斗的过程中获得韩国的支持——起码是不阻扰，就一定会重视韩国主导半岛统一的根本利益诉求。

总之，韩国要在虎狼环伺的艰险环境下维护国家利益，一个基本前提就是自身实力的强大。这种强大不单单体现在物质上，也同样体现在精神层面——一个有着高度民族主义情节的国家，其维护国家利益的力量会因此加倍。而韩国要发展国家经济，也需要凭借民族主义力量支撑。民族主义本质上是一种情感。要培育民族主义情怀，除了理性层面的教育和引导，还有一个关键点在于，要使民众在情感上认同这个民族，觉得这个民族值得自个儿去爱。因此优越民族主义成为工具。

第三节　宗教观念深厚

当今韩国半数的国民是没有宗教信仰的无宗教人士，其余的半数国民信奉佛教、儒教、基督教等宗教。但是，可以说无论是否信仰宗教，韩国人都多少会受到佛教和儒教的影响。此外，强调顺应自然的道教与韩国顺应自然的价值观相互融合，大大影响了韩国人价值观的形成。

韩国是一个多宗教的国家，除佛教、基督教（指基督教新教，后同）、天主教、儒教、圆佛教、大倧教、天道教（原名东学）、统一教、萨满教等主要宗教外，还有大量的民族宗教、新兴宗教和其他宗教。除了多元化之外，韩国宗教的特点还表现在不同文化背景的宗教能够和平共存。

儒　教

对现在韩国人的思维方式影响最大的是在朝鲜时代曾被尊为国教的儒教。在三国时代从中国传入的儒教并不是以宗教的形态存在，而是以教授学生的教育内容作为其传播形态。进入朝鲜时代，随着儒教被看作是治理国家的基础，在家庭、学校、社会、国家等一切社会范畴内，人们都遵循儒教的原理生活。儒教被赋予了宗教的性质就是从这一时代开始的。儒教对父子、君臣、老幼、男女之间的关系给予了明确的区分。这种标准应用于社会，于是朝鲜时代就形成了严格区分身份的社会，言语和行动都要依据身份而行的利益成为重要的社会意识。

在韩国，儒教具有三大意义。首先，儒教使诸如祭祀文化等韩国重要的社会风俗保留至今。其次，儒教对韩国人特有的价值意识的形成也产生了很大的影响，韩国社会也十分强调“礼”。再次，儒教留下了众多的文化遗产，如昌德宫、宗庙等。

佛 教

现在韩国信徒人数最多的宗教是佛教。佛教是三国时代从中国传入的宗教，在高丽时代被奉为国教，最初主要是社会上流阶层信仰佛教，后来逐渐传播到民间。随着朝鲜时代儒教成为国教，佛教的实力逐渐减弱，寺庙也迁移到山岳之中，在社会佛教的势力也不断萎缩。然而，现在佛教在韩国仍然是占有重要地位的宗教，每年临近释迦牟尼诞辰日阴历四月初八，佛教徒们都在路边举行燃灯仪式庆祝释迦牟尼诞辰。

当今的韩国佛教强调远离激烈的竞争，并抛弃各种欲望，教化人们回归和谐。虽然与基督教相比，佛教因作为一个宗教对社会的责任意识不足而遭到批评，但具有悠久历史传统的佛教仍称得上是形成韩国价值观的重要宗教。

基 督 教

在今天的韩国，基督教得到广泛的传播，十字架几乎处处可见。基督教在韩国传播之迅速，在世界基督教历史上也算得上是个惊人的事例。

基督教是在大约 120 年前的朝鲜时代后期传入韩国的。最初来到韩国的传教士主要是美国传教士，他们掀起了一场教育事业和医疗事业的热潮。对于当时的朝鲜人来说，非常需要教育和医疗。因此，很多朝鲜人对基督教都怀有善意的情感。另外，基督教传入的时期正是日本将韩国变为殖民地的时期，韩国人正需要一种新的信仰来作为精神的寄托。因此，基督教很容易就被韩国社会所接受。

萨　满　教

萨满教也叫巫教，是韩国最古老的土著宗教。在外来宗教传入韩国之前，古代韩国人的全部宗教活动就是萨满教的自然崇拜、祭天仪式、祖先崇拜、巫俗信仰等。他们相信世上万物都有灵魂，各类神灵都具有不同的属性和功能，它们的地位是平等的，没有统属关系，没有等级差别，也没有主宰一切的上帝，只要各类神灵各主其事、各行一方，宇宙秩序就能得到维持。由于萨满教本身就是一种开放的系统，因此不像一神教那样具有排他性，反之，它对外来异质因素常抱以开放、吸收、包容、调和的态度，例如，高丽时代开经巫女的神堂里供奉的帝释和七星神就分别来自佛教和道教。萨满教的这种开放性特点造就了韩国人的生活和形成于其中的韩国人的性格，反过来也可以说，韩国人的性格和生活需求创造、发展了韩国的巫教。

当今的韩国是一个多宗教相互协调，表现出复合特性的多宗教国家。常能看到信仰基督教的基督教徒也去求神问卜或者在家里进行祭祀祖先的活动。虽然巫俗信仰、佛教、儒教和基督教是具有不同思想和特征的宗教，但在韩国这些宗教都表现出了强烈的祈求个人福祉的“祈福信仰”的倾向。在每年大学入学考试期间，都能看到父母去寺庙、教会或者找卦师祈求子女考试顺利的场景。另外，韩国人在祭祀祖先的时候也会为子女和子孙后代祈福。由此看来祈求现代福祉是韩国宗教的相似特征。

参考文献

[1] 任晓礼等. 解读韩国酒文化——一种谋求亲和的男性社会礼仪 [J]. 当代韩国，2009（09）.

[2] 潘志. 韩国独立初期经济发展历程及启示 [J]. 才智，2015（4）.

[3] 刘荣荣等. 韩国政局动荡的特点、动因及影响 [J]. 现代国际关系，2017（1）.

[4] 李秀珍. 韩国终身教育学分银行的实践及其启示 [J]. 继续教育，2018（3）.

[5] 程鹏. 中韩文化差异探究 [J]. 教育现代化，2018（3）.

[6] 梁荣华. 韩国“终身教育师”制度介评. 中国远程教育，2017（5）.

[7] 邓毅等. 韩国终身教育立法及其对我国的启示 [J]. 中国成人教育，2018（1）.

[8] 宋莹等. 韩国基础教育制度的沿革 [J]. 黑龙江教育（理论与实践），2016（12）.

[9] 侯定凯. 韩国全国终身教育振兴院的主要职能与实践项目 [J]. 世界教育信息，2015（5）.

[10] 朱炎军等. 韩国建设世界一流大学的战略举措——以浦项科技大学为例 [J]. 高等工程教育研究，2017（9）.

[11] 向勇等. 韩国文化产业立国战略研究 [J]. 华中师范大学学报（人文社会科学版），2013（7）.

[12] 谭红梅. 试析日本在朝鲜殖民统治的特点，东北史地，2013. 2.

[13] 姜剑云等. 韩国文化产业研究综述 [J]. 当代韩国，2016（6）.

[14] 周雅. 韩国电视剧产业国际竞争力研究 [J]. 编辑之友，2017

(2).

[15] 王延红. 浅析韩国文化产业输出模式及特点 [J]. 新闻研究导刊, 2017 (11).

[16] 张毅等. 韩国历史文化遗产保护概述 [J]. 长沙大学学报, 2012 (5).

[17] 邵远珺. 韩国酒文化历史研究 [J]. 佳木斯职业学院学报, 2016 (5).

[18] 苗威. 檀君神话的文化解析 [J]. 东疆学刊, 2006 (9).

[19] 王志国. 檀君神话和弘益人间思想 [J]. 吉林华侨外国语学院学报, 2005 (6).

[20] 吴宝秀等. 从韩剧看"韩流"的成功要因. 当代电视, 2014 (12).

[21] 陈国战. 跨文化传播中的韩流现象 [J]. 文艺理论与批评, 2015 (3).

[22] 张志宇等. 韩国政府对韩国电视剧产业国际化经营的支持 [J]. 中国海洋大学学报 (社会科学版), 2014 (9) .

[23] 方香玉. 韩流文化特点初探 [J]. 黑龙江民族丛刊, 2016 (02).

[24] 崔婕. 韩流文化的营销传播模式 [J]. 新闻传播, 2015 (11).

[25] 秦然然. 新韩流的表现及其繁荣的原因分析 [J]. 人文天下, 2015 (2).

[26] 李哲镐. 韩国饮食文化的演变过程 [J]. 中外食品工业信息, 1999 (8).

[27] 郭海燕. 浅谈韩国饮食文化 [J]. 中国校外教育, 2012 (6).

[28] 任晓红. 韩国流行音乐在我国的传播现状及影响的思考 [J]. 2015 (04).

[29] 熊忠辉. 中韩电视剧产业的差异 [J]. 视听界, 2014 (3).

[30] 潘志. 韩国经济转型发展历程的阶段性分析 [J]. 科技视界, 2015 (4).

[31] 金英姬. 韩国财阀企业功过得失及启示 [J]. 上海经济研究, 2017 (11).

[32] 许亮. 韩国国建建设初探: 对韩国现代化进程的新认识 [J]. 理

论月刊，2017（5）.

[33] 张志宇等. 韩国文化产业的出口振兴政策和韩国文化产业的发展. 当代韩国，2016（3）.

[34] http：//www. sohu. com/a/192557422_ 612400

[35] http：//www. lszj. com/shijiefengyun/hanguolishi/36080. html

[36] https：//baike. baidu. com/item/% E4% B8% AD% E9% 9F% A9% E5%BB%BA%E4%BA%A4/4588997

[37] http：//paper. people. com. cn/rmlt/html/2015 - 08/11/content_ 1605974. htm

[38] http：//www. 3kr. com/redian/103925. html

[39] http：//www. sohu. com/a/38231566_ 201688

[40] https：//baike. baidu. com/item/% E9% 9F% A9% E6% 9C% 8D/ 2174405？ fr = aladdin

[41] https：//www. nvsay. com/style/dress/59391. html

[42] https：//www. naver. com/

[43] http：//www. riss. kr/index. do

[44] http：//media. daum. net/

[45] http：//www. moe. go. kr/main. do？ s = moe

[46] 南明哲.《韩国社会与文化》，北京语言大学出版社，2011（12）.

[47] 孙大俊（韩）.《走近韩国——韩国文化风情读本》，北京大学出版社，2016（6）.

[48] 田景等.《韩国文化论》，中山大学出版社，2010（5）.

[49] 杨雨蕾等.《韩国的历史与文化》，中山大学出版社，2011（6）.

[50] 郑永福.《走进韩国：赴韩两年见闻录》，大象出版社，2016（7）.